AF233936

COUTUMES

MUNICIPALES

DU

DÉPARTEMENT DU GERS,

RECUEILLIES ET PUBLIÉES

Par M. J.-F. BLADÉ,

MEMBRE CORRESPONDANT DES ACADÉMIES DE TOULOUSE ET DE BORDEAUX,
DE L'ACADÉMIE DE LÉGISLATION DE TOULOUSE, etc.

PREMIÈRE SÉRIE.

PARIS,

AUGUSTE DURAND, LIBRAIRE,
Rue des Grès-Sorbonne, 7.

1864.

DU MÊME AUTEUR

Pierre de Lobanner et les quatre Chartes de Mont-de-Marsan, broch. gr. in-8°. Paris, Dumoulin, 1861. *Epuisé.* Ce travail a obtenu de l'Institut une mention honorable, au concours de 1862.

Le peu d'étendue du travail de M. Bladé nous a également empêchés de vous proposer pour l'auteur une récompense d'un ordre plus élevé. Sous le titre de *Pierre de Lobanner et les quatre Chartes de Mont-de-Marsan,* M. Bladé nous donne un examen critique de quatre monuments soi-disant paléographiques dont s'était jadis armé l'esprit de parti. Si, au moyen-âge, le clergé a fait souvent usage de fausses chartes et de pièces apocryphes pour accroître ses domaines et légitimer ses prétentions, l'autorité laïque, de son côté, n'a pas été pure de pareilles fraudes, même à une époque très moderne. Les Chartes de Pierre de Lobanner, relatives à la fondation de Mont-de-Marsan, nous en sont une preuve curieuse. La fourbe avait été si bien ourdie que des hommes habiles et instruits y ont été pris. — Un savant paléographe, M. Henri Bordier, a mis récemment en évidence le mensonge, mais il n'avait pas fait ressortir les contradictions de ces documents imaginaires, et les impossibilités qu'ils renferment tant sous le rapport philologique qu'à l'égard de l'histoire générale et locale. Tel a été le mérite de M. Bladé; il a complété et corroboré la démonstration du faux; ses investigations l'ont même conduit à découvrir le nom du faussaire, et il nous a ainsi débarrassé d'un de ces témoignages apocryphes qui égarent les érudits et discréditent la science.

Extrait du Rapport de M. Alfred MAURY *à l'Académie des Inscriptions et Belles-Lettres, Concours de 1862.*

POUR PARAITRE DE 1864 A 1866.

Coutumes municipales du département du Gers. Deuxième et dernière série.

Etudes historiques sur le Droit du Sud-Ouest de la France, au moyen-âge et sous l'ancienne monarchie. 1 vol. in-8°.

Géographie historique du Sud-Ouest de la France, depuis les Origines jusqu'à la Révolution. 1 vol. in-8°.

Mémoires et Dissertations sur l'histoire d'Aquitaine. 1 vol. in-8°.

Romancero du Département du Gers. Broch. gr. in-8°.

Dissertation sur les Chants héroïques des Basques. Br. gr. in-8°.

Mémoires et Dissertations sur l'histoire de la Gascogne. 1 vol. in-8°.

COUTUMES

MUNICIPALES

DU

DÉPARTEMENT DU GERS,

RECUEILLIES ET PUBLIÉES

Par M. J.-F. BLADÉ,

MEMBRE CORRESPONDANT DES ACADÉMIES DE TOULOUSE ET DE BORDEAUX,
DE L'ACADÉMIE DE LÉGISLATION DE TOULOUSE, etc.

PREMIÈRE SÉRIE.

PARIS,

AUGUSTE DURAND, LIBRAIRE,
Rue des Grès-Sorbonne, 7.

1864.

INTRODUCTION.

Le Recueil de coutumes municipales dont je commence la publication, est le premier terme d'une série de travaux historiques que j'espère continuer désormais aussi longtemps qu'il plaira à Dieu de me laisser vivre. Après toute une jeunesse de préparation vague et instinctive, et huit ans d'études spéciales et acharnées, je crois avoir enfin le droit d'avouer mon humble vocation d'annaliste, et l'obligation d'essayer de mériter les encouragements que l'Institut et plusieurs érudits illustres ont bien voulu m'accorder dès le début. Je voudrais étudier, sous ses divers aspects, le passé du Sud-Ouest de la France, de la région comprise entre l'Océan, les Pyrénées et le cours de la Garonne. Les destinées de cette terre si noble et si tourmentée ont pour mon cœur un attrait infini; et je me croirais trop payé de l'emploi de ma vie entière par l'honneur de raconter l'histoire de ma patrie.

Depuis les origines jusqu'à la Révolution, cette histoire comprend un espace de plus de trois mille ans. Le Sud-Ouest y manifeste son génie propre par une succession d'entreprises politiques, où l'espérance survit toujours aux trahisons de la fortune. Tout d'abord, la primitive Aquitaine nous apparaît comme le patrimoine d'une race brune, proche parente des antiques populations de l'Espagne, et à laquelle va bientôt se superposer l'invasion ougro-finnoise des Euskes. Viennent ensuite les tribus gauloises et volkes, qui s'établissent, sur quelques points, en deçà de la Garonne, et envoient même des colonies dans l'intérieur du pays. Mais ces diverses alluvions humaines n'altèrent que médiocrement l'état primitif de l'Aquitaine. Presque partout, les étrangers se fondent dans la masse de la population, et César et Strabon constatent que, de leur temps, la région cis-garonnaise se distinguait du reste de la Gaule par les mœurs, la langue, et le type de ses habitants.

Après la défaite d'Adacantuan et la prise de Sos par P. Crassus, lieutenant de César, l'Aquitaine devient province romaine, et, sous Auguste, elle donne son nom aux pays qui s'étendent jusqu'à la Loire. Quand cette vaste contrée se morcèle en trois, le Sud-Ouest reprend ses limites, avec Eauze pour capitale. Il devient la troisième Aquitaine ou Novempopulanie, et, malgré l'uniformité du monde impérial au ive siècle, il trouve moyen de manifester son originalité par un mouvement littéraire et une hagiographie marqués d'un caractère spécial.

L'invasion de 406 livre la Novempopulanie aux Wandales pendant quatre ans. Quand ils ont franchi les Pyrénées, cette province retourne un instant à l'empire, et tombe ensuite, pendant près d'un siècle, au pouvoir des Wisigoths. Mais le vieil esprit d'indépendance nationale, comprimé par l'occupation romaine, reparaît transformé par le catholicisme, et prépare, sous l'influence des évêques, la conquête libératrice des Franks.

A l'époque des premiers successeurs de Chlodowig, le Sud-Ouest vit absorbé dans l'Aquitaine, qui a repris ses limites de l'époque d'Auguste, et qui suit elle-même les destinées de la Gaule mérovingienne. Mais un peu avant le milieu du vi^e siècle, les Wascons, peuplade de la Navarre espagnole, descendent de la montagne, et commencent leurs incursions dans les terres cis-garonnaises. Les héritiers des vieilles races ligures et euskes ont repris l'offensive, et proclamé, contre l'étranger, l'éternelle revendication de la patrie. Chaque jour ils font un pas vers le nord, et Dagobert essaie vainement de comprendre la Novempopulanie dans l'éphémère royaume d'Aquitaine érigé en faveur de Boggis, fils de Haribert. A l'avènement de Chlodowig II, fils de Dagobert, les Wascons sont maîtres du pays jusqu'à la Garonne; et à l'époque d'Eudes, de Hunald et Waïfer, ils marchent, selon l'intérêt, tantôt avec les ducs aquitains contre les Franks et les Sarrazins, tantôt avec les maires du palais contre les maîtres du pays compris entre la Garonne et la Loire. Soumis et annexés à l'Aquitaine par Pépin et Charlemagne, ils prennent bientôt, dans les défilés de Roncevaux, une sanglante et légitime revanche. Pourtant, l'heure d'une indépendance nouvelle n'a point encore sonné, et quand Charlemagne, du fond de sa villa de Cassiginolium, crée pour son fils Louis le Débonnaire le second royaume d'Aquitaine, il y rattache la Wasconie. Alors recommencent, chez les peuplades établies au pied des Pyrénées, ces révoltes toujours comprimées et toujours renaissantes, qui aboutissent, vers la fin du règne de Karle le Chauve, à la complète séparation de l'Aquitaine et de la Wasconie, à la création d'un duché de Gascogne, indépendant de l'empire frank, sous une dynastie indigène et librement choisie : la race de Sanche Mitarra, d'où sont issues la plupart des grandes maisons suzeraines du Sud Ouest.

Cette renaissance politique de la primitive Aquitaine avait été préparée de longue main, dans l'ordre spirituel, par les archevêques d'Eauze, dont le siége fut définitivement transporté à Auch, pendant la seconde moitié du ixe siècle, après la destruction de l'ancienne capitale de la Novempopulanie par les Sarrazins. Sous les empereurs chrétiens, comme sous les Wisigoths et les premiers rois franks, l'église novempopulanienne était demeurée la seule expression de l'ancienne unité nationale; et à l'époque de Chloter II, un prélat d'Eauze, nommé Sénoc, avait été banni momentanément, comme complice de la révolte d'Aighinan, duc des Wascons. Vers le commencement du xᵉ siècle, la métropole d'Auch avait pour suffragants les évêchés de Dax, Aire, Bayonne, Bazas, Comminges, Couserans, Lectoure, Lescar, Oloron et Tarbes. Presque partout, la province ecclésiastique avait les mêmes limites que la primitive Aquitaine. Sauf les parties cis-garonnaises des diocèses de Bordeaux, d'Agen et de Toulouse, dont les deux dernières formèrent plus tard les évêchés de Condom et de Lombez, elle comprenait, et même au-delà, tout le triangle géographique qui s'étend entre les Pyrénées, l'Océan et le cours de la Garonne.

C'est ainsi que l'unité du Sud-Ouest se trouve reconstituée par la province ecclésiastique d'Auch au point de vue religieux, et par le duché de Gascogne au point de vue politique. Mais bientôt l'unité politique se morcèle en plus de trente grands fiefs, sous la suzeraineté des descendants de Sanche Mitarra. Après la mort du duc Eudes, la Gascogne tombe sous la mouvance de la maison de Guyenne, alors représentée par Guillaume VI. C'est en vain qu'un rejeton de l'ancienne lignée ducale, Bernard Tumapaler, comte d'Armagnac, tente de s'opposer à Guillaume. Il est vaincu par les hommes d'Outre-Garonne, et, de douleur, il s'en va mourir, sous le froc d'un moine, dans le monastère de Saint-Mont.

La fortune reviendra plus tard aux Armagnacs; mais en attendant il faut que la Gascogne demeure soumise à la Guyenne, et qu'elle tombe sous la main des Plantagenets, par le mariage d'Eléonore avec Henri, comte d'Anjou, duc de Normandie, et bientôt roi d'Angleterre. Mais si le Sud-Ouest a perdu son indépendance féodale, l'unité ecclésiastique demeure intacte sous la garde des archevêques d'Auch, suzerains religieux de la Gascogne. De là l'extrême influence de ces prélats, et les rivalités des grandes familles qui cherchent à s'assurer la prépondérance, en poussant au siége métropolitain leurs parents ou leurs créatures. C'est donc sur les archevêques d'Auch que se concentre, à cette époque, presque tout l'intérêt historique de la région. Il se produit

d'ailleurs en même temps un événement sans pareil dans
les destinées de la France méridionale au moyen âge; je veux
parler de la croisade albigeoise. Dans cette lutte désespérée contre
les Français du nord, le Sud-Ouest presque tout entier fait d'abord
cause commune avec le Languedoc et la Provence, et subit aussi,
quoique d'une manière moins directe, les conséquences de la conquête. Ces conséquences sont la ruine de la confédération des grands
suzerains du Midi sous l'autorité des comtes de Toulouse, et la
création d'une sorte de vice-royauté capétienne chargée de préparer, avec Alfonse IX, la réunion du domaine des Saint-Gilles à
la Couronne, et de tenir en respect les principaux feudataires de
la région. Le parlement de Toulouse, érigé par Philippe le Bel,
continue l'œuvre du frère de saint Louis sur une plus vaste
étendue, et par des moyens plus savants; il tourne contre la
nationalité et la féodalité méridionales l'engin le plus terrible de
nivellement et de centralisation : le Droit romain.

Tandis que le Languedoc et la Provence se laissent ainsi docile-
ment absorber par les légistes royaux, le Sud-Ouest cherche à
maintenir son indépendance, et durant la guerre de Cent ans, il
est, selon le profit, tantôt pour la France et tantôt pour l'Angleterre. La féodalité gasconne trouve alors son expression la plus
haute dans la maison d'Armagnac, dont les possessions se sont no-
tablement accrues, non seulement dans la région cis-garonnaise,
mais aussi dans le Rouergue et la Haute-Auvergne. Sous Charles VI, un comte d'Armagnac, le connétable Bernard VII, est le
représentant de tout le Midi contre la France flamande et bourguignonne. Son petit-fils Jean V est un des plus puissants seigneurs du
xve siècle ; il rêve de vastes projets, et devient, avec les autres
grands feudataires, un des chefs de la ligue du Bien public. Mais,
sous Louis XI, l'Anglais est hors de France, et l'autorité royale a
gagné, par le concours des communes et des légistes, tout ce que
la féodalité a perdu. La ligue du Bien public met à nu l'impuissance
de la grande noblesse, dont Louis XI va bientôt entreprendre la
ruine en détail; et la fortune des Armagnacs finit avec le meur-

tre de Jean V et la prise de Lectoure par le cardinal d'Arras.

A sa sortie de la Bastille, Charles II reprend, avec le consentement du roi, les titres et les domaines de son frère Jean V. Mais Charles n'est plus un comte par la grâce de Dieu; il lui faut renoncer aux droits régaliens, et compter à tous les instants avec une surveillance active et défiante. Son héritier Charles, duc d'Alençon, épouse Marguerite de Valois, sœur de François I ; et comme il meurt sans postérité, ses domaines sont réunis à la Couronne. Pourtant le Sud-Ouest va renaître encore à la vie politique, et cette fois ce sera par les d'Albret.

Les d'Albret, qui possédaient depuis longtemps des terres considérables dans l'Agenais, le Bordelais, le Bazadais, le Condomois et les Landes de Gascogne, y ajoutent la Navarre française, le comté de Foix et la vicomté de Béarn, par le mariage de Jean II avec Catherine de Foix-Grailly. Le fils de Jean II, Henri I, roi de Navarre, épouse Marguerite de Valois, veuve du duc d'Alençon, qui lui apporte en dot toute la dépouille des comtes d'Armagnac. Voilà donc la Gascogne reconstituée, et qui va s'appuyant sur deux créations distinctes : au midi le petit royaume de Navarre, et au nord le duché-pairie d'Albret, érigé par Henri III après le mariage de Jeanne d'Albret avec Antoine de Bourbon. Avec ce point de départ, et l'alliance du calvinisme politique avec l'esprit national, notre patrie va bientôt prendre une éclatante revanche de ses anciennes défaites, donner à la France la dynastie des Bourbons, et entrer en conquérante dans l'unité monarchique.

Tels sont les événements principaux par lesquels le Sud-Ouest a manifesté bien des fois un génie politique distinct, et qui, Dieu merci, n'est pas encore épuisé. Voilà l'esquisse rapide d'un passé que je veux étudier en détail et sous tous ses aspects, dans une série de publications dont je vais tracer le programme, et déterminer sommairement la portée.

Et d'abord, je crois à la possibilité d'une *Histoire de l'Aquitaine jusqu'à la Féodalité*, d'une narration générale et cursive, allant depuis les origines jusqu'à la séparation de la Gascogne et de l'Aquitaine. Dès le commencement du xvii⁰ siècle, les annalistes provinciaux ont entrepris, sur ce vaste sujet, des travaux d'une étendue et d'une importance diverses. Je ne veux citer, chez nous, qu'Oïhénart, Pierre de Marca, Hauteserre, Dom de Vic et Dom Vaissette, et en Espagne les ouvrages auxiliaires de Zurita, Blanca, Garibay, Briz Martinez, et du P. de Moret. Les textes des écrivains originaux, classiques et barbares, sont publiés et accessibles à tous; les recherches des orientalistes contemporains ont mis suffisamment en lumière la période sarrazine. Enfin, pour l'histoire ecclésiastique, il n'y a qu'à rassembler les éléments épars dans les grands recueils patrologiques, et dans les collections de Salazar, des Bollandistes, de Florez et Risco, des frères Sainte-Marthe, etc. Tous les matériaux sont à pied d'œuvre : il ne reste plus qu'à les disposer dans un ordre régulier et systématique. Cet ordre consiste à prendre à la fois le Sud-Ouest comme terme initial et comme terme final. Dans le cours des événements, la primitive Aquitaine apparaît, à plusieurs reprises, tantôt comme unité politique distincte, et tantôt comme dépendance de la région qui s'étend jusqu'à la Loire. Quand le moment sera venu, je tâcherai de régler mon récit sur ces diverses fluctuations, et, parti du territoire compris entre l'Océan, les Pyrénées et le cours de la Garonne, je me trouverai enfin y être retourné lors de l'établissement du duché de Gascogne.

A partir du x⁰ siècle, le morcellement féodal rend presque toujours impossible l'histoire de toute région un peu vaste, au moins par les procédés qui tendent à se rapprocher de la forme magistrale et purement narrative. A cette règle, je ne vois d'autre exception que le grand événement politique et militaire qui domine alors toutes les existences particulières du Midi, et que j'ai le projet d'étudier à part : je veux parler de la *Croisade Albigeoise*. Depuis les auteurs contemporains, Pierre de Vaux-Cerny, Guillaume de Puylaurens, Guillaume de Nangis et l'auteur de la chronique rimée, éditée par M. Fauriel, on a beaucoup écrit sur cette croisade. Un grand nombre de documents sont déjà publiés, et les autres sont facilement accessibles à tous les gens de bonne volonté. Si Raynouard et Fauriel ont accrédité, sur la situation morale et littéraire du Midi au xiii᷎ siècle, certaines erreurs que l'école allemande est en train de rectifier sous la direction de l'illustre M. Friedrich Diez, on peut dire que toutes les autres parties du récit ont été étudiées isolément et de fort près. Grâce aux recherches des canonistes, des jurisconsultes et des érudits, aux travaux des frères Sainte-Marthe, des bénédictins du Languedoc et de leurs imitateurs, grâce au précieux concours des historiens des royaumes du nord de l'Espagne, on connaît aujourd'hui suffisamment l'état politique et ecclésiastique de la France méridionale avant l'arrivée de Simon de Monfort. L'origine et les progrès de l'hérésie albigeoise ont été aussi examinés attentivement, dans les écrits de Beausobre, de Fleury, de Blair, de Thilo, du docteur Baur, de Hurter, de Hahn, de l'abbé Jager, etc., etc. La plupart de ces ouvrages sont résumés avec une impartialité compromise quelquefois par certains préjugés hégéliens, dans l'*Histoire de la doctrine de la secte des Cathares ou Albigeois* de M. C. Schmidt, actuellement professeur à la Faculté de théologie protestante de Strasbourg. C'est à lui que M. Guessard, professeur à l'Ecole des Chartes, a communiqué les nombreux extraits de documents originaux, faits par M. Fauriel dans la volumineuse collection de manuscrits formée, sous le ministère de Colbert, par M. de Doat, président à la Chambre des Comptes de Navarre. Le tableau des événements militaires et politiques de la croisade ne laisse également que fort peu de chose à désirer. On peut en dire autant de la vice-royauté méridionale d'Alfonse IX, comte de Poitiers, qui a été, depuis quelques années, l'objet de plusieurs solides études.

Il est donc possible d'entreprendre à nouveau, et avec des moyens d'information plus sûrs et plus étendus qu'autrefois, le récit de la croisade albigeoise. Je n'ose me flatter d'y réussir; mais après l'avoir tenté, je rentrerai, pour n'en plus sortir, dans l'histoire du Sud-Ouest. J'ai déjà dit qu'à raison du morcellement du territoire, la période féodale répugne à toute narration unitaire. Il faut alors étudier séparément chaque territoire distinct, ou tout au plus prendre le fief principal de la Gascogne, examiner ses destinées en elles-mêmes et dans leurs rapports avec celles des seigneuries de moindre importance. Je devrai donc écrire tout un livre sur les *Comtes d'Armagnac*. Ici, les documents sont déjà très suffisants, surtout à partir du xiiie siècle. Outre les pièces imprimées dans les grands recueils et dans les histoires locales, il y a les manuscrits des archives de France, de la Bibliothèque royale et des archives départementales et municipales du Sud-Ouest. On ne doit pas oublier non plus les grands dépôts publics de l'Espagne, et surtout ceux de l'Angleterre pour l'époque des Plantagenets. Je suis heureux de reconnaître que, pour la Grande-Bretagne, ma bonne étoile m'a servi mieux que je ne le méritais, en me conciliant la précieuse bienveillance des deux érudits français qui pouvaient le mieux guider mon inexpérience en matière de diplomatique anglo-normande : j'ai nommé MM. Francisque-Michel et Jules Delpit. M. Francisque-Michel, à qui la science doit tant et de si solides travaux, et qui prépare en ce moment une édition complète et impatiemment attendue des *Rôles gascons,* a pris la peine de m'initier à la classification des archives britanniques, et j'ai lieu d'espérer que ses conseils, et ceux de ses savants amis, ne me manqueront point, quand j'irai faire mes recherches historiques dans le Royaume-Uni. J'attends le même service de l'infatigable directeur des *Archives historiques de la Gironde*, de l'auteur de la *Collection des Documents Français qui se trouvent en Angleterre,* de M. Jules Delpit, qui, pour peu qu'il eût trouvé de concours dans le monde officiel, était assurément de force à compléter l'entreprise historique du marquis de Bréquigny.

Après mon livre sur les comtes d'Armagnac, viendra mon *Histoire de la Maison d'Albret* jusqu'à l'avénement d'Henri IV au trône de France. Si les documents suffisent ailleurs, ou peu s'en faut, ils offusquent ici par leur surabondance; et cela se comprend de reste, puisqu'il s'agit d'une famille sur laquelle est venue s'enter la dynastie des Bourbons. Entre tous ces moyens d'information, il faut nécessairement faire un choix. Il faut se borner aux faits qui mettent en relief, au point de vue du Sud-Ouest, le caractère exclusivemer* politique et national de la maison d'Albret, et de ce protestant.ame gascon, moins soucieux de Genève que de La Rochelle et de Montauban, et plus épris de la couronne des Valois que de celle des élus. Aussi le calvinisme ne survit-il guère, chez nous, au concours passager des événements qui l'ont introduit, et le catholicisme regagne-t-il presque partout, et avec une singulière facilité, le terrain qu'il avait momentanément perdu.

Me voilà arrivé, avec les d'Albret, au dernier terme de la partie purement narrative de mon programme; mais il me faudra éclaircir et compléter mes divers récits par certaines publications auxiliaires.

Les destinées souvent communes de l'Aquitaine et de la Gascogne, et l'histoire particulière du Sud-Ouest, soulèvent, au point de vue civil et ecclésiastique, bien des problèmes variés, et dont il est absolument indispensable d'entreprendre l'examen. Je n'ai pas le temps de donner ici la nomenclature détaillée des questions de toute nature que je me propose de traiter, sous une forme parfois analogue (moins l'abus de l'ironie) à celle dont j'ai déjà fait usage dans ma brochure sur *Pierre de Lobanner et les Quatre Chartes de Mont-de-Marsan*. Ces études seront réunies en deux volumes. Le premier comprendra les *Mémoires et Dissertations sur l'Histoire Civile et Ecclésiastique de l'Aquitaine*, et c'est là qu'il sera parlé de tous les faits généraux ayant trait au passé de cette vaste région qui s'étend, à l'ouest de la France, entre les Pyrénées et la Loire. Sous le titre de *Mémoires et Dissertations sur l'Histoir Civile et Ecclésiastique de la Gascogne*, j'examinerai ensuite tout ce qui intéresse exclusivement les destinées de notre Sud-Ouest.

Il est également indispensable de rédiger une *Géographie historique du Sud-Ouest de la France*, où l'on ait le moyen de suivre les conséquences des divers événements politiques, depuis les origines jusqu'à la Révolution. Beaucoup de travaux généraux ou restreints ont été déjà entrepris sur la géographie historique de la France, et je me suis imposé l'obligation de les dépouiller, de les compléter, et de les coordonner à notre point de vue spécial. Pour les périodes pré-celtique, euskarienne, gauloise et romaine, il y a les auteurs classiques, et les nombreux écrits d'Oïhénart, de Marca, du P. de Moret, de Erro y Aspiroz, de Hadrien Valois, de d'Anville, de Sanson d'Abbeville, de Wilhelm de Humboldt, du baron Valkenaër, de Guérard, de MM. Amédée Thierry, Boudard, de Crazannes, Roget de Belloguet, etc., etc., sans compter les prochaines publications de la commission de topographie des Gaules. Un homme enlevé trop tôt à la science, M. Alfred Jacobs, a poussé fort avant les études de géographie mérovingienne, et un des plus jeunes membres de l'Institut, M. Léopold Delisle, prépare un recueil de diplômes indispensable pour tout ce qui a trait à l'époque karolingienne. L'organisation féodale est la partie la plus difficile et la moins connue. Pour reconstituer, dans leur ensemble et dans leurs détails principaux, les grands fiefs d'origine, ou de création postérieure, il faut consulter discrètement quelques ouvrages imprimés, et surtout une infinité de manuscrits : hommages, aveux et dénombrements, affiévements, actes des Plantagenets, arrêts de maintenu, lettres d'érection, armoriaux, généalogies authentiques, etc., etc. Dans les cartes du *Gallia Christiana*, l'état des anciens diocèses n'est indiqué que sommairement. On doit reconstituer la géographie ecclésiastique, au point de vue séculier et régulier, par archiprêtrés, paroisses, annexes, établissements monastiques, etc., au moyen des pouillés ou inventaires analogues, et des histoires particulières des évêchés et ordres religieux. Pour la période monarchique envisagée sous ses divers aspects, judiciaire, militaire, administratif, financier, académique, etc., les documents sont beaucoup plus nombreux et plus accessibles. Sans parler des *Annuaires* des anciennes provinces, et des ouvrages du comte de Boulainvilliers, de Piganiol de La

Force et de l'abbé Expilly, il y a les cartes de géographie spéciale, les archives des Parlements, des Cours des Aides, des Généralités, etc., etc.

Outre la géographie historique, je voudrais encore ajouter aux travaux de critique et aux recherches dont je viens de parler, un *Catalogue des Manuscrits étrangers relatifs à l'Histoire du Sud-Ouest de la France*. Ce livre, qui serait le complément naturel des inventaires des archives départementales et municipales que l'on est en train de dresser et de publier, faciliterait, ce me semble, les explorations de nos futurs annalistes provinciaux, en mettant sous leurs yeux l'ensemble, des documents à consulter hors de France, et en les dispensant de recourir à de nombreux catalogues imprimés et manuscrits. J'ai déjà commencé, pour la Grande-Bretagne, à dépouiller les dénombrements imprimés, et j'espère continuer ma besogne par ceux de l'Espagne et des autres contrées de l'Europe. Viendront ensuite les inventaires manuscrits des mêmes pays, et je pourrai enfin consigner le résultat de mes études dans un volume tiré à petit nombre, et exclusivement destiné aux bibliothèques publiques et aux érudits.

Peut-être terminerai-je cette première série de recherches complémentaires par un travail sur *Les Mœurs et la Poésie chevaleresques dans le Midi de la France*. Je n'ai certes ni le pouvoir ni la volonté d'empiéter sur le domaine de mon cher et savant ami M. Léonce Couture, qui s'occupe de donner à la Gascogne son histoire littéraire, et de doter la France cis-ligérienne d'un grand travail sur les divers dialectes de la langue d'Oc, impérieusement réclamé par les progrès que les écrits des Humboldt, des Pictet, des Bopp, des Diez et des Littré ont fait faire à la science philologique. Mon ambition se bornerait à constater, par les monuments littéraires, et particulièrement par les romans épiques, l'état moral et politique du pays avant et pendant la guerre des Albigeois. On ne peut nier que, sur plusieurs points, les ouvrages de Raynouard, de Wilhelm de Schlegel et de Fauriel, n'aient été dépassés de beaucoup par la critique moderne, et particulièrement

par les écoles allemande et anglaise. Schmidt, Bekkers, Rosen-
kranz, Wolf, Mone et M. Friedrich Diez au-delà du Rhin, et dans
la Grande-Bretagne, Myvyr, le docteur Owen, lady Charlotte Guest,
et le Révérend Th. Price, ont imprimé à l'étude des romans
des divers cycles chevaleresques un mouvement qui a chez
nous pour principaux représentants les continuateurs de Dom
Rivet, et MM. Paulin Paris, Alfred Maury, Ernest Renan, le
vicomte Hersart de La Villemarqué, Heinrich, et Charles d'Héri-
cault. Certaines données épiques et bon nombre de personnages
légendaires que l'on croyait être d'origine essentiellement méridionale, ont dû céder à la règle de droit *paterna paternis, ma-
terna maternis*, et ont été restitués aux nationalités gaëlique,
française, wallonne et germanique. Notre littérature du moyen
âge s'est trouvée ainsi allégée d'un bagage fort lourd et fort
dangereux, et réduite à sa véritable expression. Je crois qu'elle
a tout à gagner à être étudiée sous ce nouvel aspect; mais je
devrai me borner à l'envisager comme expression morale et
politique de la société méridionale, en ne tenant compte que des
créations spontanées du génie local, ou des métamorphoses vraiment originales que le Midi a fait subir aux importations étran-
gères.

On me pardonnera cette longue insistance sur la partie purement narrative de mon programme historique, et sur les travaux
de nature diverse qui doivent le compléter. Il ne me reste plus
maintenant qu'à expliquer comment je compte étudier l'existence
particulière du Sud-Ouest au point de vue juridique.

Tous ceux qui écrivent sur le Droit ne peuvent y être poussés
que par l'utilité pratique du sujet, ou par son intérêt historique
et philosophique. Laissons à part les monuments législatifs, qui
sont le résultat simultané de causes naturelles et artificielles,
et qui réfléchissent involontairement, mais avec une parfaite exac-
titude, les divers états sociaux. Les gloses, commentaires, ouvrages de doctrine, recueils d'arrêts, etc., ont été rédigés dans un
sentiment d'utilité positive. Ce n'est pas que les jurisconsultes

romains, et nos anciens légistes, tels que Bouteiller, Guy Coquille, Dumoulin, Laurière, Loysel, Loyseau, Domat, Chantereau Le Fèvre, Cazeneuve, Furgole, etc., n'aient été souvent amenés, pour les besoins d'une théorie juridique, à rechercher les raisons morales ou politiques de telle ou telle disposition du droit civil, prétorien, féodal, coutumier ou canonique. Ce n'est même pas qu'un observateur attentif et exercé, ne puisse transformer légitimement en témoignages historiques jusqu'aux écrits des simples praticiens qui ne s'attendaient guère à pareil honneur, et dont l'abbé Fleury parle ainsi dans la préface de son *Institution au Droit Ecclésiastique* : « Ils n'apprennent la jurisprudence que comme les artisans apprennent les métiers les plus vils en voyant travailler leurs maîtres, et retenant ce qu'ils disent à l'occasion particulière de chaque ouvrage. Aussi quand on demande à ces praticiens la raison de ce qu'ils font, ils n'en rendent guère d'autre sinon que c'est l'usage, et qu'ils l'ont toujours vu faire ainsi. » Mais il n'en est pas moins vrai que nos anciens légistes, alors même qu'ils semblent faire à la philosophie et à l'histoire une large part, les regardent comme un moyen et non comme un but. Malgré les progrès de la science, telle est et doit être encore aujourd'hui, dans la plupart des cas, le rôle des jurisconsultes, des magistrats et des hommes d'affaires, qui sont gens chargés d'exposer et d'appliquer des principes de portée et d'utilité moyennes, et de rendre ainsi à la chose publique des services plus réels, que lorsqu'ils entreprennent, sauf exception justifiée et acceptée, de s'élever jusqu'à la haute et périlleuse direction des grands intérêts collectifs. L'histoire du Droit fondée au xvie et xviie siècles par Jean Bodin, Pierre Ayrault, Grotius, etc., se développe surtout au xviiie. Montesquieu, l'abbé Dubos, le comte de Boulainvilliers, le trésorier de France Perreciot, une fille modeste et pieuse autant que savante, mademoiselle de La Lézardière, et même l'abbé de Mably, dans ses livres les moins entachés de passion, s'occupent alors d'expliquer, en dehors des anciennes théories routinièrement et à peu près exclusivement monarchiques, les origines et les progrès de notre Droit public. Plus tard, sous la royauté constitutionnelle, ce mouvement libre et varié se continue par le comte de Montlosier, Raynouard, Pardessus, et MM. Guizot, Augustin Thierry, le comte Beugnot, de Tocqueville, Mignet, Dupin, Laboulaye, Lehuërou, Ferd. Béchard, etc. Là est la véritable tradition de la France, la tradition qui, malgré l'apparence, gagne chaque jour du terrain sur l'école du *Contrat social* et des créations politiques *à priori*, bonne tout au plus jadis comme machine de guerre contre la décrépitude du vieil ordre monarchique. C'est que le passé et l'avenir sont, par le présent, dans un état perpétuel et réciproque de pénétration, et que les diverses époques se justifient, chacune à son heure, par l'élaboration incessante de la matière historique. La société moderne procède à la fois de la civilisation gallo-romaine, du christianisme, du monde barbare, de la féodalité, et de l'ancienne monarchie. A peine de mort, elle ne peut répudier ce saint héritage pour vivre avec ses seules forces, et, Dieu aidant, elle ne périra pas.

L'histoire du Droit privé grandit au XVIIIe siècle, comme l'histoire du Droit public. Un chrétien philosophe et un historien jurisconsulte, l'abbé Fleury, raconte, dans un court travail où tous les mots portent, les destinées générales de notre législation civile. Bernardi, Ferrière, Silberrad, Terrasson et quelques autres le suivent de loin dans cette voie. Mais pour donner à ce mouvement sa valeur et sa portée réelles, il faut l'influence de l'école allemande, et bientôt nous aurons les solides travaux de Klimrath, l'œuvre hâtive de Laferrière, et les études de MM. Pétigny, Laboulaye, Eugène de Rozière, de Courson, Chambellan, etc., etc.

La Féodalité et l'ancienne Monarchie sont assurément les deux périodes les plus originales et les plus intéressantes de l'histoire de notre Droit public et privé, national ou local. Ces deux périodes sont pourtant très peu connues, au moins pour tout ce qui a trait au Droit divergent et spécial de chaque province : et cela se comprend de reste. Les rédacteurs d'Instituts ou d'ouvrages plus étendus sur les matières canoniques, féodales, coutumières, etc., appartiennent, pour la plupart, à une époque où quelques chanceliers et présidents de cours souveraines, ainsi que bon nombre d'autres juristes, se préoccupaient déjà, et avec un intérêt toujours croissant, d'établir en France cette uniformité du Droit préparée surtout par Pothier, poursuivie par Camus et les autres jurisconsultes jansénistes de l'Assemblée constituante, réalisée par le Code civil, et poussée bientôt à l'excès par une centralisation tyrannique et minutieuse. Pour nos vieux légistes royaux, gens d'un servilisme intrépide, nourris de Droit romain, et créés et mis au monde tout exprès pour miner sournoisement et patiemment l'Eglise féodale et les seigneurs, l'idéal de l'ordre politique et civil est longtemps l'égalité sous un chef. *Qui veut le Roi, si veut la Loi*. Sous quelque forme qu'elle apparaisse, toute existence indépendante leur est odieuse, et comme un grief personnel. De là, le gallicanisme des parlements, la jurisprudence des appels comme d'abus qui livre aux gens du Roi les matières bénéficiales, et ne laisse à peu près à l'Eglise qu'une juridiction spirituelle qui, Dieu merci, a tenu bon contre le jansénisme et l'Assemblée constituante. De là aussi ce siége de la féodalité qui a duré près de mille ans, et dont les progrès incessants ont réduit, puis anéanti le pouvoir politique des barons, préparé l'administration des intendants, et qui n'avait laissé debout, en 1789, que les deux plus tristes vestiges du passé : l'inégalité de la condition des personnes et des terres. Chose étrange, ces légistes, ces ennemis implacables des seigneurs, tiennent eux-mêmes leurs charges en fief, et moyennant la Paulette, ils vendent ou achètent le droit de juger. La prospérité leur tourne la tête. Autrefois, ils disaient : *Qui veut le Roi, si veut la Loi*. Maintenant, ils disent : *Le Roi ne peut faillir;* mais ils se réservent le droit de conseil, et presque celui de tutelle. C'est l'époque de la résistance des parlements à l'enregistrement des édits. Faites un pas de plus et passez des juges aux avocats, vous avez la royauté moins le Roi, la République. Mais à peine les gens de robe ont-ils proclamé cette Souveraineté de la Loi, dont ils comptent bien rester les ministres, que les disciples de Rousseau ont déjà crié : Souveraineté du Peuple.

Je reviendrai ailleurs et plus longuement sur le rôle de ces légistes qui ont fait beaucoup de bien et quelque mal à la France, et sur les évolutions successives qui ont enfin amené les intérêts autrefois ennemis à composer dans un idéal de société où la tradition et le progrès conservent leurs droits, et où la nation demeure maîtresse de ses destinées, sous l'autorité d'une magistrature suprême. Tout ce que j'ai voulu prouver, c'est que la plupart des anciens jurisconsultes voyaient de fort mauvais œil la diversité de notre Droit provincial, et qu'à part Hauteserre, Cazeneuve, Furgole et quelques autres, qui ont soutenu contre Marca, Fevret et Galland, l'autorité du Saint-Siége et la liberté des terres de franc-aleu roturier, ils étaient décidés quand même à tout sacrifier à la royauté et à l'unité. Il n'est donc pas étonnant qu'en toutes matières ils se soient préoccupés beaucoup plus volontiers des analogies et des ressemblances que des divergences des nombreux statuts provinciaux. C'est là une remarque qui est vraie, non-seulement pour ceux qui ont formulé des théories sur le Droit ecclésiastique et féodal, mais encore pour ceux qui se sont occupés de législation coutumière : par exemple Loysel, Guenoys et Argou. Laissons à part les Recueils de Papon et de Henrys. Je ne connais qu'un seul ouvrage exclusivement consacré à relever des différences et non des similitudes : c'est le livre de Bretonnier, annoté par Boucher d'Argis, et intitulé : *Recueil par ordre alphabétique des principales questions de Droit qui se jugent diversement dans les différents tribunaux du royaume.*

Cette propension naturelle vers l'unité, qui était le mobile de la plupart de nos écrivains jurisconsultes des XVIe, XVIIe et XVIIIe siècles, ainsi que des légistes de l'époque antérieure, caractérise aussi le petit nombre de publicistes contemporains qui ont abordé l'ancien Droit au point de vue purement historique. Chez ces derniers, la tendance unitaire résulte à la fois de l'influence toujours si grande, et souvent si légitime, qu'exercent en toutes choses les faits accomplis, et de la volonté de formuler scientifiquement des théories, qui peuvent d'autant moins tenir compte de l'exception qu'elles sont plus étendues et plus générales. Pour ne citer qu'un exemple, c'est ainsi qu'opérait Henri Klimrath, quand il marquait sa trop courte vie par des services historiques et juridiques qui garderont son nom de l'oubli. Placé par sa naissance et par son éducation sous l'influence des idées germaniques, Klimrath, malgré ses vastes études, garde le caractère indélébile de son origine. Ainsi, dans ses remarquables *Etudes sur les Coutumes,* il réveille, dans la science, la grande question qui divisa jadis si profondément les jurisconsultes et les parlements, au sujet du véritable Droit commun de la France. Est-ce le Droit coutumier, est-ce le Droit romain? Les légistes du Nord tenaient pour le premier, et ceux du Midi pour le second. Un homme d'un vaste génie, trompé cette fois par des recherches incomplètes, et peut-être aussi égaré par ses instincts aristocratiques, Montesquieu, s'était déclaré très ostensiblement pour le Droit germanique et féodal, et contre le Droit romain soutenu par le savant abbé Dubos, dans son *Histoire critique de l'établissement de la Monarchie française.* L'erreur de Montesquieu a été redressée depuis par le comte du Buat, mademoiselle de La Lézardière, Savigny, Mackeldey, M. Guizot, Lehuërou, etc., etc. Sans nier l'évidence, sans contester que les populations du nord de la Gaule romaine n'aient subi plus profondément que celles du midi l'influence de l'invasion franke et de la féodalité, ces publicistes ont mis hors de doute que toutes nos provinces sont restées, à divers degrés, romaines d'habitude et d'inclination. Malgré le parlement de Paris, qui réussit plus ou moins à faire prévaloir, dans son ressort d'abord si étendu, l'esprit de la coutume particulière de la capitale, l'attachement à l'ordre romain n'en a pas moins persisté, surtout dans l'Eglise et dans le Droit, et c'est par là que la France s'est ménagé contre les seigneurs ce long retour offensif qui ne finit qu'avec la Révolution. Sur ce point important, Klimrath ne tient pas assez compte des progrès de la science, et, dans ses préférences naturelles développées encore par la lecture assidue des anciens juristes du nord de la France, peut-être attribue-t-il trop souvent à une origine germanique des similitudes ou de simples analogies coutumières, qui paraissent pour la plupart être le résultat naturel des progrès de la société. Sans doute il a raison, quand il dit que ces similitudes et ces analogies des divers statuts provinciaux sont « la source où ont puisé largement les rédacteurs du Code civil. » Mais en est-il de même quand il va jusqu'à prétendre qu'à raison de l'impossibilité d'appliquer bon nombre de règles du Droit romain à une société moderne et chrétienne, ce Droit « ainsi réduit formait la coutume générale du midi de la France? » Si nombreuse et si respectable qu'elle soit, il n'est pas permis de transformer ainsi l'exception en règle, et de réduire la règle à l'état de vaste exception. Mais on comprend qu'avec un point de départ semblable, Klimrath, après avoir tracé la géographie coutumière de toute la France, d'une façon à peu près aussi complète que le permettaient alors les documents imprimés ou signalés dans la collection de Bourdot de Richebourg et ailleurs, ait exclu de son travail de généralisation coutumière le Midi, comme il en avait écarté les Pays-Bas, et ait exclusivement concentré ses recherches sur le Droit civil de la France centrale. Et pourtant il appert de la seule géographie coutumière de Klimrath, que le Midi possédait aussi un grand nombre de statuts provinciaux et municipaux. Dès lors comment, en présence de ces diverses législations de tout un territoire ou d'une simple commune, pourrait-on soutenir encore que le Droit romain n'est que la coutume particulière de nos pays? Le Sud-Ouest est si riche en monuments de ce genre que Klimrath s'est à peu près borné à l'énumération de ses coutumes générales, qu'il n'a pas même soupçonné l'existence d'un grand nombre de fors des cités, bastides et villages des régions sous-pyrénéenne et landaise, et qu'il a ostensiblement reculé devant le dénombrement des nombreux statuts municipaux du ressort du parlement de Toulouse, dans lequel était comprise la Gascogne-Languedocienne. En m'exprimant ainsi, je crois ne manquer ni de respect ni de reconnaissance envers la mémoire d'un publiciste dont les livres m'ont beaucoup appris, et qui m'aurait, au besoin, donné une leçon d'indépendance par sa magistrale critique de l'*Histoire du Droit Français* de M. Laferrière.

L'examen des procédés historiques et juridiques de Klimrath m'a fait quelque peu sortir de mon sujet. J'y reviens en constatant que les habitudes, si volontiers unitaires, de la plupart des écrivains anciens et modernes qui ont étudié notre Droit sous le double aspect pratique et historique, ont rendu d'incontestables services à la société et à la science. Mais l'acte de l'entendement qui nous permet de distinguer les diverses choses par leurs caractères particuliers n'est pas moins important que celui qui, d'après leurs similitudes, les rassemble en unités collectives. C'est ce dont ne me semblent pas être assez convaincus bon nombre de braves gens, toujours empressés de faire comme tout le monde, de s'habiller d'après la gravure, et de penser d'après le journal de leur couleur; mais je ne suis point ici pour traiter cette question de morale et de politique. S'il y a profit à examiner, dans ses expressions multiples, notre passé national, qui n'est que la résultante des diverses influences provinciales, il n'y en a pas moins à recommencer en détail la même étude pour chaque unité régionale. Or, le Droit est un des témoignages les plus importants et les plus sûrs. Comme l'a très bien remarqué Klimrath, il tient le milieu entre l'histoire naturelle et l'histoire proprement dite. Si la première examine les lois physiques dans leur permanence et leur fixité, si la seconde s'attache à la succession d'actes humains qui ne peuvent renaître et se répéter identiquement, le Droit participe de l'une et de l'autre, et montre la persistance de certaines habitudes sociales, dans un temps et sur un espace déterminés. Il doit donc être aussi envisagé historiquement, au moins à l'époque de ses plus nombreuses et plus saillantes originalités topiques; je veux dire depuis la chute de l'empire karolingien jusqu'à la Révolution.

Le Droit particulier du Sud-Ouest pendant cette période, présente un incontestable intérêt. Par les canons des conciles provinciaux, les actes des synodes diocésains, les chartes et générales et locales, les écrits des jurisconsultes, les nombreux recueils des arrêts des parlements de la région, il révèle une organisation particulière dans l'ordre ecclésiastique, féodal et municipal. Par leurs dispositions relatives à la prérogative des aînés, au retrait lignager, à la faculté de préemption établie parfois en faveur des compatriotes, aux habitudes communistes qui résultent toujours plus ou moins de la prédominance de l'état pastoral, la plupart de nos coutumes générales témoignent d'une constitution de la famille et de la propriété, dont on rencontre plus souvent les analogues dans le nord de l'Espagne que dans le reste de la France. Enfin, nous trouvons dans les décisions judiciaires la preuve que nos anciens tribunaux savaient, au besoin, donner satisfaction au progrès social en modifiant le Droit écrit par l'interprétation, et en réglant directement les matières usuelles.

Depuis la naissance de la féodalité jusqu'à la Révolution, le Droit particulier du Sud-Ouest se forme, se développe ou se modifie dans deux grandes époques, subdivisées elles-mêmes en plusieurs périodes, dont chacune est marquée par d'importants événements généraux ou locaux. En voici le dénombrement.

ÉPOQUE FÉODALE.

De la séparation définitive de l'Aquitaine et de la Gascogne à la chute de la maison d'Armagnac (877-1473).

1. Avénement de Sanche-Sancion. — Indépendance de la Gascogne. — Partage entre les descendants de Garsie-Sanche le Courbé. — Origine de grands fiefs. — Hiérarchie féodale. — Progrès de l'ordre de St-Benoît. — La suzeraineté du duché de Gascogne tombe dans la maison de Poitiers (1070).

2. Croisades. — Alliances entre les grandes familles suzeraines et tentative d'une confédération féodale du Midi sous les comtes de Toulouse. — Fors de Béarn. — Premiers monuments re-

latifs à la constitution des fiefs suzerains. —Avénement de la noblesse moyenne et inférieure. — Les duchés de Guyenne et de Gascogne tombent dans les mains des rois d'Angleterre par le mariage d'Eléonore de Guyenne (1154) avec Henri, duc de Normandie, et ensuite roi sous le nom de Henri II.

3. Influence des Plantagenets. — Progrès de la noblesse moyenne et inférieure. — Mouvement communal. Régime consulaire, Fors et Jurades. — Origine et progrès des sectes albigeoises. — Etat ecclésiastique féodal et moral du Midi avant la croisade.— Première expédition des Français du Nord commandés par Simon de Montfort, et bataille de Muret (1213). — Conséquences. — Seconde croisade commencée sous Louis VIII, et terminée sous la régence de Blanche de Castille. — Soumission de Raymond VII, comte de Toulouse, à saint Louis. — Mariage de Jeanne, héritière de Raymond VII, avec Alfonse IX, comte de Poitiers et frère de saint Louis. — Vice-royauté capétienne dans le Midi. — Progrès du Droit romain en Languedoc, et professorat de Placentinus à Montpellier. — Réunion des terres de la maison de St-Gilles à la Couronne après la mort de Jeanne et d'Alfonse (1272).

4. Progrès de l'autorité royale dans le Midi, et situation des principaux suzerains du Sud-Ouest. —Fortune croissante des comtes d'Armagnac. Ils commencent à se poser en chefs de la Gascogne féodale.—Philippe le Bel et le pape Clément V. — Erection du Parlement de Toulouse (1302).— Eustache de Beaumarchez.— Fondation des bastides royales et seigneuriales; paréages.—Erection des évéchés de Condom et de Lombez. — Déclin de l'Eglise féodale. —Ordres mendiants. — La maison d'Armagnac hérite des possessions de la maison de Millau-Rodez, dans le Rouergue, la Haute-Auvergne, etc.— Philippe de Valois, et Edouard III, roi d'Angleterre. — Politique des Plantagenets en Guyenne et en Gascogne. — Commerce de Bordeaux et de Bayonne. — Nouveaux progrès du régime municipal sous l'influence des rois de France et d'Angleterre, de l'Eglise et de la noblesse. Rédaction de plusieurs chartes portant constitution générale de fiefs suzerains. — Guerre

contre les Anglais ; batailles de l'Ecluse, de Crécy et de Poitiers.
— Traité de Bretigny (1360). — Duguesclin et le Prince Noir. —
Folie de Charles VI. — Bourguignons et Armagnacs. — Le connétable Bernard VII, comte d'Armagnac, est alors le véritable chef
de la France méridionale contre la France bourguignonne et flamande. — Charles VII. — Fortune croissante de la maison d'Armagnac. — Louis XI. — Réaction de la Guyenne et de la Gascogne contre les Plantagenets. — Bataille de Castillon (1453) et ex-
pulsion des Anglais. — Vice-royauté de Charles, frère de Louis XI,
dans le duché de Guyenne. — Erection du Parlement de Bordeaux (1462). — Ligue du Bien public. — Jean V, comte
d'Armagnac. — Prise de Lectoure et ruine de la maison d'Armagnac (1473).

ÉPOQUE MONARCHIQUE.

De la chute de la maison d'Armagnac à la Révolution (1473-1789).

1. Progrès de l'autorité royale dans le Sud-Ouest. — Influence
des Parlements de Toulouse et de Bordeaux. — Déclin et fin du
mouvement communal. — La noblesse perd rapidement l'auto-
rité politique, et ne retient que les droits utiles et honorifiques.
— Grandes familles; droit d'aînesse et substitutions. — Charles
VIII. — La rédaction officielle des communes, prescrite par
Charles VII dans son ordonnance de Montil-lès-Tours (1453), fai-
blement continuée sous Louis XI, est reprise activement sous
Charles VIII, conformément aux lettres-patentes de 1493 et 1497.
— Louis XII. — Rédaction des coutumes de St-Sever, Dax, Bayonne,
Labourd, et probablement aussi de Marsan, Tursan et Gabardan.
— François I. — Concordat avec le pape Léon X. — Le Roi
désormais collateur des grands bénéfices ecclésiastiques. —
Par la jurisprudence des appels comme d'abus, les Parlements
commencent à attirer à eux les matières bénéficiales. — Publica-
tions des coutumes de Bordeaux et de Soule. — Charles, duc

d'Alençon, héritier de Charles d'Armagnac à qui Louis XI avait rendu les biens de son frère Jean V, épouse Marguerite de Valois, sœur de François I, et meurt sans postérité (1525). — Second mariage de Marguerite de Valois avec Henri, roi de Navarre, à qui elle porte en dot tout l'héritage de la maison d'Armagnac (1526).

2. Coup d'œil rétrospectif sur l'origine, les alliances et la fortune rapide de la maison d'Albret. — Rédaction des coutumes de Béarn (1551). — Jeanne d'Albret, reine de Navarre, épouse Antoine de Bourbon. — Erection du Duché-Pairie d'Albret. — Renaissance nationale et protestantisme politique du Sud-Ouest. — Calvin, Théodore de Bèze, Roussel, etc. Cours de Nérac et Pau. — Guerres de Religion. — Edits de pacification. — Places de sûreté et Chambres mi-parties. — Rôle de Montauban et du Bas-Quercy. — Réveil momentané de l'esprit municipal en Gascogne pendant les guerres de religion. — Charles IX et Henri III. — Henri de Bourbon à la cour des Valois. — Fuite de St-Maur. — Le roi de Navarre devient en France le chef du parti huguenot. — Assassinat de Henri III. — Victoires de Henri IV. — Son abjuration. — Capitulation de Paris (1594). — Réunion définitive du Sud-Ouest à la Couronne de France.

3. Traité de Vervins et Edit de Nantes (1598). — Le Sabbat dans les Landes et le Pays Basque. — Le Président d'Espagnet et le conseiller Pierre de l'Ancre. Procédures criminelles entre les sorciers. — Fin du protestantisme politique, et décadence rapide du protestantisme religieux dans le Sud-Ouest. — Louis XIII. — Rédaction des coutumes de Basse-Navarre (1611). — Erection du parlement de Pau (1620). — Puissance des Cours souveraines. — Jurisconsultes et arrêtistes. — Richelieu. — Théories gallicanes et monarchiques des historiens légistes : Galland, Favyn, Oïhénart, Marca, Du Puy, etc. — Résistance de Hauteserre. — Administration. — Pays d'Etats, d'abonnement, d'élection et d'imposition. — Louis XIV. — La Fronde dans le Sud-Ouest. — Vénalité des charges consulaires, et extrême abaissement des

institutions provinciales et municipales. — Opposition des légistes du Midi, principalement de Cazeneuve, et, plus tard, de Furgole et des annotateurs de la coutume de Bordeaux, aux théories fiscales d'Antoine Galland sur le franc-aleu roturier. — Echange fait par Louis XIV des terres du duché d'Albret contre les principautés de Sedan et de Raucourt, appartenant à la maison de Bouillon (1642-1651).—Progrès du pouvoir des Intendants.—Collection du président de Doat. — Nouveaux recueils d'arrêts. — Rédaction de la coutume de Baréges (1670).—Aliénation et engagement des terres royales. — Erection des Duchés-Pairies de Lavedan, d'Antin, et autres fiefs. — Première rédaction de la coutume de Lavedan (1704). — Louis XV. — Les parlements du Sud-Ouest commencent à imiter les allures politiques de celui de Paris. — Nouvelle rédaction des coutumes de Baréges et de Lavedan (1768). — Engagement de l'Agenais et du Condomois au duc d'Aiguillon.— Jurisconsultes et canonistes : Furgole, Ducasse, etc. — Duchés-Pairies de Roquelaure, de Guiche et autres fiefs d'érection. — Petite noblesse. — Administration de MM. d'Etigny et de Tourny, Intendants des généralités d'Auch et de Bordeaux. — Louis XVI. — Les Cours souveraines du Sud-Ouest continuent leur opposition politique. — Ministère de Turgot. — Il essaie vainement de ranimer l'esprit provincial ruiné par l'autorité presque absolue des Intendants. — L'Eglise, la Noblesse et le Tiers-Etat avant 1789. — Convocation des Etats-Généraux. — Cahiers des divers ordres. — Réunion des Etats-Généraux. — Assemblée nationale. — Abolition de la féodalité. — Révolution et avénement du nouveau régime.

Tel est le sommaire incomplet, surtout pour les périodes les plus reculées, des événements généraux et locaux, politiques et juridiques, dont est obligé de tenir compte tout publiciste qui abordera l'histoire du Droit du Sud-Ouest de la France, depuis la Féodalité jusqu'à la Révolution. On a remarqué, sans doute, que j'ai passé sous silence les Décrétales, Ordonnances, Edits royaux, etc., qui sont venus modifier notre législation particulière, la rapprocher de l'unité, au point de vue ecclésiastique et laïque, et que je me suis trouvé conduit à insister d'autant plus sur les détails, que notre législation dépouille davantage son originalité en se rapprochant des temps modernes. Pour en présenter le tableau complet, aux divers points de vue féodal et municipal, canonique, civil, procédurier, criminel, commercial, administratif, financier, etc., il faudrait disposer d'une masse énorme de documents, dont un grand nombre sont inédits, et dont la mise e' œuvre absorberait certainement la plus longue et la plus laborieuse existence. Il n'est donc pas étonnant que les historiens jurisconsultes de la Gascogne se soient bornés jusqu'à présent à des généralisations superficielles ou à des monographies. C'est ainsi que, dans ses *Essais historiques sur le Béarn*, un magistrat de la Restauration, M. Faget de Baure, a emprunté à Marca, sans trop de scrupule, presque toute la partie juridique de son travail. M. Laferrière, dans son *Histoire du Droit français,* et M. Ferdinand Béchard, dans son *Histoire du Droit municipal,* se sont appliqués surtout à résumer des travaux antérieurs, et quand ils ont exceptionnellement abordé les originaux, ils ont opéré sur un très petit nombre de ces documents. L'étude sur le Droit béarnais, insérée dans la *Revue des Sociétés savantes,* ne saurait être non plus acceptée comme un travail de première main. Tous ces essais sont de beaucoup dépassés dans l'excellente brochure de M. Jules Cordier, *Le Droit de famille aux Pyrénées;* et les plus difficiles ne peuvent guère reprocher à l'auteur que d'avoir fait la part trop large à l'influence euskarienne, et confondu parfois les institutions nées du régime pastoral avec les créations du libéralisme moderne. Toujours est-il que les moyens d'information actuels ne permettent pas d'entreprendre une œuvre d'ensemble sur la législation de notre province. Je donnerai, dans mes *Etudes historiques sur l'ancien Droit du Sud-Ouest de la France,* l'inventaire des documents consultés pour cette publication, et je tâcherai de fournir aussi un aperçu général des autres sources juridiques. Mais je ne me lasserai point de répéter que tant que toutes ces sources ne seront pas à la disposition de l'historien, il devra se borner, d'une part, à n'utiliser que les plus générales et les plus connues, et de l'autre, à préparer des entreprises plus étendues par la vulgarisation de nouveaux textes inédits. Telle est la double tâche que je me suis imposée dans mes *Etudes historiques sur l'ancien Droit du Sud-Ouest de la France*, et dans mon recueil de *Coutumes municipales du Département du Gers*, sur lesquels je demande à m'expliquer en finissant.

L'intelligence des parties les plus accessibles de notre Droit féodal et monarchique, doit être nécessairement préparée par un coup d'œil rétrospectif sur les diverses sociétés qui en ont préparé l'avénement et les progrès. C'est ainsi qu'il faut se préoccuper tout d'abord de cette population aborigène, de race probablement gétule ou berbère, et qui occupait l'Espagne et la Gaule méridionale avant les premières invasions connues. A cette race, viennent se superposer les Euskes et les diverses tribus de famille gauloise. Tous ces éléments se fondent plus ou moins dans la primitive Aquitaine, et subissent sans doute à quelque degré l'influence phénicienne, grecque et carthaginoise. Il me faudra donc déterminer, d'après les auteurs classiques et d'après les érudits modernes, tels que : Martin, Erro y Aspiroz, Sempere, Capmany, Marina, W. de Humboldt, et MM. Pictet, Amédée Thierry, A. de Courson, Chambellan, le baron R. de Belloguet, etc., etc., les modifications apportées à l'ancien état de choses par ces invasions. Cela fait, je présenterai le résumé rapide de l'histoire purement externe du Droit romain dans le Sud-Ouest, en m'attachant de préférence aux travaux les plus récents, et particulièrement à quelques excellents mémoires insérés dans les actes de l'Académie de Législation de Toulouse. Je devrai dire aussi quelques mots des origines et des progrès locaux du christianisme, et esquisser les principaux traits du Droit germanique, que Jacobus Grimm et son école ont si bien réussi à mettre en lumière. Après la ruine de la monarchie wisigothique par les Franks, j'aborderai enfin, et toujours sommairement, l'examen du Droit mérovingien et karolingien, d'après les textes originaux, les travaux des jurisconsultes et publicistes de l'ancienne monarchie, les ouvrages de Pardessus, Guérard, Lehuërou, Klimrath, Laferrière, et ceux de MM. Guizot, le comte Beugnot, Laboulaye, de Pétigny, Giraud, L. Delisle, Eugène de Rozière, etc., etc.

Le terrain ainsi préparé, je pourrai m'occuper enfin de la partie vraiment significative de mon travail juridique, lequel, sauf quelques modifications de détail, sera composé comme suit : 1° *Inventaire* des sources juridiques, particulièrement de celles où j'aurai puisé. 2° *Droit Féodal.* Les documents juridiques totalement ou partiellement relatifs à la féodalité sont les chartes et autres actes portant constitution de fiefs suzerains, les coutumes générales et locales, les recueils d'arrêts des parlements et les écrits des jurisconsultes. Pour des raisons que je donnerai tout à l'heure, je ne ferai point usage des coutumes locales; mais j'utiliserai de mon mieux les autres moyens d'information. Je crois devoir faire observer en passant que, pour la Gascogne, comme pour les autres parties de la France, l'histoire du Droit féodal se divise en deux périodes. Dans la première et la plus ancienne, ce Droit règle la constitution politique. Il absorbe ou domine le Droit privé, et justifie l'aphorisme de Bacon : *Jus privatum latet sub tutelâ juris publici.* Dans la seconde période, les progrès du pouvoir royal l'ont graduellement dépouillé de tout caractère politique, et réduit à peu près au domaine utile et aux prérogatives d'honneur. Je m'attacherai soigneusement à séparer ces deux époques, en signalant les faits principaux qui préparent la transition de l'une à l'autre. 3° *Droit Canonique.* Les monuments de l'ancien ordre ecclésiastique du Sud-Ouest sont : les actes des conciles provinciaux et ceux des régions circonvoisines, insérés dans les grandes collections du P. Labbe et du P. Hardouin, les statuts synodaux des divers diocèses, et les écrits des canonistes. Il est très probable que tous les statuts synodaux n'ont pas été imprimés, et le contraire fût-il vrai, il n'en serait pas moins difficile de les rassembler. On y trouverait assurément des dispositions curieuses sur la discipline intérieure de l'Eglise, la juridiction gracieuse, l'instruction publique, etc., etc. Mais à défaut de renseignements complets sur ces diverses matières, j'aime mieux me borner à l'étude des actes des conciles et à l'étude des canonistes. 4° *Droit Privé*. On sait que le Droit romain qui avait continué de régir les populations gallo-romaines sous les barbares, et dont la persistance sous la Féodalité ne peut être contestée, formait, sauf dérogation des différentes coutumes, la législation de la France méridionale. La règle générale ainsi posée et étant réputée connue, il n'y a plus à s'inquiéter que de l'exception considérable qui résulte de la législation coutumière, et des arrêts qui réglementent directement les questions nées du progrès social, ou qui y répondent indirectement par des interprétations spéciales du Droit écrit.

Voilà, sauf quelques additions et modifications qui résulteront peut-être de mes recherches ultérieures et d'une possession plus pleine du sujet, le plan de mes *Etudes historiques sur l'ancien Droit du Sud-Ouest de la France*. Il ne me reste plus qu'à faire connaître l'économie et le but du recueil des anciennes *Coutumes municipales du département du Gers*, dont je publie aujourd'hui la première série. J'ai déjà dit que ces sortes de documents sont presque innombrables dans le Sud-Ouest. Il y en a pour le Médoc et le Bordelais, les régions landaise et pyrénéenne, et surtout pour la Gascogne-Languedocienne, qui ressortissait tout entière du parlement de Toulouse. Beaucoup de ces documents ont été imprimés, avec plus ou moins de correction, dans nos diverses histoires provinciales et municipales, dans les coutumiers généraux et spéciaux, dans les Revues, etc. Mais le plus grand nombre demeure à publier, ainsi qu'on peut s'en convaincre en parcourant le recueil des *Ordonnances*, la *Bibliothèque de Droit*, de Camus, la *Nouvelle Bibliothèque de Droit*, les arrêtistes des parlements de Toulouse et de Bordeaux, les catalogues de l'excellent *Cabinet Historique*, de M. Louis Paris, les premières livraisons des inventaires des archives départementales, etc., etc.

Dans son *Histoire de la Gascogne*, le chanoine Monlezun a donné, probablement d'après une source qu'il n'indique pas, l'inventaire des pièces de ce genre qui existent ou ont existé pour les communes des divers pays qui ont contribué à former le département du Gers. Il en a même publié plusieurs, et d'une manière souvent infidèle, dans le tome VI et le *Supplément* de son ouvrage. Autant que j'en puis juger par mes nombreuses lectures, et surtout par l'autorité de quelques personnes profondément versées en ces matières, nos statuts municipaux sont surtout importants au point de vue du Droit féodal, municipal, procédurier et criminel. On y trouve parfois aussi des dispositions de Droit civil; mais, sauf meilleur avis et recherches plus complètes, ces dispositions y sont surtout introduites comme autant de franchises et de libertés dérogatoires à la rigueur habituelle de la loi. Ces statuts apparaissent sous les formes les plus variées, concessions directes, transactions, capitulations, interprétations, etc., et témoignent, autant par l'esprit que par la date, des diverses influences seigneuriale, ecclésiastique et royale, agissant isolément ou réunies dans un paréage. Plusieurs de ces actes révèlent, par leur identité ou par leurs analogies plus ou moins grandes, un certain nombre de types de constitutions communales, nés de causes permanentes ou passagères. Ils déposent, selon les cas, d'une communauté régionale d'habitudes et de besoins, des progrès de l'état social, de l'action des événements généraux, de l'influence des localités prochaines ou lointaines, etc. L'ordre féodal et l'ordre municipal y apparaissent en même temps avec leurs caractères fondamentaux, et leur diversité presque infinie. Mais tant que tous les documents de cette nature ne seront point révélés, comme le sont nos grandes coutumes et chartes de fiefs suzerains, toute généralisation légitime de notre ancien Droit municipal est impossible, et l'on comprend aussi maintenant pourquoi je ne puis entreprendre celle du Droit féodal que d'après les sources que j'ai déjà fait connaître. Dans son *Histoire du Tiers-État*, M. Augustin Thierry partage le Sud-Ouest en trois

régions, dont chacune produit sa forme communale particulière.
Vers Bordeaux et dans une partie des Landes, c'est la *Jurade;*
au pied des Pyrénées, ce sont les *Fors,* qui font songer aux *Fueros*
de l'Espagne. Enfin, dans la Gascogne-Languedocienne, c'est le
Régime consulaire, vestige de l'ancien ordre romain. Cette classification territoriale, qui a généralement prévalu, sera-t-elle toujours préférée à celle qui pourrait résulter de l'examen de la
série politique et chronologique des événements ? Nul n'est en
situation de l'affirmer aujourd'hui, et tout ce que nous pouvons
faire, et à quoi je veux travailler pour ma part, c'est de préparer
des matériaux aux historiens futurs, en publiant les statuts municipaux de la Gascogne.

Ce n'est pas d'hier que les jurisconsultes et les historiens
français s'occupent de vulgariser les coutumes générales et
locales, et je n'en veux d'autre preuve que les travaux des
Beaumanoir, des Bouteiller, des La Thaumassière, des Guenoys,
des Dumoulin, des Brodeau, de l'éditeur anonyme du *Grand Cou-*
tumier, et de tous les autres préparateurs du *Coutumier Général*
de Bourdot de Richebourg, dans lequel se trouvent insérées à la
fois des coutumes générales et municipales. Depuis la publication
de ce dernier recueil jusqu'à la Révolution, la recherche des monuments de nos diverses législations provinciales ne se poursuit plus
avec la même activité, et elle cesse totalement sous la République et le premier Empire. Les études sur l'ancien Droit, dégagées
dorénavant de toute préoccupation d'utilité immédiate, recommencent, pour ne plus être interrompues, avec la Restauration.
Dans cette résurrection du passé juridique, l'école constitutionnelle, doctrinaire et libérale, est représentée par MM. Guizot,
Raynouard, le comte Beugnot, Ed. Laboulaye, Giraud, Klimrath,
Lehuërou, Eugène de Rozière, etc. L'école saint-simonnienne,
dégagée de ses exagérations primitives, a pour chef M. Augustin
Thierry, qui a consacré sa vie entière au développement des
formules historiques de son maître, et à montrer la réaction incessante des populations gallo-romaines contre les résultats de l'inva-

sion germanique. C'est à ce dernier que M. Guizot, ministre de l'instruction publique en 1836, confia l'exécution d'un *Recueil des Monuments inédits de l'histoire du Tiers-Etat*, qui devait, par conséquent, renfermer tous les statuts municipaux de l'ancienne France, et que la mort de M. Augustin Thierry a malheureusement interrompu dès le troisième volume. Il est au moins surprenant que depuis 1848, depuis l'avénement tumultuaire de doctrines démocratiques qui cherchent maintenant à se régulariser, l'œuvre commencée n'ait point encore été reprise, et que le principe aujourd'hui triomphant n'ait pas songé à s'éclairer et à se glorifier tout à la fois, par le tableau complet d'un grand mouvement politique, dont la modération et l'esprit de suite sont assurément les caractères les plus remarquables. L'école de la décentralisation, qui a rallié à son principe des publicistes de tous les partis, depuis M. Raudot jusqu'à M. Elias Regnault, et avec laquelle le gouvernement a commencé de compter, a du moins songé à préparer son avénement par un retour sur ses traditions. Exemples : *L'Ancien Régime et la Révolution*, de M. de Tocqueville; l'*Histoire du Droit municipal,* de M. Ferdinand Béchard; *Les Assemblées Provinciales sous Louis XVI*, de M. Léonce de Lavergne, et les excellentes et récentes publications de M. Ed. Laboulaye.

Si du mouvement national nous descendons à celui des provinces, et particulièrement à celui du Sud-Ouest, nous voyons les mêmes évolutions juridiques et scientifiques se reproduire dans des proportions plus restreintes, et les éléments de l'histoire de notre Droit particulier se rassembler à peu près de la même façon que ceux de l'histoire du Droit universel de la France. Dès 1635, Oïhénart explore les archives publiques et privées de la Gascogne, faisant des extraits des pièces les plus importantes, spécialement des coutumes générales et locales qu'il voulait codifier pour chaque région. J'ai peine à croire qu'Oïhénart, dont les rapports fréquents avec une des principales créatures de Richelieu, Pierre de Marca, ne sauraient être contestés, qui a écrit par ordre supérieur divers factums politiques, qui a notamment rédigé un mémoire pour

revendiquer la Navarre espagnole au profit des Bourbons, et qui
s'est vu pour ce motif interdire l'entrée du greffe de la Chambre des
Comptes de Pampelune, agit ici dans un intérêt purement historique. Quoi qu'il en soit, Oïhénart a transcrit bon nombre de coutumes dans les dix-huit volumes de manuscrits du fonds Duchesne,
et le président de Doat en a fait autant dans la collection qui porte
son nom. Avant d'être insérées dans le recueil de Bourdot de Richebourg, les nouvelles coutumes de Béarn avaient été imprimées, et
dans son histoire, Marca était revenu à plusieurs reprises sur les
anciens Fors de ce pays. Les coutumes générales du ressort du parlement de Bordeaux avaient toutes été réunies dans un petit coutumier publié en 1700, sauf *Los Fors et Costumas deu Royaume de
Navarre Deça Ports*, édités à Pau en 1622. Enfin l'ancienne et la
nouvelle coutume de Bordeaux, celle de Lavedan, et d'autres encore,
avaient été commentées. Les recherches d'histoire locale recommencent dans le Sud-Ouest avec la Restauration. J'ai déjà dit mon sentiment sur la partie juridique des *Essais historiques sur le Béarn*
de M. Faget de Baure, imprimés en 1819. En 1823, un homme
qui a marqué sa place dans l'érudition, M. d'Avezac, publiait ses
deux excellents volumes d'*Essais historiques sur le Bigorre*, et y
insérait le texte de plusieurs statuts locaux. Cet exemple n'a jamais
été perdu de vue dans la suite par nos annalistes provinciaux et
municipaux, notamment par l'abbé Monlezun. Les Actes des Sociétés savantes de la région et la *Revue historique du Droit français
et étranger* ont aussi publié plusieurs textes importants.

Quand je commençai moi-même à rassembler des documents de
cette espèce, j'avoue que, dans mon inexpérience, je rêvai tout
d'abord d'un recueil complet des statuts locaux inédits de la région,
complété par une table générale où se trouveraient signalés les
documents déjà publiés ailleurs. La coutume de Cazères (Landes),
insérée dans cette première série, est une preuve de mon ancienne
préoccupation. Mais plus tard j'appris que l'on songeait à charger
un érudit, qui a attaché son nom à une précieuse collection de *Formules* juridiques, de rassembler tous les monuments inédits de

la législation provinciale de l'ancienne France. Dans cette ex-
pectative, ce qu'il y avait de plus simple à faire, c'était de préparer pour la Gascogne des matériaux que l'on pût ensuite
faire entrer dans l'œuvre d'ensemble, et mes recherches avaient la
chance d'être d'autant moins incomplètes que je les limiterais à un
territoire plus restreint. Et puis, on commence à s'occuper partout, dans le Sud-Ouest comme ailleurs, de la publication des
anciennes chartes communales. Pour ne pas sortir de la région, les
Académies des Inscriptions et Belles-Lettres et de Législation de
Toulouse ont l'obligation de s'inquiéter plus particulièrement de
celles qui intéressent le Languedoc et la partie la plus voisine de la
Gascogne-Languedocienne. Les deux savantes compagnies n'ont pas
manqué à ce devoir, et je n'en veux d'autres preuves que les travaux de M. le président Caze, de M. le conseiller Sacaze, et de
M. Baudoin, archiviste de la Haute-Garonne. Pour l'Agenais et le
Brulhois, nous avons déjà la coutume de Lamontjoye, publiée par
M. E. Croset, archiviste du Lot-et-Garonne, et surtout les intéressantes recherches de M. A. Moullié, conseiller à la cour d'Agen, qui
voudra certainement mener à terme ce qu'il a si bien commencé.
La *Société des Archives historiques de la Gironde* a la charge
d'opérer dans toute la région bordelaise, et l'on peut compter particulièrement sur le concours de l'un de ses membres les plus dis-
tingués et les plus actifs, M. Jules Delpit. Dans les Landes, un
archéologue dont je ne saurais assez reconnaître la complaisance
et le concours empressé, M. le docteur Léon Sorbets, d'Aire-sur-
l'Adour, m'a communiqué plusieurs coutumes municipales importantes, et je tiens de lui que M. Tartière, archiviste du département, se propose de publier plusieurs documents de même nature.
MM. Sorbets et Tartière suffiront à la besogne dans cette circonscription, et l'on peut s'en rapporter à eux en toute sécurité. Dans les
Basses-Pyrénées, il y a M. Bascle de Lagrèze, conseiller à la cour
de Pau, M. Balasque, juge à Bayonne, dont le public a apprécié à
sa juste valeur le premier volume de l'*Histoire de Bayonne*, M. Ha-
toulet, qui a donné avec M. Mazure une édition des *Fors de*

Béarn, M. V. Lespy, M. Dulaurens, etc., qui se trouvent plus que personne en situation de compléter le tableau juridique de la région sous-pyrénéenne pendant les époques féodale et monarchique. Les Basses-Pyrénées posséderont, dans un délai relativement assez court, le recueil complet de leurs statuts communaux. Deux hommes exercés et laborieux, M. Couaraze de Laà, professeur de philosophie au lycée de Tarbes, et M. Curie-Seimbres, ancien sous-préfet, ont rassemblé, chacun de son côté, tous les documents nécessaires. Je suis de plus en situation d'affirmer que M. Curie-Seimbres a étudié longtemps et assidûment les manuscrits d'Oïhénart, et les études qu'il a publiées sur les origines des *bastides* ont déjà révélé en lui l'historien consciencieux et autorisé de nos institutions municipales au xiv⁰ siècle.

On peut juger, par cet aperçu, de l'activité que les annalistes du Sud-Ouest apportent à la recherche et à la vulgarisation des documents juridiques. L'étendue et la multiplicité de ces efforts sont venues, fort heureusement, réduire de beaucoup mon plan primitif, et le restreindre au département du Gers, qui correspond d'une manière assez exacte à un ensemble de créations féodales et monarchiques : Fezensac, Armagnac, Astarac, Pardiac, Lomagne, Fezensaguet, comté de Gaure, Gimois, Comminges-Languedocien, Condomois, Marquisat de Fimarcon, etc. Le recueil que je commence aujourd'hui n'est pas, on le comprend du reste, un objet de spéculation. Il ne sera tiré qu'à deux cent cinquante exemplaires, dont un très petit nombre seront livrés au commerce, et il m'a imposé et m'imposera encore des sacrifices de temps et d'argent que je suis heureux d'être en état de faire pour mon pays. Ces sacrifices seraient considérablement réduits, et la publication marcherait bien plus vite, si l'administration départementale me faisait profiter des moyens dont elle dispose pour me mettre à même de vulgariser, et de sauver peut-être de la destruction, des manuscrits dont il ne reste souvent qu'un seul exemplaire, et dont la copie nécessite de nombreux déplacements. Il se peut que mon appel soit entendu ; mais quoi qu'il arrive, je n'en poursuivrai pas moins mon entreprise, publiant les documents au fur et à mesure que je les aurai recueillis, et aussitôt qu'ils seront assez nombreux pour former un fascicule de grosseur suffisante. L'impression de ces fascicules ne s'arrêtera qu'à épuisement des statuts locaux, et sera terminée par une table onomastique et chronologique, où je renverrai, pour les pièces déjà publiées, aux ouvrages qui les contiennent. Je donnerai aussi alors le catalogue des pièces irrecouvrables, et signalées par les historiens généraux et provinciaux. Encore un mot. Si pur ou si défectueux que soit le texte des documents, je le reproduirai toujours tel qu'il est, et je laisserai à d'autres le soin d'en opérer la restauration au point de vue du droit, de l'histoire, de la langue, de l'orthographe, de la ponctuation, etc. La provenance des originaux et duplicata dont j'aurai fait usage sera toujours indiquée scrupuleusement, et je trouverai ainsi le moyen de mettre ma responsabilité à couvert, et d'acquitterma dette de reconnaissance envers les personnes qui m'auront favorisé de leurs communications. En cas de concurrence pour un même document, l'original aura la préférence ; à défaut je transcrirai les copies authentiques ou anciennes, et je n'aurai recours aux traductions que tout autant que j'aurai perdu l'espoir de recouvrer le texte primitif. Les variantes seront aussi soigneusement indiquées. Enfin, si les coutumes ont disparu, je tâcherai peut-être d'y suppléer quelquefois par la publication des aveux et dénombrements qui en reproduisent ou qui en visent les principales dispositions. Les personnes studieuses et bienveillantes qui ont bien voulu m'encourager dans cette entreprise tiendront compte de ces efforts, et me continueront, je l'espère, leurs envois de pièces et leurs conseils.

Je viens de relire cette esquisse rapide, où se reflètent à la fois les aspirations instinctives de ma jeunesse, et les projets réfléchis de ma virilité. Arrivé tantôt vers le milieu de la vie, je vois les hommes de mon âge aspirer déjà vers le repos lointain, quand je commence à peine, dans la liberté et dans la joie de mon âme, cet humble métier d'annaliste. Mais, pour si obscure que soit ma tâche, j'ai le devoir de me demander si j'y puis suffire, si mon ardeur ne faiblira point, si mes intentions sont pures. Dans cette chambre où j'ai tant de fois prolongé mes veilles, où mon père est mort en regardant la croix, je m'interroge, et j'affirme, la main sur le cœur, ma droiture et ma probité historiques. Au prix de huit années d'un labeur solitaire, j'ai éprouvé et préparé ma vocation, et j'ai rompu ces liens qui, dans notre siècle servile et révolté, nous enchaînent, avant l'heure du libre consentement, à la tyrannie des partis. Les diverses formes politiques n'ont rien qui me séduise ou me répugne absolument, et je pense que toutes peuvent se légitimer au même titre par les services rendus, et par leur conformité aux traditions et aux nécessités nationales. Je crois que la société persiste dans la variété de ses manifestations, qu'elle marche, par plus d'un sentier, vers le but marqué par le Maître souverain, et je redis les graves et mélancoliques paroles d'un vieil historien de l'Aquitaine, d'Antoine de Hauteserre, mon maître : *Dominus transfert regna de gente in gentem : transeunt regna, ruunt terrenæ potestates; soli Deo honor et imperium manet in sæcula.*

COUTUMES.

FORS ET COUTUMES DE CAZÈRES.

(Vicomté de Marsan.)

La vicomté de Marsan a joui longtemps d'une existence distincte, et ses suzerains ont même fini par devenir aussi comtes de Bigorre (1138), par le mariage de Pierre de Lobanner avec Béatrix, héritière de ce pays. La possession de ces deux fiefs par la même maison se continua jusqu'à la mort de Pétronille, mère de Mathe, qui fut mariée à Gaston VI, vicomte de Béarn. Alors commença (1251) entre ce dernier et Esquivat, comte de Bigorre, une querelle de succession apaisée cinq ans plus tard par la sentence de Roger, comte de Foix. Le Haut-Bigorre demeura à Esquivat, et le Bas-Bigorre, y compris le Marsan, fut adjugé au vicomte de Béarn. L'ancienne situation politique du Béarn et du Marsan persista jusqu'en 1207, époque où ce dernier fut érigé en pays d'Etats. La vicomté se divisa alors en *Banlieue* et en *Bastilles* ou *Bastides*. La banlieue se composait de trente-deux villages, dont les délégués délibéraient à part. De leur côté, les députés des bastides s'assemblaient à Villeneuve, à Roquefort ou à Gabarret.

Cazères était une de ces bastides, et le préambule et la date de ses fors permettent de fixer l'époque de sa fondation vers les premières années du xiv siècle. Les fors furent alors rédigés en latin, ou peut-être en roman, car il en existe, dans l'une et l'autre langue, des copies que nous n'avons pu nous procurer. La traduction française que l'on va lire a été transcrite, en 1774, par l'abbé du monastère de Saint-Jean de la Castelle, sur l'original conservé au Trésor de Pau. Nous en devons la communication à M. le Docteur Léon Sorbets, d'Aire-sur-l'Adour. Notre correspondant ne bornera pas ses recherches à cette seule pièce, et nous sommes assurés de son concours sympathique pour nous aider à recueillir les monuments inédits du droit coutumier dans la région landaise. — Il est facile de se convaincre, par la lecture de cette pièce, que le traducteur ne possédait que fort médiocrement la langue des anciens feudistes, et que, faute de connaissances suffisantes en droit et en philologie, il a commis plus d'une erreur.

In nomine Domini. Amen. Qu'il soit connu de tous, présents et à venir, que la noble Dame Marguerite, par la grâce de Dieu, comtesse de Foix, vicomtesse de Béarn et de Marsan, pour soi, et pour tous ses hoirs et successeurs, et l'honoré Religieux, le sieur Vidau, par la grâce de Dieu, abbé du monastère de Saint-Jean de la Castelle, de l'ordre des Prémontrés, en l'Evêché d'Aire, pour soi et pour tout le couvent dudit monastère, et pour tous leurs successeurs, ont donné, octroïé à tous les voisins et habitants qui sont à cette heure, et seront d'ici en avant de la nouvelle bastide de Cazères, audit Evêché d'Aire, et de leurs appartenances de ladite bastide vicomté, les libertés et franchises ici écrites.

1º Il faut savoir que par ladite Dame comtesse et vicomtesse, et seigneur Abbé, ni par leurs successeurs, il ne sera fait en ladite ville taille ni auberjade, ni ne sera reçue là, à moins que les habitants de ladite Bastide, de leur bon gré, ne veuillent donner ce qu'on donne généralement dans les autres lieux de Marsan ;

2º Que tous les voisins et habitants de ladite Bastide de Cazères, Vicomté, et de ses appartenances, et ceux qui sont aujourd'hui, et ceux qui seront dans la suite, puissent donner, vendre et aliéner tous leurs biens, choses nobles et non nobles (1), à qui leur plaira, excepté qu'ils ne pourront vendre ni aliéner, au profit de l'Eglise, leurs biens nobles et non nobles, ni en la personne d'un Religieux, ni à seigneur, ni à chevalier, ni à sobiran sans permission desdits seigneurs, desquels ils tiennent lesdits biens et choses en fief ;

3º Que les habitants de ladite ville puissent librement marier leurs filles à qui bon leur semblera, et promouvoir leurs filles aux ordres de l'Eglise ;

4º Lesdits Dame et Abbé n'opprimeront nul voisin, ni habitant de ladite ville et de ses appartenances, ni useront de force sur eux, ni ne feront saisir ses biens et choses, s'il peut fournir d'ester à droit, à

____

(1) Il y a ici une erreur évidente et qui se reproduit encore deux ou trois fois dans ce document. L'original roman devait porter *mobles e no mobles* (meubles et immeubles), et non pas *nobles e no nobles*.

moins que par mort ou homicide, ou par plaie mortelle, ou pour autre crime, ou que, par cas, son corps et ses biens et choses l'eussent mérité à l'égard desdits seigneurs, ou par forfaiture commise contre lesdits seigneurs ou à leurs gens ;

5° Nul habitant de ladite ville et de ses appartenances ne sera mandé ni cité par les gens desdits seigneurs à la *clamor* et à la question, pour ce qui concerne autrui, même en ce qui touche l'honneur, de ce qui serait fait dans la ville, ni au regard de l'honneur de ladite ville et de ses possessions, sinon pour le fait desdits seigneurs ;

6° Nul habitant de ladite ville ne paiera de *clamor,* ni de contumace, hors de ladite ville, *sino a la part mas saber asso la clamor nou pagui :* en ce cas que l'usage des autres lieux et bastides des voisins de Marsan soit observé ;

7° Si homme et femme entrent dans le champ, ou vigne, ou pré, de jour, sans permission de celui de qui il sera, depuis que celui-là sera défendu par lesdits seigneurs, il paiera douze deniers morlaas auxdits conseilhers de ladite ville, s'il peut les paier ; et s'il n'a pas de quoi les paier, qu'il soit puni au jugement du Baile et desdits Conseilhers. Si l'on y attrappe quelque gros bétail, on paiera un denier morlan pour une truie, un denier pour brebis, un carton pour chèvre ;

8° S'il y entrait des oies, ou quelque autre semblable oiseau, on paiera un quarton pour chacun, et celui de qui sera l'animal aumônera le dommage à celui qui l'aura souffert ; et les deniers que les conseillers auront pris pour raison de ces amendes seront emploïés au profit de ladite ville ; si la faute vient d'un passant qui ignorera cette ordonnance, il ne sera pas condamné à ces peines, mais qu'il soit puni par les Bailes et Conseillers. Quiconque, de nuit, y entrera sans la volonté de qui il sera, avec panier, ou sac, ou cape, et tirera du fruit, sera condamné en vingt sols morlans envers lesdits Conseillers (*Cossos*), et que cela soit défini par lesdits seigneurs ; et si seulement il ne sort que de ses mains, qu'il paie vingt sols morlans, et le dommage soit réparé au souffrant ;

9° Qu'on établisse des conseillers, hommes sages, suffisants et de bonne réputation ; qu'en présence du Baile et des Jurats, ils jurent que bien et loïalement ils useront de leur office envers les seigneurs, les parties dont ils auront pris la taxe et le dommage, et qu'ils n'auront égard ni à amis, ni ennemis, ni présents, ni colère, ni amour, ni crainte, ni toute autre chose ;

10° Que les Conseillers de ladite Bastide, avec les gens et compagnons des seigneurs, puissent garder ladite ville avec des armes, de jour et de nuit, et mettre les malfaiteurs en prison de ladite Bastide, pour punir leurs excès selon leurs mérites ;

11° Quiconque en ladite ville tiendra faux poids, ni fausse mesure, fausse canne et fausse aulne, sera condamné en soixante sols morlans envers les seigneurs de ladite ville.

12° Les bouchers et boulangers donneront et vendront le pain et la viande raisonnablement, et si par aventure ils vendent contre raison, que les Bailes et Conseillers puissent juger et punir selon leurs mérites ;

13° Nul habitant de la Bastide et de ses appartenances ne paiera péage de rien de ses propres effets qu'il vendra ou qu'il achètera dans tout le bailliage de Renung ;

14° Qui apportera en ladite ville des choses à manger, comme oiseaux, animaux sauvages, pommes, poires et choses semblables, ne devra point de leude, ni ne paiera rien ;

15° Toutes choses à manger, depuis qu'elles sont portées en ladite ville à vendre, ne seront vendues qu'elles ne soient portées au marché de ladite ville, après que premièrement, il sera défendu et recommandé, de la part des seigneurs de ladite ville, qu'on ne les revende à d'autres, on pourra vendre sans craindre aucune peine ; et qui agira contre ceci sera condamné en 4 deniers morlans à l'égard des dits seigneurs. Perdrix, lièvres, corneilles seront vendus à celui qui, de par les seigneurs de ladite ville, sera recommandé ;

16° Tout homme étranger, ou tout particulier qui viendra au marché et à la foire de ladite Bastide avec de la marchandise, sera quitte de péage dans tous les péages de Renung, en la déploïant et la vendant aux heures duës ;

17° Les Conseillers de ladite ville doivent jurer que, bien et loïallement, ils garderont les choses des seigneurs, et que, tant qu'ils seront dans l'office de conseiller, ils en useront et le rempliront bien et loïallement, et que, pour raison de leur office, ils ne prendront de nulle personne nul don, ni service, ni par eux-mêmes, ni par autrui, sinon ce que de droit on donne à chacun lorsqu'il est en fonction ;

18° La Communitat de ladite ville jureront en présence des conseillers qu'ils donneront bons et loïaux conseils aux seigneurs, à l'heure qu'ils seront requis, sauf le droit du vicomte de Marsan ;

19° Les actes passés par les notaires publics de ladite ville, créés par la comtesse et vicomtesse et ses ancêtres, et qui seront créés par ses successeurs et ses sénéchaux auront la même force que doivent avoir des actes publics ;

20° Tous les testaments faits par les habitants de ladite ville, en présence de témoins dignes de foi, auront valeur, s'entend qu'ils soient faits selon la solennité des loix, et ainsi que les enfants desdits testateurs ne seront point déchus, ni défraudés de leur légitime ;

21° Si aucun homme ou femme de ladite ville vient à mourir sans héritier de légitime mariage, et n'aura point fait testament, les effets du défunt seront pris en la main du seigneur, en présence des Conseillers, et seront dès lors gardés un an et un jour ; et si, dans l'an et jour, il venait des héritiers qui dussent hériter de ces effets, on les leur rendra pour en faire à leur volonté ;

22° Toute dette connue, dès que clameur en sera faite, qui ne sera pas paiée dans les quatorze jours, le débiteur paiera auxdits seigneurs douze deniers morlans, et paiera les dépens à la partie à l'arbitre desdits seigneurs et conseillers de ladite ville ;

23° Si quelqu'un dit à autrui des paroles mal-honnêtes, qu'il en soit fait bruit *(clamor)*, il paiera aux seigneurs douze deniers morlans, et pour l'injurié neuf ;

24° Si quelqu'un prend femme, et qu'il reçoive mille sols de dot, lui-même donnera à sa femme par donation, pour cause de noces (propter nuptias), cinq sols ; et si le mari survit à la femme, et qu'il n'ait point d'enfant de ladite femme, ledit mari tiendra ladite dot. Et après la fin dudit mari, les parents héritiers de ladite femme reprendront ladite dot ; sinon que ladite femme en eût fait donation à perpétuité audit mari, ils reprendront le tout, et la dot et la donation, à cause des noces, et auront ce que ledit son mari aura ordonné en son testament ;

25° Quiconque tirera son couteau contre un autre, s'entend qu'il n'en use pas, sera condamné en 20 sols de morlans envers les seigneurs, et s'il en frappe jusqu'à tirer du sang, il sera condamné en 30 sols de morlans envers lesdits seigneurs ; il satisfera au dommage et dédommagera ledit blessé. S'il y a contusion de membre, il sera condamné en cent sols de morlans envers lesdits seigneurs, et de tout en tout le dommage à l'égard desdits seigneurs et desdits conseillers ; si le blessé meurt, qui mort fera mort prendra, et la moitié de tous ses biens et choses mobilière et immobilière, quelqu'un de ladite ville en prendra le gouvernement, ou qu'on les condamne à les faire gouverner à la main desdits seigneurs ;

26° Si les biens et effets de quelque habitant de la ville que ce soit étaient chargés de quelque dette, on satisfera aux créanciers selon que le droit le requiert, et qu'il soit réclamé, aux seigneurs de ladite ville appartient ;

27° Tous meurtriers et tous voleurs seront punis à la connaissance du dit Baile et conseillers;

28° Qui sera surpris en adultère courra la ville ainsi qu'il est d'usage dans les autres villes de Marsan, ou paiera auxdits seigneurs cinquante sols morlans, à la condition qu'il y aura flagrant délit prouvé par deux hommes de bonne foi;

29° Si quelqu un se rend caution d'autrui, que celui-ci ne puisse payer le principal, la caution, si elle a des biens, satisfera;

30° Quiconque voudra habiter en ladite ville sera aussi franc que les autres habitants, si cela se peut faire sans préjudicier auxdits seigneurs;

31° Chaque place de ladite ville aura soixante *arrases* de long et quatorze de large, et le seigneur doit y avoir de fiefs deux deniers morlans pour chaque place. Les deux deniers morlans se paieront chaque année en la fête de Toussaints;

32° Tout voisin et habitant de ladite ville et appartenance pourra faire et tenir four et cuire le pain, sans aucune peine, là où il lui plaira, et chaque voisin dudit Bailliage paiera chaque année audit seigneur trois deniers morlans, en la fête de Toussaints, pour raison de fournage;

33° Il y aura une foire chacun an en ladite ville, à la fête de St-Simon et de St-Jude, et la foire durera huit jours devant et huit jours après;

Item, si quelqu'un frappait un autre du pié, ou du poing, ou de bâton ou de pierre, sans plaie, ni contusion, paiera pour chaque coup six sols morlans aux seigneurs, et amendera l'injure au frappé à l'égard des seigneurs et conseillers de la ville;

34° Qui trahison fera sera condamné à mort, et tous ses biens et choses seront confisqués auxdits seigneurs;

35° Qui mettra le feu aux maisons ni aux bleds, de jour ou de nuit, malicieusement de plein gré, sera condamné à mort, et la moitié de tous ses biens et choses sera confisquée aux seigneurs, et de l'autre moitié on réparera le dommage à celui qui l'aura souffert, à l'égard du vicomte de Marsan et des conseillers de ladite ville. Et s'il ne l'a pas fait de gré, qu'il soit puni à l'égard du vicomte de Marsan et des *cossos* susdits;

36° Qui tuera ni cochon, ni truie, ni autre petite bête, paiera 22 sols morlans aux seigneurs, et dédommagera le patient, et s'il ne pouvait païer qu'il soit forbandit comme dessus;

37° Qui volera sur les chemins de l'argent ou autre chose dans le Bailliage de ladite ville recevra la peine de mort;

38° Qui volera de nuit sera pendu, et s'il volait de jour depuis 5 sols de morlans en sus, s'il n'est point signalé, aura les oreilles, et s'il est signalé, sera pendu;

39° Quiconque, au marché, en frappera un autre, sera condamné et puni à l'arbitre des seigneurs et des conseillers;

40° Si le Baile desdits Seigneurs peignère quelqu'un, après quinze jours, un débiteur assigné de païer à celui de qui sera la dette, il gardera pendant autre quinze jours les peinhs. Les quels quinze jours qu'il vende lesdits peinhs s'il veut, et si le prix de ladite vente surpasse sa dette, il rendra le surplus au débiteur, et si le prix n'abonde, soit sauf son droit, que les *peinhs* soient mis à l'encan;

41° Les Bailes desdits seigneurs jureront en présence des conseillers (*cossos*) que bien et fidèlement ils feront et useront de leur office, et pendant le service de leur emploi ne prendront de présents et feront raison, et rendront droit à un chacun, et qu'ils garderont, observeront les usages et coutumes de ladite ville et statuts approuvés, sauf le droit dudit seigneur;

(Les numéros 42 et 43 n'existent pas dans l'acte.)

44° En la ville susdite les conseillers doivent être créés chacun an, le lendemain de la fête de Noël, et s'ils n'étaient pas créés ce jour-là, lesdits conseillers auront pouvoir avec les seigneurs de créer, et pour cela nommer deux conseillers qui commenceront, qu'un double soit fait par écrit du Baile par lesdits seigneurs et conseillers, de manière que lesdits seigneurs ne puissent en choisir deux meilleurs pour entrer en l'ordre du conseiller accoutumé;

45° Les conseillers d'à présent et qui seront à l'avenir auront pouvoir de réparer les chemins, les villes et les mauvais pas ;

46° Si on jette, dans la ville et sur les chemins, des ordures, celui qui les jettera sera puni à l'égard des voisins et des cossos ;

47° Tous les voisins et habitants en ladite ville païeront chacun an, en la fête de saint André, apôtre, ou dans huit jours après, les fiefs des terres qu'ils tiennent desdits seigneurs, ou à leur main ;

48° Ladite comtesse et vicomtesse, et tous ses successeurs en ladite ville, auront ost et cabalgade, de même que dans les autres villes de Marsan ;

49° Nul homme, qui aïant été pris et arrêté dans les prisons des seigneurs de ladite ville, sera pourtant absous par sentence, ne sera tenu de païer le personnat ; et s'il venait à être, avant le temps de ladite sentence, délivré par main-levée, il donnera promesse juratoire de païer le personnat : et s'il est condamné par sentence, il sera tenu, en ce cas, de païer le personnat. S'il était noble, il paiera douze deniers morlans de personnat ; et s'il était homme d'une autre condition, il païera six deniers morlans de personnat ;

50° Tous les voisins et habitants de ladite ville auront les padoans et vacans, francs-lieux et quittes, pour eux-mêmes et pour leur bétail, en tout temps, dans tout le Bailliage de Renung, et par tous les lieux où ils peuvent en avoir, ils seront quittes selon qu'il est accoutumé dans le Marsan ;

51° Tous les voisins et habitants de ladite ville pourront vendre et acheter du sel, de même qu'il se pratique dans les autres lieux du vicomté de Marsan ;

Item, les voisins et habitants de ladite ville pourront chasser et pêcher bêtes sauvages et poissons, et faire pêcher avec franchise dans toutes les terres desdits seigneurs, et par tout le Bailliage et péage sus-dit, païant pour cela somme de porc ;

52° Toutes et chacunes des choses sus-dites qui demeureraient à déclarer et sont obscures, il convient qu'elles soient expliquées et interprétées par les seigneurs sus-dits, ou s'il survient quelque doute, qu'elles soient prouvées et claires à l'égard des seigneurs sus-dits et de cossos.

Et pour plus grande assurance de toutes et chacune des choses susdites, la dite Dame comtesse et vicomtesse, et M. l'Abbé du Saint-Jean de la Castelle sus-dit, tiendront et observeront à perpétuité, et n'y changeront rien, par serment aux saints Evangiles de Dieu, Notre Seigneur, qu'ils toucheront corporellement de leurs mains droites nues, lesquelles choses toutes et une en chacun sus dites, frère Barthélemy Douat, frère Raimond, Feugas, chanoines et sindics, selon que là est dit du monastère et couvent sus-dit, au nom et au lieu du même couvent, louent, ratifient et expressément octroyent, et promettent maintenir et tenir, et garder par tout temps, voulant que de ceci soient fait trois actes publics, d'une même teneur, lesquelles ils promettent de sceller de leurs sceaux.

Collationné à l'Original qui est au Trésor du Roi, par nous à ces fins commis par arrêt du Conseil, nous conseiller du Roi au Parlement de Navarre, garde dudit Trésor.

Signé : DE LIVRON.

COUTUMES DE SARRAGUZAN [1]

(Comté d'Astarac.)

In nomine Domini. Amen. Coneguda causa es als presens et aux biedors que R. S. de Coarasa et Raymond senhor d'Antin feren aqueste carta assaber et a testimoniat de las Costumas de Sarraguzan que juram sus nostre seins et que las tiendram bonament et que debent tenir la manta sencles et los que la debent desbarega a l'autre las balberan quictes et fermeses franques al castet que las debent fer a boluntat deus tieraus per so si los bole obri mens de lautra que non ly boles ajuda sia deu faria et conexansa deus bezin suberellis del tracos del castet salba la senhoria el marsat et frestaria a ses Lamrausa en aquel Castet que en son per so es que debent tenir aquel mezes dretz et aquelles medezas costumas per guerra que n'aguessan no debent fer mal per so si sen deben adobar per la court de las afflitas tan en pat et abec nos deben tornar a bos homes las ne lautre ne pagara ne per ara mens de plaict.—Sabedera causa es des cauerns et des castalas et dels bezins que si hon los fazia tort adeus deu tornar lad. court en poscan ferma et debetz saber que si lon los fasse mal defora ets et torabant dedens que ac debent crubas per chùna et per doien or que sacayan la or dreict poscan fermar. Si los homes dels cauerns sen entraben la ens que aulcun los messes dreit que haben en los casauls et lasd. plassas francas sans portaria los senhors debent lo castet sobir au custodir et los homes laboria. Sober tout asso debetz saber quelz senhors enteeramis en els homes de la biela cataduas concas gazieras de cibade et sengles feys de palha et sencles gariats et sencles fromages aquels qui ne fasen et doent et leyt en lor ma.—Sober asso sel senhor l'un ne l'autre fassa tort alsd. cauerns ne als homes que se debent tenir ob lo qui doent aya et qui no deben fer dam men de requesta si la forsa fen que deben treze los metis senhors et los causas per xl dies sagrament et que debent guasar a nadure de viiii die. — Sabedora causa selz senhors en guerra lo on doent nols bolhan prener ne fer que els debent bene tenir quant sian en la biela et no a lor

(1) Communiquées par M. Dumont-Tourret, payeur du département du Gers.—Le document sur lequel cette copie a été faite, contient de nombreuses incorrections qu'il nous a fallu trop souvent maintenir.

bayle ne a lor companhia que deben asegurar per los senhors de le
bielo per plus de xv dies als xv dies passats quen paguet nostros diners
et si no a furetz los penheratz et nos austrem a nostre proces a nostre
dam et si non pagatz nos ayatz.—Sabedora causa es quelz senhors deu
hon seguir en ast la ou devent mens bualha non prenden ni betz l'an
de marterou a sen Johan lo dreeict et la rotuma es aytal quelz senhors
deben mandar lors cauerns quant en ost bolen asser et si los cauers
ban los homes deben gurrir. — Et es sabuda causa que de ix dies en
haut nols debent tenir en ost ne nols dëbent mandar del camy frances
en la ne de la Ros en la ne de la Neste en la ne de Saue en la. — Sabuda causa es que als castelas et als cauernt felon tort que la or dreit
nols nouela lou perdre que lac debes ajudar demandar a nostres com-
pages et a nostre poder et ab los habitadors de la biela et no debetz
prende nul accost et tots los cauerns no sian pagats et els besins et en
la beds que deu hon gasanhar el sos un dinié de mayaza, si crompat
mezalha per vii ambetz sapias que si ostes bien aus castelas ny als
besins que deben bene tenir l'un a l'autre. — Et es sabedora causa que
si on fe layrors dens los baratz del castet que de ens a mezalha en sus
que a fa bo sio la ley de xx sols en la ma dreta de plaga leyau v sols
si es d'autra batalhe xx diners de sanc leei xx diners domeyzizi lxv
sols la pocosera deu ganhar au cestié de froment iiii diniés et el bren
et si he feyt tort lo senhor y aura la ley els besins lo barri del pau et
si se home fausa mesura de un xx dinés et dozit en sus lo un cos de
embasiment de mescart x sos de ley. — Sabedora causa es que sils
homes dels cauerers delz senhors se son peleyats que elz senhors en la
ley al lors homes e elz simers la lor leya pabada xx diners e la lieu
doblada la biera dels bons per me zalha et per totae las affitas et si
mes de deben xx diners la ley. — Sober tot ayso que assegureran lo
marcat del dimenche a la hola nona entro al dimars a tersia et si nul
hom penheraba al marcat ley xx s. si no vocata al marcat. Agossa hon
factas aquestes coustumes cum dessus son scriptas autregeren et an
jurat sobre seins lo senhor en B. de Coarassa per si et per sos et el
senhor P. de Antin per si et per sos alsd. Cauerns et als castelas de
sarragusa, de questa causa son testimonis pey de Beruseron, Gm Dau-
gas, A. R. de la Roqua, A. de Manas, Guirant de Gozena, G. B. de la
Roqua clergus, Nidau de Manas capera de Sarraguza P. Ferran et Ferma
jurat de las Affitas qui aquestes costumes sobre dictes scribo, Antoeny
ariebesque de aux Losoys rey de fransa.—Anno ab Incarnatione Domñi
millo ccLxvio—et cum naturale causa sia en biüan que home que naïs
a morir es condampnat senhors B. de Coarasa et P. d'Antin seram

jurat et passat de queste secle a l'autre en lors sertes darreres ayan
constitituitz et lexatz lors sers et loyaus successors et heretes en la senhoria de las Afiltas so es assaber lo senhor en R. G. de Coarasa en R.
sac d'Antin dozelhz fitz leyas leos e no ebitans et acusasens (?) et cascun
deus so es assaber en la senhor P. G. de Coarasa et el senhor en R. sac
d'Antin et per los mesitss et per tots los heretés et per tos los successors
nat et a naxe et per tot lo endreit qui es ny sera autreyan et mandan
bonament et leyaument totas las costumas et que sasque deus armeso
lordenar sen ne escriptas en aquera metixa substantia assaber es que
els sobredis senhors en B. de Coarasa ne en P. senhor d'Antin degun
ne entreyomist a tota la terra de las Afiltas et a cescunas la juran que
bonament las juran als sans evangilles dieu ab las mas dretas corporellement toucatz aqueste darrer emdreit cum suberdit et fo feyt pels
auant dits en P. G. de Coarrasa en R. d'Antin lo die del dimenche prop
nadal àl cap del pont de Sarrasan anno dñi millo cco xco iiiᵇ Regnante
philipo francorum rege, Amanovo archiep.° et R. Arn. de Coaraza
episcopo Bigorre existentibus hujus rei sunt testes Antonius de Molho,
Fortanerius de Villaxiga Petrus de Asso R. de Beo, Augerius de Viro...
at et R. Guilmus d'Antin, B. de manas capellanus de Sarragusano, B.
de Gozena et Guilhe Durant, B. Sabar domñum de Boulh et ego
Cuillmus de Saragosano notarius publicus de Affitarum et de sancto
Severo de Rostanho qui de mandato et voluntate et consensu expresso
dictorum dominorum R. G. et R. sac. et ad requisitionem dictorum de
Affitarum et licentia totius populi ejusdem loci istas consuetudines
prout superiùs declaratum scripsi et in formam publicam redegi et
signum meum consuetum apposui constat de Razura in quarta linea
presens transcriptum fuit abstractum a quoquodam alio transcripto per
magistrum Bernardum de Mazerolibus quondam notarium ville de
Tria habitatorem a suo originale ut in eodem transcripto assertum per
ms Johannim Giboyum publicum auctoritate dominorum de capitulo
Tholose ville prædicte de Tria habitatorem die decima mensis aprilis
anno dñi mllo quingento x et correctum de verbo ad verbum cum dicto
transcripto et deinde ac requisitionem consulum de Sarragusano huic
presenti transcripto signum meum quo utor in meis publicis instrumentis per me retentis apposui in fide et testimonio omnium et singularum præmissarum. F. Giboyii.—Extrait d'une aultre transcript par
moi. Decimario not.

COUTUMES DE GAUDOUX [1]

Comté de Fezensac.

Précis des coutumes de Gaudous, accordées par Jean, comte d'Armagnac, aux habitans dudit lieu, le 7e de mars 1276. Etant conseigneurs du dit lieu de Gaudous Bertrand de Polastron, Bernard de Lauret chevaliers, Gaychion de Sobanhan, Guilhem Aramon de Lucante et Guilhem de Gaudos donzel.

Premièrement que lesdits seigneurs ne doivent faire tailhes albergue ni queste dans ledit lieu de Gaudous ny aux habitans presens et avenir.

Item que lesdits habitans pourront louer ou marier leurs enfants là ou ils pourront et suivant leur faculté.

Item pourront les dits habitans donner et aliener leurs biens meubles et ymmeubles à qui bon leur semblera, si ce n'est qu'ils ne pourront aliéner leur ymmeubles à des seigneurs forains sans la permition de celluy de qui il les tiendra à fief ny a de mains d'église ny de Religion.

Item pourront néanmoins les vendre et aliéner de toute autre manière à leur volonté en payant les ventes au douzième; et pour chaque engagement une maille pour chaque sol.

Item chaque fu alumant de Gaudous et sa juridiction payera un carton davoine mezure Dauch à la St Martin de chaque année.

Item chaque maison qui sera batie dans le lieu de Gaudous ne pourra avoir que quinse arrazes de long et dix de large.

Item chaque habitant possedant biens dans Gaudous doit payer six deniers morlas doublié pour chaque cestérée de terre, et trois deniers darriere copte à mutation de Seigneur. Letout à ladite feste de St martin.

Item pour chaque metterie et jardins trois deniers, et trois mailles dacapte à mutation de Seigneur.

Item si lesdits habitans ne payoit lesdits obliés et avoisne audit terme de la St Martin lesdits Seigneurs pourront les y contraindre.

(1) Nous devons la communication de ce fragment à l'obligeance de M. P. Lafforgue, auteur estimé de l'*Histoire de la Ville d'Auch*. On lit imprimé en tête de la copie : *Société centrale d'Agriculture du Département du Gers*, ce qui donne à croire que cette compagnie, qui n'eut qu'une existence éphémère, essaya de rassembler les statuts locaux de sa circonscription.

Item lesdits Seigneurs doivent donner les terres dudit lieu et sa jurisdiction aux habitans à la neuvième partie des fruits auté le droit de dixme et la premice en grain ou en gerbé.

Item si aucun habitant porte plainte contre quelqu'un des autres habitans, celluy qui sera condamné par la cour dudit lieu payera vingt deniers et les dépens.

Item les Seigneurs auront vingt sols morlas pour chaque playe faite contre quelqu'un des habitans, et ce par celluy qui l'aura faite.

Item celluy des habitans qui donnera malisiesement de coups de batons à son voisin ou voisine sera condamné par la cour a vingt deniers damande.

Item si auquun des habitans demande une depte à un autre il sera condamné à la luy payer dans quinzaine, et s'il passe ledit terme, il sera condamné en vingt deniers envers les Seigneurs.

Item tout habitant pourra avoir un four chez luy pour faire cuire son pain.

Item les consuls dudit lieu pourront mettre forgeron audit lieu en payant chaque année deux sols morlas doblié, et douze deniers morlas d'acapte à Seigneur muant.

Item celluy qui sera forgeron audit lieu doit payer une Reille franche audits Seigneurs, et chosser ladite Reille du fer appartenant auxdits Seigneurs.

Item ledit forgeron sera tenu de ferrer un cheval auxdits Seigneurs. moyennant un denier morlas de chaque pied, et s'ils veulent faire ferrer d'autres bêtes, ils payeront comme les autres habitans.

Item tout habitant dudit lieu pourra tenir taverne, et s'il tient fausse mesure, le vin du vaisseau sera confisqué au profit desdits Seigneurs.

Item tout homme ou femme qui vendra cochon ou truie dans la boucherie commune dudit lieu, donnera auxdits Seigneurs, les aloyeaux et de cher de bœuf le pieys.

Item pourront vendre toute autre espèce de viande à leur volonté.

Item les consuls dudit lieu avec la volonté desdits Seigneurs pourront mettre un terme fixe pour la dépessence des bestiaux dans les bois dudit lieu.

Item chaque habitant pourra tenir vingt cochons ou truies à part dans lesdits bois, excepté ceux qui par leur métier pourront les nourrier de leurs grains.

Item tout homme et femme pourra tenir deux vaches et deux genisses et sils en veulent tenir davantage ils seront tenus de payer le droit de depessence audit Seigneurs.

Item pourront avoir lesdits habitans tout autre espèce de menu betail comme brebis, chevres, boucs et petits cochons.

Item si auquun homme ou femme dudit lieu trouvait par hazard des brebis dans les appartenences dudits chateaux, la moitié appartiendra à celluy qui les trouvera et l'autre moitié auxdits Seigneurs.

Item si auquun messager desdits Seigneurs faisoit auquune injure ou mal fait à aucun des habitans dudit lieu, lesdits Seigneurs conjointement avec la cour dudit lieu les doivent les accomoder.

Item si par hazard il y a quelque demelé entre les habitans dudit lieu, lesdits Seigneurs les doivent appeller dans le chateau, et là, conjointement avec la cour, les juger et les délivrer.

Item toute chose et loy qui sera deffendue par le conseil dudit chateau lamande qui sera encourue sera auxdits seigneurs.

Si aucun homme ou femme dudit lieu, étoint engagés ou enfermés pour deptes desdits Seigneurs, soit même betes ou autres choses, lesdits Seigneurs doivent les rendre à ceux qui les ont engagés à la connaissance de la cour dudit chateau.

Item si aucun homme ou femme, mariés ou à marier étoint surpris ou surpris en adultaire, qu'ils soint cendamnés en vingt sols tournois damande.

Item aucun homme ny femme ne pourront vendre ny engager leurs terres aux habitans dudit lieu sans la permission desdits Seigneurs.

Item lesdits Seigneurs ne pourront se saisir daucun homme ny femme dudit lieu, si ce n'est pour crime de mort, ou de fu, ou autre chose semblable.

Item tout habitant dudit lieu pourra dans sa maison faire fumier, pigeonnier, vivier et clapier.

Item tout habitant dudit lieu qui prendra lievre ou perdry, doit en donner connaissance au Seigneur pour scavoir s'il veut l'acheter, et s'il ne veut l'acheter il peut en faire ce qu'il jugera à propos.

Item tous les articles susdits, lesdits Seigneurs promettent auxdits habitans, de tenir garder et observer, etc.

COUTUMES DE VIVEZ OU BIVÈS [1]
(Vicomté de Lomagne.)

Ce sont les coutumes du château de Viues octroiées aux habitans dud. lieu par les Seigneurs en lan mil deux cens quatre vingts trois et le sixieme jour de decembre.

Au nom de Dieu sainte et individue trinite amen. Soit conneu a tous les presans et a tous ceux de laduenir que seigneur Guilhaume Manaud de Viues le premier escuier seigneur Gaillard son fils de Ville Longe pour luy et pour autre Gaillard son fils seigneur Pelegry de Viues escuier et seigneur. Manaud Arnaud de Viues escuier du chateau de Viues dans l'euéché de Lectoure iceux en sa part ont octroié et donné et de leur bonne et gratieuse volonté pour eux et pour tous leurs héritiers et pour tous leurs successeurs a honneur de nostre seigneur dieu tout puissant et de nostre dame ste mere et de toute la celeste companie a tous les manans, bientenans et habitans, et des fausbourg dentour et dedans le distroit du meme chateau les libertes et franchises de sous coutumes en cette presante carte et cette maniere.

Nous Guillaume Manaud de Viues et aussy Arnaud de Viues et nous Gaillard de Ville Longue pour nous et pour Gaillard nostre fils et au nom de luy et nous Pelegry de Viues, et nous Manaud, Arnaud de Viues escuiers et seigneurs du chateau de Viues de Loumagne pour nous et pour tous nos heretiers et sucessurs donnons et octroions pour lestable coutume, libertes et franchises pour tous les manans et habitans dudt chateau et fausbourg denuiron et du distroil du meme lieu et chateau.

I. Que tout homme et toute femme atent ou atainte en larrasin soint prins et menes aux seigneurs dud. chateau ou a son lieutenant, et les seigneurs en leur risque conduisent ou fasent conduire le layron ou larronesse en la place et soit jugée en justice et cour dudt chateau et que les seigneurs et juges tienent et remplissent le mesme jugemant.

II. Tout homme ou toute femme quy fera murtre soit son corps et ces causes conflsquées aux seigneurs sy ce nest que sy cen defendant de

1) Communiquées par M. l'abbé Bénac, curé de Sainte-Gemme, qui a mis obligeamment à ma disposition le résultat de ses longues et pénibles recherches sur les anciennes coutumes locales de la Gascogne, et particulièrement du Fezensaguet.

de mort. Il faut autre que de ce murtre ne soit tenu ou sy par aduanture il treuoit homme ou femme dans sa maison de nuit ou de jour pour derober sa cause ou homme pour flétrir sa femme et entretenir charnellement. Il le peut sy en autre maniere il ne pouuoit lauoir et retenir ny prandre que de ce murtre ne soit teneu quil.

III. Tout homme ou toute femme quy derobera le bled du soleil couché jusques au soleil leuer ou a la lune excepte peu de fruits, voulons qu'il soit tenu par corps en soixante six sols de morlas par justice aux seigneurs et quil rande le domage a celluy quy laura soufert et que ces debtes soient paires a quy il deura et le corps dicelluy prendra justice a connaissance de lad. cour.

IV. Tout homme et toute femme qui derobera du soleil leué jusques au soleil couché exepte petite quantite de fruit soit tenu aux seigneurs en soixante sols morlas et quil coure la ville nud excepte sil trouue maison ou grange dautruy en reprint bled dautruy en derobant que soint confisques ces biens au seigneur amande le domage o celluy quy laura soufert et son corps soufrira justice en connaissance de ladt cour.

V. Tout homme ou toute femme quy sera prise en adultere soit tenu en soixante sols morlas par justice aux seigneurs, et la femme coura la ville nuds et quils oront prins sur le fait auec les iuges et deux voisins.

VI. Tout homme depucellera par force quil la prene par force sy de luy le peut faire ou bien quil luy donne un mary sil le peut faire, et s'il ne peut quil perde les genitoires et coure lad. ville et fasse amande de ces causes telle quil pourra a la femme et les seigneurs ayent soixante sols de morlas sil se peut donner.

VII. Tout homme que femme mariée forcera soit teneu aux seigneurs en sols de morlas coure la ville et fasce amande a la femme et perde les genitoires.

VIII. Tout homme que autre femme forsera soit tenu aux seigneurs en soixante sols de morlas coure la ville et fasse amande a la femme forcee a connoissance de lad. cour et de toutes ces choses ce droit pretandeu sy plainte en estoit faite ou cest prouué par deux tesmoins ou plus et enuoie les conueinquus par jugemant.

IX. Tout habitant dud lieu et des fausbourgs dalantour tienne vante des choses a manger quils auront au seigneur auec bons gatges de douze deniers de morlas en huit et douse deniers le morlas en loq quils soist dabort prié et doit auoir le seigneur de un pour un mois de douse deniers morlas en haut au moins qu'apres les quinse jours que celluy quy aura le gage doit requerir le seigneur de quy sera le gage apres quil aura requis les seigneurs au juge doit soufrir huit jours, et s'il ne peut

recourir le gaige et sil trouuet a quy lacuser ou en autre maniere au
plus tost quil pourra ly recouurir ne se peut doit latandre huit jours
jusques quinsin soit acomply le mois apres se peut rendre en presance
de deux voisins du chateau et sy plus en a outre son debte, le plus
randre a celluy de quy le gage estoit et si lautre possede celluy la fasse
le reste a celluy a quy le gage aura esté eugage de la auant ne luy
font tenir vante jusques qu'il soit paiée; et dare et auant le geline pour deux deniers de molas, et le polat pour un molas et laye
pour trois deniers molas de pagues jusques à St-Jean jusques à careme
prenant loie pour trois deniers morlas et sy les seigneurs ou seigneurs
auret visite et ne trouuet pour l'oie (?) ou cochon (?) a vandre peut en
prandre ou il en trouuera et quil le fase vouer a deux voisins du chateau quil paye le pourceau ou quil en donne gaige et quil mete le pris
aquis. Il fayra et le payemant soit sy bon que dit est.

X. Tout homme ou toute femme quy fauce mesure tiendra de bled ou
de vin en vante souet tenu en cinq sols de molas aux seigneurs et quil
satisfasse de bled a ceux quil aura vandeu auec la mesure juste
d'iceux.

XI. Tout homme ou toute femme quy voudra vandre son vin a tauerne
le fera crier et sy apres quil laura crie fesoit amouendrir la mesure ou
mestouet deau au vin celluy payera quy le fera cinq sols de molas
aux seigneurs et satesferont a celluy quy laura vendeu doublemant et
ou il laura ne se doict retarder de vendre jusques qu'il souet a l'endroit du trou premierement perce.

XII. Tout homme et toute femme quy derobera lauene aux cheuaux de
ses hostes apres quils lauront eue sont tenus en vingt cinq sols morlas
aux seigneurs, sera conduit par la ville auec le larasin, l'amande le domage et les jardins et gardés et defandeus de tout domage des seigneurs
et de leurs familles et pour le soing quils y prendront auront les seigneurs une.

XIII. Et autre les pourceaux entre tousains et careme entrant et en
prandront selon quil y en aura de chaque jardin et on nen vendront
pas auant et que deux pex en seront requis quen la troisieme sen
puissent prandre temperamant selon quil y en aura de chaque jardin.

XIV. Tout homme ou toute femme quautre frapera en colere auec couteau ou auec baton ou auec putre ou autres armes quelles que ce souet et
en fera efusion de sang souet tenu en soixante sols de morlas aux seigneurs, et quy autre frapera en colere hame fusion de sang soit tenu
en vingt sols de morlas et amander le domage ordonné de lad cour et
de toutes ces choses soit ainsin fait et souet prouue par deux tesmoins

ou par plus sulisant nombre et lacuse en sera comdanné par jugemant,
et sy aucuns habitans dud lieu plaidoint deuant la cour du chateau et
naura de tesmoins que veulhent venir a sa priere la cour les contrendra
de venir deposser et porter teigmonage de verite.

XV. Tout homme quy vandra pourceau ou truie a boucherie les longs
aux seigneurs ou un denier morlas au choues du boucher, et sil ne le
veut payer ou un denier morlas quand le pourceau ou la truie sera
vandeu que soit tenu le boucher en cinq sols morlas aux seigneurs par
justice; et aucun habitant nen peut tenir dautre excepte dassasinat de
sa personne sil ne la requis et de fonds de terre de quoy sera tenu de
requerir foix en presance de deux voisins dud lieu sur la fontaine de
lad terre comunemant dit du fox et une foes de tout autre chose sauf
dassasinat de corps tant que la chose ira en auant celluy quy ne laura
ainsin paient doit se departir da telle assignation en faueur de quy il
se sera ainsin plaint et loter quitte de la main des seigneurs et la justice de telle clameur defande et tire dassasin de personne et de cinq
sols de morlas aux seigneurs et toutes lès autres clameurs dorneuant
estre de deux sols de morlas excepte les susd. en cette carte: et sy celluy
de quy sera faite la clameur nioit que ne feut estre requis en soint
creus les voisins deuant quy auret este la saisie sy elle nest veritable et
sy aucun dantre eux se plaignoit aux seigneurs ou au juge prouuer
lune ou lautre et sil ne peut pas prouuer quil assure laffaire par coutume ou par usage dud chateau ou montre ces causes; de plus sy la
fait de quy lad. plainte sera faite arriues de sorte que par ce fait dut
venir en tourmant de corps et de causes de lauoir et prouuer le veulent et ne peut que sera faite la plainte et de celluy quy lara faite le
seigneur douet aouer tout pouuoir de son corps et de ces causes; de
plus les causes doueuent estre assurees jusques au jugemant de lad.
cour sil a tort ou sil na pas tort le corps et les causes assurent et cepandant que la cause le fasse nourir des susd chosses manger et bouere
temperamant a luy et sa femme ou sa famille et a faire son proces, et
si par aouanture il prouuet le contrere luy doueunt estre les choses
rendues et son corps deliure. Et sy les seigneurs se plaignoient daucun
voisin aud. lieu douet premierement fere sa plainte auant que d'infor-
mer ny auoir contrainte de plus ouir que fut la querelle, et douet requerir de luy faire drouet a conoisance de la cour dud lieu et sy defandre ne peut ou ne veut les seigneurs ou le seigneur lur peuuent saisir
les causes et lesquelles causes doueuent estre assurées jusque jugemant
en soit fait par lad. cour et le seigneur doit poursuivre le jugemant
dans un mois apres que la plainte aura este faite sur ces causes en la

cour dud. chateau : plus cepandant doit viure et defandre son fait desd. causes celluy de quy sera faite la plainte luy et sa femme et sa famille temperament a connoissance de la cour dud. chateau.

XVI. Item que tout homme habitant et manant dud. chateau ou des fausbourgs ou distroit seulemant et chef de famille donne et rande et soit tenu de donner et de randre et de paier auds seigneurs et a leurs sucessurs chaque an entre nostre dame daoust et la feste de saint Michel de septambre une carterée de fromant et une dauene toute plaine scauoir au seigneur quy y sera a la vielhe mesure de mauuesin dolitage.

XVII. Item un cart de bon vin pour lequel cart doit tenir seitse carts mesure de leitoure de vin sy lhabitant en a de la vigne sil entient et cuy tous les ans en vandanges quand il cubera son vin en telle maniere que quand lhabitant cubera doit semondre les seigneurs ou le seigneur, et sil ne les requeroit ou quil mit deau ou autre chose fesant meller le vin quy ne feut pour (*pur*), qui soit tenu qui ce fera en cinq sols damande par justice et outre tout cecy donner la carte du vin ainsin quil doit.

XVIII. Item une carterée remplie dauene pour ciuades ainsin que dit est a lad. mesure.

XIX. Tout habitant dud. chateau et des fausbourgs denuiron et de lhonneur que plasse de maison ou tiendra donne et rende et soit tenude donner et de rendre auxd. seigneurs et a leurs sucessurs chaque an en esté aud. terme desusd. une cartieree de fromant et une autre de mesture a lad. mesure de portage et une carterée de vin sen ainsin comme est acoutumé du meilleur quil sera de portage sil tient plasse ainsin quil est dit et sy place entière il na il paye pour autant quil en tiendra et une charge de boucs chaque habitant seulemant chesf de maison chaque an a la feste de noël pour portage, le portier quy doit garder la porte du solleil couché jusques au soleil couché bien et loialement a bonne foy sy domage y venoit ou beste se perdoit par faute du portier quil restitue le domage et la beste par estimation des premiers du lieu.

XX. Item sy aucun dud. chateau auorit a faire ou veuille aller auant jour que le portier se leue quil luy ouure la porte et puis quil ferme.

XXI. Tout homme qui aura perdeu des beufs quil aquiesse auec le marechal quil luy donne par an et lessé une cvnque fromant a lad. mesure celluy quy naura quun bœuf demy conque et ainsin de plus en plus le marechal douet teneir longle du bœuf pour aumoins(?) auec le fer de celluy quy voudra ferer et sa cheuille de fer douet faire pour demy morle auec le meme fer de celluy quy lamenera.

XXII. Item chacun des habitans quy aura paire de bœufs ou de mulets ou de jumens ou de cheuaux ou danes auec quoy il laboure quil ayde chaque an en semailles aux seigneurs un journal et sil na de betes quil ayde au meme temps des semailles de son corps un journal crey quand les seigneurs le mandera en semailles et ne sont tenus en autre temps douner et que le seigneur aure quy ils iront doit donner la depance aux laboureurs tout le jour et aux hommes resonablement.

XXIII. Item en vandanges chaque habitant feu tenant doit ayder un jour de leur corps au seigneur en vandanges et sy les seigneurs auvent besoin de monture a charier la vandange lo jour que la balie quy en abra este faite et que celuy meme quy la treine le seigneur pour quy il chariera auec sa monture quil luy fasse la depance a la monture et a celluy quy la suiure le jour, et quil huy donne pour son journal trois deniers morlans pour suiure la monture et moiennant ce doit estre quitte et celluy quy suiuera la monture du journal de son corps.

XXIV. Item que le seigneur doit faire la despance ce meme jour aux vandangeurs.

XXV. Item que tous manans et habitans dedans et dehors quil donne et soit tenu de donner une geline quy fasse douefs a chaque feste de noel et sil nen a quil ne soit pas tenu den donner ny nen douet; et sy par aduanture il y auoit quelquun quy ne voulent pas payer lad geline ainsin comme dit est que celluy la ne soit quitte ny absant des semures ny des bouhades ny des courbées ny dautres seruitudes que allors faisoint les habitans de la fasson et des temps que resorst et passées et quand les coutumes octroiées.

XXVI. Item que tous habitant quy fera foucher au bien quil aura du sien soit en meterie ou ailleurs que quand il le defera quy il en donne et soit tenu den donner cept charges dhomme au seigneur quil apartiendra, et que les foins et herbes soint quites et assures par les seigneurs et par leurs familles gardes comme les autres choses.

XXVII. Item que tout homme quy a monture quy ne fent de beste de bast ny beste de labeur quil aide auec sa monture et auec luy meme sept jours au seigneur ou seigneurs a quy il apartiendra, et le seigneur auec quy il chariera luy doit faire la despance en ces jours et ne la luy doit sortir ny mainer plus de deux jours auant.

XXVIII. Item tout homme quy fera du fromage quil en donne chaque an doutze aux seigneurs non des meilleurs ny des moindres une foues lan.

XXIX. Item les fours soint des seigneurs et doiuent cuire a celluy quy cuire voudront au noze quey que ley memes les seigneurs dicenxd.

et pour eux tous sucessurs deuront et afranchiron et a plene largesse
octroieront pour touiours a tous les habitans et habitantes du meme lieu
ny des fausbourgs ny des apartenances fut tenus et chef de maison
quils puissent tenir et faire chacun four en sa maison propre pour
cuire son pain et non de son voisin.

XXX. Et tout homme ou femme quy enuironnent son four ny lessant
cuire sy ce nest son pain propre, que celluy de quy le four sera soit tenu
aux seigneurs en cinq sols de morlas par justice et que tout le pay
soit conflsque au seigneur.

XXXI. Item la garde des pourceaux et des brebis est des seigneurs : et
deuront de chaque paire quils feront garder une demy morlane chasque
moues, et de truie plaine quand couchounera douet prandre le choues
de tous les couchons de checune le meilleur et a celluy de quy la truie
sera douet le tenir huit semaines et a la garde de quatre brebis ou
cheures d'un denier morlan le moues, quoy que sy aucun des habitans dud. chateau ny des apartenances tient porc ou brebis ou cheures
et le peut garder ce peut faire et estre quitte et sy beste se perdoit
lorsque le seigneur les fera garder, le pasteur la douet rendre sy par sa
faute se perd; et sy le pasteur sen excuse et disait quelle nest pas perdue en faut acuser le sereman du pastur que par sa faute elle ne cest
pas perdue.

XXXII. Tous les habitans dud. chateau ou des fausbourgs et des
apartenances doueuent auoir et leurs betes de quel pouel quils souent
entree et jouissance des patures feuilles herbes et franchises par toutes
les apartenances dud. lieu et quils tourment se retirer aud. lieu de nuit.

XXXIII. Et sy les seigneurs ou seigneur de mesme lieu auet besoin
pour hoter quil ait des gelines poulets ou houees douet douner le dernier
a la justice quy douet aller par le chateau par toutes les maisons lune
apres l'autre et que par amour o mechante ne lesse den prandre mais
quil paye d'abort doulse deuiers ce quil coutera au mesme temps au
surplus qu'il onne caution et gages auec la conuenans que desus est
dit.

XXXIV. Tous les foins et les pailles des habitans dud. lieu voulons
que souent conserues des seigneurs et de leurs familles pour toulours
excepte la paille de fromant sans defere les pailles au besoin du betail
et sy lepaller tombet voulons que soit accomode au dire du premier dud.
chateau.

XXXV. Item tout habitant ou manand dud. lieu fairont vendre ou donne ou engager ou coumandera home habitant dud. lieu excepte a gentilhomme et prextre desglise et a homme noble toutes les choses mubles

et inmubles et perseptions feodalles sauf les seigneurs de quy seront tenus en fiefs et de celluy, sans exceptes les indiuis quy ont este infeodes
dansiéneté et si quelcun vouloit se changer a quelque autre bien les
seigneurs le doueront accompaigner lespace dune lieue en quelque part
quil ne veuille aller et hommes lesques se seroint donnes a bonne foy
a son pouuoir eux et ses causes et sy led. chateau auoit besoin dommes
comuns au lieu ou la justice ou les consuls dud. chateau seconderont
tous les autres doiuent estre obeisans chaque semaine depuis tousains
jusques a St Jean-sy besoin en est; et sy enquare y contestoit doit le
condanner la justice pour quatre deniers morlas lesques seront les
dux de la justice et les autres deux du comun dud. chateau et sy les
seigneurs vouloint trauailler ou trauaille en sale ou en muraille dud.
chateau que aie le comun de chaque maison un homme a nostre œuure
vn jour de chaque semaine tant que lheuure durera a connoissance du
metre masson et le seigneur ou voisin quy fera lheuure quil donne a
gouter aux hommes quy seront au trauail.

XXXVI. Et sy personne hors dud. chateau faisoit tort au seigneur ou a
quelque seigneur dud. chateau tous les habitans du meme chateau se
doueuent tenir auec luy et len doiuent defandre a leur pouuoir et
suiure toutes parties pendant lespace dun jour et feste porte que le jour
quy le certifieront feasset retorner coucher au même chateau et sy
aucun faisoit tort a lhabitant dud. chateau lesd. seigneurs le doueuent
releuer et tenir soubs leur protection jusques que le tout luy soit es-
mandé et que esuidement il en soit hors, et tous les habitans dud. chateau tiendront et auront a perpetuite toutes les terres cultiuees et
hermes jusques a temps que aouoit en tels que tenir que lesd coutumes feurent octroiées et leur feurent octroiées par seigneur ou par juge
en ce meme fief quil les tenoint forces par agrier ou par autres sub-
ieds escepte celles quy en ce temps de lors tenoint lesquelles perdront
jusques la fin du terme quelles sont octroiées excepte que le seigneur
dud. chateau de quy le fief sera en prend la moitié des trois quy seront
aux terme et que deux lont termes par agrier a perpetuite aux autres
fiefs desnoier et parce quils tiendront les terres soubs cecy que sy les
memes seigneurs disoint quils nauoint octroiées les memes terres ou
quil nen auoit tant octroiées ou pour la contenance que le tenantier
diroit et que led tenantier jure sur les sts esuangilles de dieu que led.
seigneur ou son juge luy ont octroiées lesd. terres sur ce quy auret este
arrete et pour ce deuoir quil setoit charge infers par son seremant le
tenancier cy deuant dit et sy in ces terres habitans u fere bled sils y
fesoint millets vignes ou preds sils le puisset ou sils le veulent et

quils vandent de la vigne et du foin la meme part que ils fesoint du bled au temps que bled y faisoint.

XXXVII. Et sy les seigneurs ou seigneur fesoint ofance tort ou force a aucun habitant dud. chateau que la justice dud. chateau et la requete dud. force sil en est pour long temps cherchent et prenent loiales inquisitions de cette force : et sils trouoint quelques inquisitions que lesd seigneurs ou seigneur luy fuscent fort ou forcé que incontinant lesd. seig^r ou seig^{rs} emandes le tort et defandet la fin et sils ne le vouloint fere que tous les autres habitans dud. lieu ou joint auec luy jusques a ce que la force luy soit defaite et le tout emande et sy aucun habitant dud chateau faisoit force aux seignears ou au seigneur que il en soit fait de la meme maniere.

XXXVIII. Et sy les seigneurs dud. chateau tiroint milice ou caualerie de ñostre lieu il ne le doit tirer ny mener contre leur volonte sinon pour fait manifeste que homme leur fit en leurs droits et deuoirs et non tant loin que ne puissent retorner le jour meme aud. chateau : et sy par aduanture les menoit plus loing auec leur volonte de en aouant doiuet faire la despance a la milice ou a la caualerie, doit leur donner cher et boire jusque que soint retornes aud chateau

XXXIX. Voulons que tout habitant dud. chateau puisse metre en garde autre homme que luy aud. chateau et le tenir de dehors les prisons et luy meme le garde sauf et reserué sy cest homme auoit tué homme ou predit de le tuer sy par aduanture il nen auoit esté requis quil ne luy mit et lesd seigneurs ou seigneur ny aucuns habitans dud. lieu ne puissent desesir pocession daucune chose a aucun habitant dud. chateau sy conest en jugemant de lad. cour; et sil laouoit fait il le doit recouurer a sa pocession et a usiue de la meme fasson et sil ne le vouloit faire la cour comune dud. chateau le luy doit remestre de sa propre anthorite sy nest tout pour longtemps.

XL. Voulons que les lois de clameur de debte ou autremant ou des choses memes soit deux sols morlas ou de tout teste (†) ou duemant faites ou dites ou de seaisemant et de toute sorte volonte ou malicieusemant faites de huit sols morlans, et de fusion de sang faites sans aucunes armes ouque cest fait amiablemant quen soit tenus selon quet excepte les presantes coutumes.

XLI. Voulons que nul homme napelet dautre habitant dud. chateau quil ne laye premieremant requis sauf dassasinement et sil le faisoit quan soit tenu selon que dessus est escrit.

XLII. Voulons quaucun habitant dud. lieu ny autre apelle aucun habitant dud. chateau daucune cause quil ne luy doiue plus de douse deniers morlans sy plus ny auoit mais sil y en auoit quil len puisse apeller de fort.

XLIII. Voulons qnaucuns hommes habitans dud. chateau ne soit exécuté en ces robes ny de sa femme ny de sa famille ny en drats de son lit ny en feremans ou enfin de quoy il gagne sa vie son pain sinon pour peche ou pour cause jugée ou quil feut fort et quil vouleut fnir en quelque autre lieu.

XLIV. Voulons que les peches des seruices de toussaints quant le memejour ne seront payées de ce que nous anions acoutumé dauoir cinq sols de morlas soit de douse deniers de morlas sil ny est plus et que soit paiees lesd. seruices dans huit jours apres toussaints.

XLV. Et tout homme qui na pas place de maison en prene dans le chateau ny nen peut auoir dedans que le seigneur soubs quy il demurera luy en donne au fausbourg denuiron jusques quil ait son plain : cest a sauoir la maison de nuit et quatre rases de long et douse de large et quil en paye et soit tenu payer lafilage ainsin comme les autres habitans dud. chateau.

XLVI. Voulons que tout homme que dedans nous a place ou demy et en voudra dehors que le seigneur soubs quy il sera luy en donne ainsin comme est dit et que soit tenu de payer et paye chaque an a toussaints pour raison d'icelle quatre deniers morlas ou la monoie courante doublee au seigneur ou a ses sucessurs, et deux deniers darrere captes au profit du seigneur quand en moindre; et voulons de la peche contenue aux establissemans faits par les habitans et par tous les jurats auec les habitans que soint tenus par la justice et par le conseil dud lieu et que en justice en est la feste et que lad justice et les jurats les partagent et quen aient lesd seigneurs le tiers et la comune dud. lieu les autres deux tiers.

XLVII. Voulons que sy ce meme cas estoit contreuenu en ces coutumes a laduenir le surplus dud. artigle est tout a fait efface par le labps du temps.

Lesquelles coutumes susd. et checun lesquelles sont contenues en cette presente carte led. sieur Guillaume de Viues le premier, le seigneur Arnaud de Viues, le seigneur Gaillard de Villelongue pour luy et pour Gaillard son fils le seigneur Pelegry de Viues Raymond Guillaume de Viues, le fils de Guillaume Raimond et le fils dud Pelegry, ont octroié ainsin queux apartient a tenir ce fait pour eux et pour tous leurs heretiers et sucessurs et pour tenir aud. lieu Arnaud Dulaus, Bernard Faget, Sansson de Neufer, Montin de Lagardele, Raimond de Faget Nidal de Vilas, Bertrand de Vilas de Laporthe, habitans dud.chateau pour eux et pour leurs sucessurs et pour tous les autres habitans dud chateau et pour tous leurs sucessurs a laduenir receuant les memes coutumes et pour obseruer tout cecy led. seigneur Gaillard de Villelongue a promis conuenir desd coutumes faire octroier et authoriser auxd. Gaillard son fils dune part dautre et moy notere dessoubs escrit stipulant et ne sceauant pour tous ceux quy y ont infere et inferet et prometent tenir garder et accomplir pour touiours en la maniere cy dessus ditte et jurent sur les saints esuangiles de nostre seigneur corporellemant ne contreuenir de dit ny de fait en aucune maniere renonsant pour l'amour de cecy a tout benefice de droit canon et sciuil feut; fait cecy a Viues six jours en entrant en decembre an du seigneur mil deux cens huitante trois regnant Philipe roy de France et Douart roy d'Angleterre et duc de Guiene et de Fezensac, Geraud euesque de Lectoure deuant les tesmoins apeles et pries M. Guilem de Moros pretre, Raimond Potis pretre de Viues, Doumengs de Lagardere dit Lasinllia, Pey Doulaox de Viues pey de Villas pey de Lagardelle Jean de Laporte habitans de Viues et Jean Guillaumes Barrau nore public requis et adueré aud chateau de Viues quy de lexpres consantemant desd parties ce que dessus ay escrit. Guillaumes Barrau clerc de Coloigne.

COUTUMES DE VILEFRANCHE [1]

(Comté d'Astarac.)

In nomine stæ. et individuæ trinitatis patris et filii et spiritus sti. amen. Noverint universi presentes pariter et futuri quod cum nobiiis vir dominus comes centulus dei gratia mandasset et cum instrumento promisisset juramento interveniente hominibus habitatoribus in bastida de Villafranca in Astariaco quod ipse dominus comes per se et suos heredes et successores universos daret et concederet habitatoribus presentis bastidæ de villa franca consuetudines et libertates et mores villæ de pavia auscitanensis diœceseos prout in quodam publico instrumento dictæ promissionis confecto manu mei notarii infra scripti inter cetera continente præfatus dominus comes ad requisitionem et suplicaonem Sancii coudouilh et Sancii beguerii nunc consulum præfatæ bastidæ de Villa franca vollens idem dominus comes sicut dixit facere et libenter complere promissionem per ipsum factam habitatoribus dictæ bastidæ super consuetudinibus et libertatibus prædictis dandis et conce dendis hominibus habitatoribus et deinceps habitaturis in eadem bastida de Villafranca sua spontanea et libera libertate prædictus dominus comes pro se et heredibus et successoribus suis universis dedit et concessit in perpetuum habitatoribus prædictis bastidæ de Villa franca presentibus et futuris libertates mores stabilitates et consuetudines infra scriptas videlicet quod per dictum dominum comitem vel per successores quod non fiet in dicta villa tallia, albigarda, quæsta nec dictus dominus comes nec sui successores recipient ibi dominum nec *mutuum* nisi gratis *mutuare* et donare voluerint habitantes nisi tantum pro transitu transmarino vel corporis dicti domini comitis vel suorum captione et si contingat dicto domino comiti vel suis successoribus dare vel mutuare ex causis prædictis dent eadem cognitione consulum dictæ bastidæ de Villa franca.

Item quod habitantes dictæ bastidæ de Villefranche et in posterum habitaturi possint vendere dare alienare oa bona sua mobilia et immobilia cui voluerint excepto quod immobilia non possint alienare castrensibus religiosis personis militibus nec aliis personis juribus dominorum à quibus prædictæ res interdum tenebuntur et etiam excepto et retento per dictum dominum comitem quod habitantes dictæ bastidæ de Villefranche et in posterum habitaturi sicut in presenti nec etiam in futurum terras domos nec alios honores seu concessiones dictæ bastidæ Villefranche nec pertinentias eiusdem bastidæ non possint vendere impignorare dare cambiare nec alienare hominibus seu personis existentibus in villa de Simorre nec in pertinentiis eiusdem villæ de Simorra in toto nec in parte aliquo tempore vel ullo modo.

Item quod habitantes dictæ bastidæ et in posterum habitaturi possint filios suos libere et ubi voluerint et cui voluerint maritare et filias et suos ad clericalem ordinem promovere facere.

Item dictus dominus et sui successores vel baiuli illorum non capient aliquem habitantem in dicta villa vel vim inferent vel bona sua dum tamen velit cavere et fide jubeat stare juri nisi pro murtro vel morte hominis vel plaga mortifera vel alio crimine quo corpus suum vel bona sua eidem domini comiti aut suis successoribus debeant esse incursa vel membrum aliquod mutilari.

Item quod ad questionem seu clamorem alterius non mandabit vel citabit baiulus dicti domini pro facto suo aliquem habitantem in dicta villa extra honorem dictæ villæ super his quæ facta fuerunt in dicta villa et honore eiusdem.

Item quod si aliquis homo aut femina de die intraverit hortos, vineas aut prata seu campos bladatos alterius sine mandato et voluntate illius cuius fuerint postquam de mandato prædicti domini comitis vel baiuli sui cuilibet viro defensum fuerit solvat duodecim denarios tolosanos consulibus dictæ villæ si habeat unde solvat alias ad arbitrium baiuli prædicti domini comitis et consulum dictæ bastidæ puniatur et de qualibet bestia grossa quæ ibi i. enta fuerit solvat dominus dictæ bestiæ duos denarios turonenses consulibus supra dictis.

Item pro porco et sue si intraverit unum denarium turonensem et pro capra seu hirco vel quolibet allio pecore solvat dominus bestiæ unum obolum turo. Si anser vel alia avis consimilis solvat unum obolum turo et nihilominus dominus cujus fuerit bestia vel avis damnum passus tenebitur emendare denario vel quas pro hujusmodi emendas consules habuerint mittant iidem consules in utilitatem prædictæ bastidæ ut pote in reparatione pontium itinerum et viarum et aliorum necessariorum dictæ bastidæ. Alienigenæ autem transeuntes qui dictum defensum ignoraverint pœnas non subijciant ante dictas sed alias ad arbitrium dicti baiuli domini comitis et consulum dictæ bastidæ puniantur dum tamen pœna illius alienigenæ non possit pœnam excedere supradictorum.

Item quicumque de nocte intraverit hortos, vineas, aut prata alterius sine mandato aut voluntate illius cuius fuerint et cum panerio vel cum sacco aut caputis aut cum alio expleto fructus extraxerit dicto domino comiti in viginti solidos tolosanos sit incursus postquam de mandato ipsius similiter fuerit quolibet anno defensum et si tantummodo manibus et sub alio expleto extraxerit pro justitia in duobus obolis tolosanis dicto domino sit incursus et damno passo insuper emendabit.

Item qui in dicta villa tenuerit falsum pondus, falsam canam vel aliam jn sexaginta solidos tolosanos puniatur.

Item carnifices qui carnes vendaverint in dicta villa bonas carnes et sanas vendant quæ si bonæ et sanæ non fuerint carnes pauperibus per baiulum dictæ villæ errogentur et illis qui emerint pretium refundatur et lucrentur carnifices in legalibus carnibus in unoquoque solido unum denarium currentis monetæ et quicumque carnifex qui hoc mandatum excesserit in duobus solidis tolosanis et uno denario dmno sit incursus.

Item quilibet pistor vel pistorissa vel quicumq, alius panem faciens ad vendendum in villa prædicta lucretur in unoquoque pistoriano frumenti quatuor denarios et furfur tantummodo et hoc secundum majus et minus et si amplius lucratus fuerit totus panis capiatur et pauperibus tribuatur.

Item omnes res comestibiles quæ ad dictam villom fuerint asportatæ ad vendendum mandatoribus non vendantur donec prius ad plateam fuerint deportatæ dum tamen hoc semel in anno ex parte dicti domini comitis vel sui baiuli defensum fuerit et clamatum. Alias vero vendi possint impune. Ex hoc defensum fluet a festo Sti. Joannis baptistæ usque ad festum Sti. Michaelis, et quicumque contrauenerit in quatuor denarios tolosanos condemnetur. Perdix vero, lepus, cuniculus vendantur ad pretium quod in foro ex parte prædicti domini comitis vel sui baiuli fuerit proclamatum.

Item quicumq. res comestibiles ad dictam villam aportaverit, volatilia siluestrem bestiam, poma et pera et consimilia non dent leudam.

Item nullus habitans in villa dicta det leudam de re quam vendet vel emat in villa prædicta ad usus suos die fori vel alio in foro vel extra.

Item sani consules erunt in dicta villa qui jurabunt se deffendere fideliter et servare corpora et membra prædicti domini comitis et etiam jura sua quod officium consulatus quamdiu erunt in officio fideliter

exequentur nec munus nec servitium ratione officii ab aliquo capient
per se vel per alium nisi id quod de jure est concessum cuilibet in officio existenti.

Communitas siquidem dictæ villæ in presentia consulum jurabit
dicto domino comiti vel de mandato suo impendere bonum consilium
et fidem pro posse suo dum requisiti fuerint saluo etiam in omnibus
jure prædicti domini comitis et suorum successorum.

Item instrumenta facta a publicis notariis à dicto domino creatis vel
creandis vel a successoribus suis illam firmitatem habeant quam habent et habere debent publica instrumenta.

Item testamenta ab habitatoribus dictæ villæ facta jn presentia testium fide dignorum valeant si fuerint facta secundum solemnitates legum dum tamen fit ibi heredis instituo et liberi non fraudentur legitima portione.

Item si quis decesserit sine herede legitimo aparenti et testamentum
non fecerit consules dictæ villæ de mandato dicti domini comitis bona
ejus per annum et diem custodiant descriptis tamen per baiulum dicti
comitis bonis hominis prædicti et si interim non venerit heres qui
hereditare debeat dicto domino comiti bona redeant ad voluntatem
suam faciendam.

Item omne debitum — clamor factis fuerit nisi intra quatuordecim
dies persolvat debitum solvat dicto   domino comiti vel ejus mandato duos solidos turonenses pro clamore si vero negetur debitum qui
victus fuerit in decima parte titri et in duobus solidis turonensibus
pro justitia puniatur.

Item si aliquis aliqua verba contumeliosa et grossa dixerit nisi super hoc fiat quæstio dicto domino comiti non teneatur ad emendam. Si
vero facta fuerit questio teneatur eidem dmno comitj jn duodecim denarios tolosanos pro clamore et pro estimatione injuriæ in duobus solidis pro libra.

Item si quis aliquam ducat in uxorem et cum ea mille solidos acceperit pro dote ipse det uxori suæ propter nuptias quingentos solidos
et hoc secundum magis ac minus nisi aliud pactum evenerit inter eos,
et si maritus supravixerit nec de uxore infantem habeat tota vita sua
tenebit totam dotem et post mortem suam parentes uxoris vel heredes
dotem illam recuperabunt nisi in perpetuum dederit marito : sed si infantem habeat ipsa mulier et supravixerit marito ipsa recuperabit dotem suam et donationem propter nuptias qua mortua infantes quos a
marito habuerit donarum propter nuptias retrahebunt vel ille quem
maritus in testamento suo dixerit ordinandum.

Item si quis gladium extraxerit contra aliquem et si non percutiat dicto domino comiti in viginti solidis tolosanis condempnetur. Si vero percusserit ita quod sanguis exeat in triginta solidis tolosanis puniatur et emendet vulnerato et si mutilato membri intervenerit in sexaginta solidos tolosanos et amplius juxta excessus qualitatem si dicto domino comiti placuerit condempnetur et nihilominus si de eo querelam fecerit satisfaciat vulnerato si autem vulneratus vel percussus pro ictu moritur cum ictum fecerit ad voluntatem dicti domini comitis vel ipsius mandati punietur et bona sua omnia ad manum dicti comitis dicti domini comitis capientur et etiam sicut incursa.

Item si bona alicujus habitatoris dictæ villæ venerint in commissum de bonis prædictis si sucipiant suis creditoribus satisfiat et dicto domino comiti residuum aplicetur.

Item latrones et homicidæ ad voluntatem predicti domini comitis et suorum successorum puniantur.

Item si quis in adulterio deprehensus fuerit currat per villam ut in aliis villis fieri consuetum est aut solvat domino comiti vel ejus mandato centum tolosanos et quod voluerit habeat optionem eligendi ita tamen quod capiatur nudus cum nuda vel vestibus bragiis depositis cum vestita per aliquem de curia domini comitis prædicti presentibus cum eo duobus consulibus vel aliis duobus vel pluribus undicumq. sint fide digni.

Item si quis habitator dictæ villæ pro alio fidejusserit et principalis debitor repertus fuerit non solvendo qui fidem jussit satisfaciat si bona habeat unde solvat.

Item qui in dicta villa venerit seu habitaverit et mansionem fecerit sit liber sicut filii habitantes ejusdem villæ si sine prejudicio alterius fieri possit. Præterea in domino qualibet seu airali dictæ villæ ampla de decem et octo (?) rasibus ibi ordinatis et longa de quinquaginta quatuor habebit dictus dominus comes et sui successores annuatim in festo omnium sanctorum tres denarios tolosanos censuales et hoc secundum majus et minus et de unoquoque solido venda unum denarium et de unoquoque solido pignoris unum obolum.

Item in quolibet casali perticato ad mensuram seu perticam villæ de pauia ad obleus concusso qd a dicto domino comite tenebuntur in feudum habebit dictus dominus comes et sui successores annuatim in festo Stæ. Mariæ Magdalenæ quatuor denarios tolosanos censuales et hoc secundum magis et minus et duobus denariis ejusdem monetæ retrocapitibus quando evenerit scilicet per mortem domini dictæ bastidæ et quatuor denarios præfatæ monetæ pro justicia si forte aliquis feudatarius pro feudis casalium prædictorum fuerit juste ac debite inculpatus et de unoquoque solido vendæ unum denarium et de unoquoq. solido pignoris unum obolum.

Item in quolibet arpanto terræ ad obleas deputato et concusso ad mensuram seu perticam arpentorum villæ de pauia qd ab ipso domino comite ad feudum tenebuntur habebit dictus dominus comes et sui successores annuatim decem denarios tolosanos scilicet medietatem in festo Sti Thomæ apostoli et aliam medietatem in festo Penthecostes et hoc secundum magis aut minus et quinque denarios ejusdem monetæ retrocapitis domino mutanti quando evenerit scilicet per mortem domini dictæ bastidæ et quatuor denarios prædictæ monetæ pro justicia si forte feudatorii qui in prædicta arpenta tenebunt pro prædictis feudis arpentatum fuerit juste et debite jnculpati et de unoquoque solido vendæ unum denarium et de unoquoque solido impignoris unum obolum.

Item quod habitantes dictæ bastidæ possint facere, construere et ediflcare et tenere piscaria, stagna, colomerios, plaperios scirogrillorum et alias suas omnimodas voluntates facere in honoribus seu terris qui sub annuo censu tenebunt in dicta bastida et ejus pertinensiis salvis dominationibus supradictis.

Item furni dictæ villæ comunes erunt prædicti domini comitis et quicumque panem in furnis prædicti domini comitis decoquere fecerit uros flnum panem prædicto domino comiti pro furnagio dare teneatur attamen quod quicumque habitator dictæ villæ possit in domo sua propria facere furnum et ibi libere decoqùere panem suum.

Item mercatum flet in dicta bastida die martis qaalibet septimana.

Item de quolibet bove vendito in foro ab extraneo habebit dictus comes ab illo qui emerit unum denarium turonensem.

Item de porco unum denarium turonensem. Item de asino unum denarium turonensem. Item de pelle vulpis, de una libra ceræ, de una saulmata alg. et de una flrza (?) unum denarium turonensem de quolibet prædictorum.

Item de medietate porci recentis vel salsi qui venditus fuerit in foro pro pinguiori ante nativitatem domini semel in anno unum denarium turonensem.

Item homines dictæ villæ sint liberi a dictis leudis de his quæ ad proprios usus emerint in villa vel in foro.

Item quicumque extraneus in die fori tentorium tenuerit quarumcumque mercium dabit pro leuda unum denarium turonensem.

Item salmata ferri de foris aportata detur pro leuda unum denarium tolosanum.

Item quicumque extraneus voluerit extrahere a dicta villa bladum, vinum, vel sal pro salmata bladi unum denarium turonensem et pro leuda pro salmata vini unum denarium pro salmata salis unum denarium tur. et hoc secundum magis aut minus pro onere hominis unum obolum tur.

Item pro uno onere ciphorum vitreorum unum denarium turon. ab extraneis. Item de uno onere scutellorum vel grallatarum unum denarium turonensem.

Item de quolibet semine hortorum secundum quod ratione videbitur.

Item de aliis rebus solvatur ibi leuda pro saumata unum denarium tolosanum et pro onere hominis unum denarium turonensem. Item si quis leudam debens a villa vel a foro exierit et leudam non solverit solvat duos solidos tolosanos et obolum pro emenda. Item qui in foro aliquem percusserit ad arbitrium baiuli et consulum dictæ bastidæ puniatur pro qualitate delicti. Item qui de possessione litigaverit dėt pro libra duos solidos tolos. et clamorem et clamorem et illam summam o. teneatur solvere litigantes usque ad finem litis. Item si baiulus pignoret aliquem post quindecim dies ad soluendum assignatos debitori ille debitum pignore per alios quindecim dies custodiat quibus elapsis vendat si voluerit pignora et si pretium pignoris venditi excedat debitum residuum habitum a dicto pignore teneatur reddere debitori.

Item baiulus dictæ villæ jurabit in presentia consulum quod suum officium fideliter faciet et munus vel servitium pro suo officio sine raone officii non capiet et unicuique pro poscse suo reddet et usus bonos et consuetudines villæ scriptas et aprobatas saluo jure dictj dmnj comitis et suorum successorum custodiet et deffendet.

Item in villa prædicta sex consules creabuntur annuatim in crastinum nativitatis beati Joannis Baptistæ et si tunc instituti non fuerint duret potestas consulum qui immediate extiterint donec alii per dictum dominum comitem vel mandatum ejusdem doimni comitis ibidem fuerint instituti ita tamen quod nomina consulum instituendorum in duplo reddantur curiæ in sumptis per consules veteris tot quod curia possit eligere magis idoneos usque ad numerum in consulatu consuetum.

Item consules qui pro tempore fuerint potestatem habeant vias publicas et mala passagia reparandi et ponendi messegarios bonos et idoneos viros qui jurabunt in manibus dictorum consulum suum officium debite et fideliter exercere.

Item consules qui nunc sunt et qui pro tempore fuerint babeant plenam et liberam potestatem omnes causas motas et movendas in

eadem bastida et in finibus et pertinentiis ejus tam civiles quam criminales audiendi examinandi et sine debito terminandi et quod ab
audientia dictorum consulum qui nunc sunt et qui pro tempore fuerint nullus possit apellare ad curiam judicum vel aliorum officialium
domini nostri Regis sed tantum liceat eis apellare ab audientia dictorum
consulum ad audientiam judicis ordinarii domini comitis pradictis qui
pro tempore fuerit judex comitatus astariaci possint se apellare ad au-
diemtium domini senescali domini nostri Regis francorum tolosæ vel
judicum ejusdem domini senescali tolosæ vel ad illum seu ad illos ad
jure fuerit apellandum quandocumq. et quotiescumq. eis visum fuerit
expedire et habuerint necessitatem apellandi unus vel alter jpsos habitatores ejusdem bastidæ presentium vel futurorum.

Si quis vero jactauerit fatentia in dicta villa vel nocentia aliqua per
baiulum dicti domini comitis et consules dictæ bastidæ puniatur.

Item nundinæ sint in dicta villa terminis assignatis scilicet duas
vices in anno jn illis diebus seu festis per dictum dmnum comitem et
consulés dictæ bastidæ concorditer assignandis et quilibet mercator
extraneus habens trocellum vel plures trocellos in diebus nundinis
quem de pro introitu et exitu et taulagio et pro leuda det dicto domino
comiti vel suo mandato quatuor denarios tolosanos et de onere hominis quidquid aportet unum denarium tolosanum et de rebus emptis
ad usum domus alicuius habitatoris dictæ villæ nihil dabitur ab
emptore pro leuda.

Item dictus dominus comes retinuit sibi et suis successoribus in perpetuum expresse in dicta bastida exercitum et calbagatam ut in aliis
villis domini comitis antedicti loci castellione et in pertinentiis et finibus ejus et in honore et pertinentiis loci et territorii vocati de artigiis.

Consules autem sic electi et instituti ut dictum est habebunt potestatem talliandi et collectam levandi ab universitate et hominibus dictæ
bastidæ pro comunibus missionibus et expensis quæ fient vel continget
fieri in bastida seu villa præfata et nihilominus compellere nolentes
solvere ad expensas prædictas.

Item dicti consules ea quæ facient consilio duodecim virorum de
dicta bastida a consulibus dicti loci singulis de novo creatis in initio
sui regiminis comuniter eligendorum.

Item prædictus dominus comes pro se et suis successoribus universis
dedit et concessit in perpetuum libertatem et jmmunitatem omnibus
habitantibus in dicta bastida presentibus et futuris quod possint ire et
redire libere per totam terram prædicti domini comitis cum omnibus
rebus suis absq imslave aliqua leudæ et pedagii.

Item prædictus dominus comes pro se et successoribus suis universis
dedit et concessit habitantibus prædictæ bastidæ presentibus et futuris
omnes terras hermas et cultas quas idem dominus comes habeat et
habere debeat in honore et pertinentiis dicti loci de castellione et qui
pertinentiis et finibus ejus et in honore pertinentiis loci et territorii
vocati de artigiis, prope castellionem et inter flumen Ecadi et flumen
de dana secundum consuetudines et usagia villæ de de pauia salvo
jure ejusdem domini comitis tamen et de quolibet alieno et salvo et
retento per dictum dominum comitem castro et mola cum fossatis de
castellione quæ omnia dictus dominus comes sibi et suis successoribus
universis retinuit nunc et semper. Item prædictus dominus comes pro
se et suis successoribus universis dedit et concessit habitatoribus
prædictæ bastidæ præsentibus et futuris herbam. folia, fustam et aquas
ad usum piscandi per totam terram dicti domini comitis libere et ad
usum suum et animalium suorum.

Item dictus dominus comes pro se et successoribus suis universis retinuit sibi et suis pacto expresso in perpetuum de voluntate et assensu
consulum prædictorum quod dominus noster rex francorum nec sui
successores nec etiam officiales dicti domini nostri regis nomine ac
vice ipsius domini nostri regis nullam emparantiam recipiant ab habitatoribus ejusdem bastidæ de Villa franche et quod nullus habitator
seu habitatores dictæ bastidæ præsentes nec futuri dent nec solvant
dicto domino nostro regi nec successoribus suis aut senescalibus aut
officialibus ejusdem domini nostri regis aliquod donum seu tributum
magnum vel parvum vel aliquam emparantiam aut pensionem annua-
lem in auro nec in argento nec in aliqua moneta seu pecunia nec
etiam alio quoquomodo aliqua ratione vel causa aliquo tempore nec
ullo modo nisi tantum de prædicti domini comitis vel successorum
suorum processerit voluntate.

Quas libertates stabilitates, mores et consuetudines dictus dominus
comes pro se et suis successoribus tenere complere et perpetuo immo-
biliter observare et o. contravenire per se vel per alium ad sandta Dei
quatuor Evangelia librum evangeliorum manu sua dextra corporaliter
tactum sua sponte juravitque ut perpetuo stabilitatis robur obtineant
huic præsentiì instrumento prædictus dominus comes suum sigillum
majorem apponere promisit ad simplicem consulum prædictorum requisitionem.

Nota fuerunt hæc et concessa apud castellionem die Jovis post quin-
decimam festi paschæ domini anno ejusdem milles. ducent. nonagesimo
tertio regnante Philipo francorum Rege Amanio Archiepiscopo auxi-

tano hujus rei sunt testes dominus mancipius de Molanis miles Bernardus de barrioa Arnaldus de molanis dominus de polastrono domicellus pontinis petrus de Combis, Arnaldus de Calsa domicellus magister andrea notarius manusellus Stephanus de baria Stephanus de Gardo et Bertrandus de Calstata notarius publicus auremontis et in senescalia tolosæ domini nostri regis prædicti qui prædictus interfuit et ad requestam dicti domini comitis et dictorum consulum hanc cartam scripsit et publicavit et signo suo consueto signavit.

Extrait deuement verifié et collationné de mot a mot en ce qui a este trouve semblable avec loriginal du grossau vieux et antique des Costumes et Libertes de Villefranche dessus escriptes sans y rien adiouster ny diminuer a este fait par nous Jaques Lamothe et Arnaud Casa notaires et praticiens de la ville de Masseube et Ville franche a la requision des consuls et jurats dud. Ville franche le premier jour du moys de mars 1575. En foi de quoi nous sommes signes Lamothe Casa notaires. Copie dautre copie.

COUTUMES DE LA VILLE DE SARRANT [1]

(Jugerie de Verdun.)

In nomine domini Amen noverint universi et singuli presentes pariter et futuri Incipit Bulla seu costuma castri seu villæ de Sarranto quod christianissimus dominus noster Joannes miseratione divina et dei gracia francorum Rex proinde et consulte de jure et de facto suis informatus plenus et instructus super omnibus et singulis qui secuntur desliberationne prehabita diligenti non vi nec metu nec per grevem nec sircumventione aliqua ad hoc Inductus sed ex sua certa scientia considerata ac tendens quod habitantes et in colle castri seu ville de Sarranto et predecessores eorumdem; erga dominum nostrum Regem et predecessores suos sunt et semper fuerunt fideles uilitatem et honorem ejus igitur prosequentes volens dictos habitantes et incolas prosequi amplioribus beneficiis honoribus statum dicti castri cupiens suis temporibus meliorare singulis infrascriptis universitatis, communitatis dicti castri de Sarranto devotis suplicationis animatus ad eorum utilitatem et bonum publicum libertates franchisias et consuetudines infrascriptas dedit donavit et concessit pro se et successoribus suis consulibus videlicet Joannes de Serra Petro de Podis et Joanni grosi consulibus dicty casty et etiam reconsulibus dictorum consulum videlicet Guilhermo Gaspari Joanni de Serranco Petro de bono homine Joanny de capito Martino guilhermo de Saubero dominó de Anglade Sanxio Saneri Raymondo de barrio Joanni de cazanoua Guilhermo de Raichano Joanni Arqueri bernarde Faubetto et Guilhermo Arquery scindico totius comunitatis dicti castri de Sarranto et donaverint dicti consules et scindiciis pro totius comunitate domino nostro Regi undecim libras turoñ. solvendis pro quolt. anno in festo omnium sanctorum pro albergua Item statuit et ordinavit que negun noble ne seisnou aja habita en lo dit castet de Sarrant ni en toutos las apartenensos. Item statuit et ordinavit que negun audict castet non pagara acaptos daucun seignou mudant sinon tant soulamen un dine et douctze dines

<hr>

[1] Communiquées par M. Secheyron, juge de paix de Fleurance.

per vender. Item statuit et ordinavit que los dictz seignous non poyram exemta degun habitant deu dit castet sino per lo baille et per lo sargeant deu dict castet de Sarrant per sas oblies. Item statuit et ordinauit que los habitants deudit castet de Sarrant posquen pesca au fleubi de la Gimonne et au fleubi deu Sarrampion per toute la pertenence deudit castet sans contradiction de degun. Item statuit et ordinavit que se aucun habitant deudict castet de Sarrant mudaue ou darrigaue los couffis ou boussoles entre deuos pocessios que sio puignit à la conneyssence des dicts messeignes les cossos. Item statuit et ordinavit que si acun deudict castet ou de las apartenences deu dict castet decedisse ou defailhe de vita a trespas ses fe testoment et ses hereto legitimé que los bes deudit deffunct sian servis et sian bailhatz en gardo ou sian gardatz per los dicts cossos per un an et un jour et si dedinx lo dict tems lo herete deudict deffunt legitime aparero et sio restituit en los dictz bes et si bertaderoment non a pas herete légitimé que apres lodit tems los ditz bes siam bailhatz a nostre seignou lo rey et aux cossos et afin que nostre seignou lo rey et los cossos desdictz bes satisfacen aux cresedes deu deffunt sy sen trobon et los dictz sian restituitz la et tout tems au herete legitime deudict deffunt sy a par. Item statuit et ordinavit que en lodit castet ou ville de Sarrant sio un et beaucoup dautres sargeant que en presentie des dictz cossous suffizentomen faran per bonos et suffizenton cautions et jurem losdictz sargeant que los exercici fidelemen exerceran et que degun autre los executions ou impignoration ou commandomen no poyra fe sinon que sargeant sia ou baille deudict castet ou autré de mandoment desdictz cossos ou deu baille et sy lodict sargeant non hero deudict castet en la ville ou en las apartenences deudict loc ou sinon autré empedement augoussa. Item statuit et ordinavit que en lodict castet ou ville de Sarrant siam constituitz et aissj comme ce de costume los sargeant deux cossos que jurem en presentia des cossous que lor offici fidelement exerceran et ajan per cascuno encantation un dine tournes ou mes ou mens solon sa qualitat deu feyt a larbitré desdictz cossos. Item statuit et ordinavit que cascun habitant deudict castet de Sarrant ou de las apartenences fazent fleu siue oblio pasquo fa bosc ou autre loc deffensat ou autre sas volontatz just a la taxation dedictz cossous deudict loc. Item statuit et ordinavit que los habitants deudict castet ou ville de Sarrant et de toutes las apartenences et los terres poscon fe pesque colombe plape ou autre loc deflendut et toutes autres causos a sa volontat et negun no gauzi aqui pesca ni cassa ny prené des colombes sens licentie daquet que lapartengueran et caduno que venguera au contrari pagara vingt sols

tournes a noste seignou lou Rey et au taelat a la cogneyssence de mes
dits seignous de cossous. Item statuit et ordinavit que los gatges pres
per causo jutgeado ou bailhado per la court eu deu debitou sian gardatz per quatorcé jours en lo dit castet ou villo de Sarrant dautant que
sian vendutz sinon què autré consentiment fosso feyt entre las dictas
partidas et aprés sian vendutz a linquant public an plus disent. Item
statuit et ordinauit que cascun an a la nativitat de nostre Seignou los
dictz cossous deudit castet de Sarrant eslegiran les messegues et los
dictz messegues pecharan a la conneyssence des ditz cossous de las-
qualos peches noste seignou lo Rey en tirara la quarto part et los ditz
cossous et messegues las trez partz restant. Item statuit et ordinavit
que se aucun ven vin dan fauso mesure pagara desmende a nostre
seignou lo Rey dex sos tournés et cazun habitant deudit loc de Sarrant
poyra vene son vin en gros sans aucune proclamation et si le vol vene
a menut en sa tauerne sera tengut deu fa equa pendiet loc et castet a
pene de dus sos tournes pagadats a nostré seignou lo Rey. Item que
si aucun ez pris en lodict castet de Sarrant que pagara doutze dines
toulouzas per la presoun si ez troubat coupablé a nostre seignou lo Rey
et non autrement. Item statuit et ordinavit que cazuno clamour que
sera feyte au dit castet de Sarrant le talado pagara a nostre seignou
lo Rey doutze dines toulouzas sans $\mathrm{r^{1}us}$. Item statuit et ordinavit que si
aucun contro autre tire cotet ou espaze maliciousement mes que le que
tocara non sio percussit sera comdamnat en dex sos toulouzas pagadis
à nostre seignou le Rey et que sio punit per la peno envers la partide
complaignaute. Item statuit et ordinavit si son coutet et son espaze ou
d'autres armos aucun personatge percessio un autre ou le naurera de
plaguo le tau sera tengut de paga desmendo a nostre seignou lou rey
soixanto sos toulouzas, et se ia plaguo nes le tau en dex solz toulouzas.
Et seram punitz enuers partido a la coneysssence des dictz messeignous
outre aquo de cossous. Item statuit et ordinavit que cade un que violen-
tement estromara los gatges au baille ou au sargeant deudict Sarrant
pagara a nostre seignou lo Rey dex sos toulouzas et sera punit per las penas. Item statuit et ordinavit que cazun que trenquera li ban en lo dict
castet ou en las apartenensos pausat ou boufat per los dictz cossous
baïlles ou sargeant de lautoritat de nostre seignou lou Rey pagara audit
nostre seignou lou Rey trento sols toulouzas la et quand que sera
prouvat. Item statuit et ordinavit que cascun deudict loc de Sarrant
ou en sas apartenences de jour preu garbas de blat herbo sive fen ou
autres cauzes sen licenso daquet que saran las dictes causes valen siez
dines toulouzas que sera punit en dex sos toulouzas en vers nostre seignou

lou Rey ou plus segon sa qualitat deu délicté a la conneyssence des
dictz cossous et sy los dictz cossous troban que las dictas garbas fen ou
autros cauzos son estados presos de neyt que poscon jutgea le prenedou
a leur conneyssense et metre los dictz malfaitous en la carce et les
estrere sen licentie de degun. Item statuit et ordinavit que cascun que
trenquara arbre vert pourtant fruct ou domestie en las terros desdictz
habitants ses licentie daquet que son las terros que sio punit en dex
sos tournés envers nostré seignou lo Rey. Et autre arbitrario envers
partido a la conneyssence des dictz cossous. Et en outre en deux solz
tournés de messeguado enuers los messegues. Item statuit et ordinauit
que cado un que sera troubat en adultéry que sio punit en vingt sos
toulouzas envers nostré seignou lou Rey et si non vol ou non pot paga
que sio fouétegeat en public tout nud per lo dict ou ville de Sarrant a
la couneyssence deusdictz cossous. Item que cascun que se troubara
augue prez en jour cauletz pourretz ou autre ourtalessio ses licentio
daquet que aparten pagara douctzé dines toulouzas per sa messegarie et
si se trobe a augue prez de neyt en cinq solz toulouzas et si non pot paga
que corra la ville ou autrement sera punit per los dictz cossous. Item
statuit et ordinavit que los cossous deudict castet que sen aros et seran
a laduenir sion jutges ordinaris de toutos cauzes de crimes et civils et
de talles deudict castet ou ville de Sarrant et de toutes ses apartenences
et losdictz cossuls souls ensemble et de plen dret les appartengue la
commission deffinition de las cauzes predictes empero où examinan
los testimonis et fe bailha la torture ou question aus criminosis sian
homes ou fennes am poyssanse que prenen quin notary que voleran
per fe lasdites procédures. Item statuit et ordinavit que sy aucun deus
habitans deudict castel de Sarrant disiua aue troua bestios en sa calla
sera cresut dam son serement. Item statuit et ordinavit que les habitans deudict castel et de les apartenences seran tengutz da et presta
conseil et adjustori auds cossous deudict castel a prene maufactous et
seguy les bailes et los cossus et autres per toutes las apartenences
deu dict castet et sy aucun es rebelle daquo se seran punitz a la conneyssence desdictz cossous. Item statuit et ordinauit que tous les habitans deudict castet de Sarrant et sas apartenences seran tengutz de
jura a nostre seignou lo Rey et aux cossous de Sarrant de leurs personnes garda ainsin que meilhou poyran et aussy pareilhement lo dict
nostre seignou le Rey sera tengut aux dictz habitants de deffendre et
de garda de mau doppression de violences manifestes en quin loc que
sian aussy que seran en bonne forme et en las bonnes maisons et bons
homés deffendré pot et deu. Item statuit et ordinavit que si necessitat

ez per lotems adueny que la ville ou castet de Sarrant sio barrado
losdits cossous deu castet de Sarrant seran tengutz de barra las par-
tidos, et tout le demourant seran tengutz de barra la communautat
de la dicte ville ou castet a lours cotz et despénse de clauerera sem-
blablo. Item statuit et ordinavit que cascun deus dictz habitants
poyra muda maysons fustos (?) la dicte ville en sas terres lasquales
tira de nostre seignou lo Rey. Item statuit et ordinavit que lesdictz
cossous de Sarrant poyran préné un circuit de terres et que poscon
edifica lou castet fort ou la villo segon la possibilitat deusdictz habitans
et los dictz cossous posquon debery las plassos a cascun que volera
habita en lasqualas poscan basty et autres edifections. Item statuit et
ordinavit que toutes aqueros maisons et ediffications que senfen et
faran en lodit castet ou ville de Sarrant seran nobles exeptat duos
places que son prés de la porte deudit castet a paret sinestré en sailhir
deudit castet per qui fera tres proges a nostre seignou lo Rey. Item
statuit et ordinavit que las plassos comunos Barrat ou padoens sian
communs a toutz los habitans de Sarrant en payant a nostre seignou
lou Rey huyt tousan. Item statuit et ordinauit que los ditz cossous deu-
ditz castet ou ville de Sarrant poyran fe arrendoment de la tauerne
ou mazet et que lodict arrendomen poyran bouta aux propres usatjes
de la dicto cauze comune. Item statuit et ordinauit que cascun habitant deudict castet de Sarrant poyra teny son four franc sans aueir
contradictions de degun en sa propre maison ses solutions de four-
nilje. Item statuit et ordinavit que sy aucun desdictz habitans vol
vendre sa terre ou toutes les immobles que son fray et autres parens
entre autrez gens sera preferat au compradou per so pretz per loquin
se sera domando que los dictz fraix ou autres de la consanguinitat sian
estatz requeritz et diran de non vole la cauzo vendudo au pretz. Item
statuit et ordinauit que lous cossous deudict loc payran trese gatges
per la messegario ou messegarios au plus prochain bez..... de las
dictes pertenensus deudit castet de Sarrant. Et major pars habitantium dicti castri et pertinentiarum ejusdem vocatorum et congre-
gatorum in simul ut moris es fleri. Ibidem nullo contraditente visis auditis et intellectis diligenter omnibus et singulis supra scriptis
proinde et consulte desliberatione diligenti prehabita super hoc tractu
pro se et nomine universitatis et habitantium ejusdem presentium et
futurorum sponte receperint et acceptauerunt laudauerunt et apro-
baureunt et insuper et omnia predicta et singula perpetuum obtineant
firmitatem dominus noster rex dicti castri de Sarranto. Laudans et
confirmans omnia et singula in presenti publico instrumento contenta

et ex certa scientia pro se necnon et consules prenominati de volontate aliorum prenominatorum bonorum proborum hominum ibidem presentium et ipsi omnes supernominati juraverunt et ad super sancta dei evangelia manibus suis ′vestris gratia facta et omnia predicta et singula tenere complere perpetuo et facere et procurare cum affectu quod tenatur inviolabiliter serventur omnia et singula prout super scripta sunt et ut melius dum intelligi poterint ad honorem utilitatem voluntatem etiam et jura compelli ad observationnen omnium ....norum .... figura judicie et plane retento libello et omnium strepitu judiciario per dominum senescallum tholozanum vel judicem Verduni tanquam pro re liquida manifesta et judicata nonobstante aliqua delatione fory vel consuetudine statuta edicta vel adendi et valuerint et requisierint etiam dicte partes videlicet dominus noster Rex et dicti consules pro se et nomine quo supra de predicti fieri verum instrumentum publicum et duplicatum unus et ejusdem tenerit et ratione quod sit dommini nostri regis et predictorum consulum et universitati predicte. Dictum fuit hoc apud Sarrantum terti idis junii anno domini millesimo ducentesimo sexagesimo quinto regnante domino Joanne francie Rege petro episcopo Tholozano impresentia et testimonia dominy petri de Castro mauroni Magistri Joanni de modenqua magistri operum domini Regis magistri domini de Gauilla, petry gasparii Joannis de artigua notarii magistri vitalis danglade notarii dicti castri magistri Joannis Saubera notari et mei notarii publici qui in presentia istorum retinuit instrumentum publicum. — Extrait faict avec son original par moy notaire royal soubzsigné Bernoy nᵉ royal signé.

PRIVILÉGES DE LA VILLE DE SARRANT

(Octroyés par Philippe le Bel.)

Philippus Dei gratia Francorum Rex notum facimus universis tam presentibus quam futuris nos infrascriptas literas vidisse formam que sequitur continentem noverint universi quod nos Joannes de malocochino dominus..... milles domini nostri regis senescallus Toloze et albiensis receptis quibusdam literis patentibus prefati domini Regis formam que sequitur continenti viro philipus dii gratia francorum rex senescalli tholoze salutem Castri nostri de Sarranto nobis suplicare fecerunt quod cum in dicto castro omnimodam juridictionem mixtum et merum imperium ad furcas erectas et habitatores

dicti castri sub salute garda nostra omnibus singulis in undecim libris
Turonensis nobis teneantur dictum castrum nobilem et in fronteria Vas-
conie sitam existant sub corona regni francie dictum castrum cum pertinensiis suis in perpetuum specialiter penere ex gratia expeciali vo-
lemus offerentes nobis pro predictis quatuor libris turonensibus.....
redditis nobis solvendis quo circa mandamus vobis quathenus vocato procuratore nostro et aliis evocandis si circa utilitatem nostram
videritis redundare cum dictis consulibus super predictis diligenter
tractantes super augmentationem dicti reddition. prout melius pote-
ritis conveniatis nostram fini fere hoc volontate..... super compositio-
nem hujus faciendi literas concedentes eidem ut quod factum fuerit in
hac parte confirmare possimus actum parisiis die festo cathedre sancti
petri anno domini millesimo trescentesimo septimo vocatoque ad dis-
creto viro magistro Raymondo de gauderiis procuratore domini regis.
Il senescallia predicta videntes utilitatem domini regis circa hoc redundare presente procuratore regis predicto cum consulibus dicti loci
de Sarranto tractavimus super augmentationnem oblationnis predicte
facte domino nostro Regi attendentes igitur premissa ac reperto per
relationem gentium domini regi quod ipsi consules. In casu que fecere
juridictionnis méro et mixto imperio dicti loci Inter nobilem viram
dominum jordanis insule dominum condam (?) agentem ex parte una
et procuratorem regalem dicte senescalle ex altera deffendentem coram
nostris ....ebatur predecessoris parte dominum regis improbationibus
et aliis dixerunt consideratoque quod dictus Locus de Sarranto scituo
est quam in finibus dicte senescallie versus ducatum Aquitanie consi-
deratur etiam et adhibitis quam super hiis et eorum circonstantiis
consideranda et adhibenda existant desliberato super hoc consilio cum
cuibusquam juratis et officiaris domini nostri regis cum ipsis consulibus tractatu habito convenimus et composimus in hunc modum videlicet. Nos dominus senescallius nomen domini nostri regis ac pro
ipso et successoribus suis concedimus quod dictum Castrum de Sarranto
et homines dicti loci habitatores nunc seu habitaturi in posterium ibidem sint et remaneant perpetuo sub corona et manu domini nostri
regis francie et quod nunquam possint poni extra manum et coronam
domini nostri regis predicti vel domini tolosi concedimus etiam iisdem
nomine quo supra de gratia especiali quod semel in septima videlicet
in die martiis fornii (?) mercatum ibidem teneatur. Item quod ibi sunt
nundine sint in anno videlicet in festo beati Vincenti et in castrum
festi natvitatis beati Joannis Baptiste que durent quatr. vices per tres
dies, et de quolt. animali equino in dictis mercatis seu nundinis vendito

solvat venditor unum denarium tholozanum domino Regi. Item de
quolibet animali bovino et de quolibet animal. asino et de quolibet
porco et sue unum denarium turonensem et de quolibet una capra
mutone et similibus obolum turonensem. Item Mercerii de quolt. foro
seu nundine quo seu quibus mercem suam inere censerit ad vendendum unum denarium turonensem. Item de qualibet saumata bladi que
vendetur in foro seu nundinin. unum denarium turonensem et de
aliis rebus silicet magis et minus prorata quas in foro seu nundinis
vendo contingerit supra dictis. Item quod judex Verduni qui nunc
est et qui pro tempore fuerit ibi tenens assezias sicut in aliis locis
dicte judicature et cognoscat de causis prout ad officium suum perti-
nerit sàlvo jure consulum predictorum per dictam aut... concessit
eidem dominus senescallus predictus et ut quod consules dicti loci vide·
licet Arnaldus Gaspari consul scindcus dicti loci de Saranto et Sanxius
de Serra consul ejusdem loci pro se et nomine Universitatis hujus
medii loci ejusdem promiserint pro se et suis successoribus solvere annualiter domino nostro Regi seu ejus thesaurario Tholoze quatuor libras turonenses annui et perpetui redditus ut in festo omnium sanctorum ultra undecim libras turonenses pro albergua alias debitas per
eodem promiserunt etiam domino senescallo et mihi notario infra-
scripto solemniter stipulantibus pre domino nostro rege pro se et nomine quo supra semel solvere ex causa conventionis et compositionis
predicte mille librarum turonensium per norum dicto domino regi seu
ejus thesauraris tholoze nomine solutionibus sequentibus videlicet in
octava Christi venturi festi pasque domini sextam partem de de jude(?)
subsequenter In dicto festo annualiter aliam sextam partem que usque
de dicta sua compositione domino Regi fuerit plenarie satisfactum
bona sua et de dicte universitatis pro dicta summa debita ex solvenda
efficaciter ac solempniter obligando sub juris et facti renuntiatione
quolibet pariter et cauthela. Que predicta omnia et singula Nos senescallus predictus concessimus et admissimus predicti domini nostri regis volontate retenta et ipsius ac alieno quolibet jure solus et dicti consules requisiuerint me notarium infra scriptum quod de predictis
facerem eis publicum instrumentum acta fuerint hic die sabathi post
festum natiuitatis beati Joannis Baptiste anno domini millesimo trescentesimo octavo regnante domino Philippo Francie rege Gailhardo
eppo Toloze in presentia et testimonia domini Vitalis de Castro mau-
rono millitis magistrorum Bernardi athoñ.et Bernardo Vialo notarium
magistri Joannis de Modenqua magistri operum regis in senescallia
tholozana et Germane de Miraballe publici totius senescallis tolosane

albiensis et curiæ apostolicæ tolozanæ notarii qui hanc cartam scripsit et signavit et nos Joannes de Malocochino dominus Blaymille milles senescallus prædictus. In testimonium premissorum ad majorem roborem firmittatem huic instrumento nostrum fecimus aponi sigillum nos authoritate omnia et singula prout superius sunt expressa rata et grata habentes eadem volumes laudamus et tenore presentium......... salvo in omnibus aliis jure nostro et in omnibus alieno quod est ratum stabilem perseveret presentes literas sigilli nostri furmias apositione munerii actum parisiis anno domini millesimo tresentesimo octavo mense octobris.

Coppie extraite à son original par moj nor^e royal soubzsigne Bernois nor^e royal signé.

COUTUMES DE LABEJEAN [1].

(Comté d'Astarac.)

Premiérement a eté accordé que le seigneur comte et pretera serement de bien et duement defendre de tout son pouuoir tous et chacuns ses sujets et hnts. dud.Labejan, iceux garder de toute oppression enuers tous et contre tous; et yceux aussi entretenir et garder en leurs priuiléges et coutumes ecrites et non ecrites.

Pareillement aussi lesd. habitants seront tenus preter serement de fidelité aud. seigneur comte pour lui etre bons et fideles sujets, lassister et defendre de tout leur pouuoir enuers tous et contre tous.

Item est accordé aussi entre led. seigneur et lesd. consuls conseils et autres hnts que led. seigneur baillera place pour batir maison dans le lieu et enclos dud. Labejan aux habitants qui lui en demenderont et y pourront batir comodement, pour lequel batiment led.seigneur comte promet leur bailler le bois necessaire et le faire deliurer en la foret du turc par son forastier où tel autre que bon lui semblera lequel batiment s'il contient vne place sera chargé et faira annuellement aud. seigneur comte pour droit de queste vn sac auoine mesure de Mirande, tout ainsi que la mesure se fait a Labejan, et si la maison ne contient que demi place ne sera tenu de payer que la moitié et ainsi à proportion, et se faira led. payement au jour et fête de la toussaints chacun an.

Item a été accordé que lesd. consuls conseils et autres habitants dud. Labejan et les leurs a l'auenir jouiront et possederont tous et chacuns les terres feodales qu'ils tiennent et possedent pour cejourd'huy tant preds, bois, vignes, terres cultes et incultes, herms et autres en façon que ce soit, moyenant qu'un chacun d'eux et selon ce qu'ils possederont tant eux que leurs successeurs à lauenir seront tenus payer aud. seigneur comte neuf ardits pour arpent quelle fertilité où infertilité que la terre soit et se faira ledit payement aususd. jour et fête de la toussaints chacun an.

(1) Communiquées par M. J. Noulens, Directeur de la *Revue d'Aquitaine*.

Item a esté accordé entre les susd. qu'il sera loisible auxd. hnts faire batir maison où maisons en terres feodales qu'ils tiennent et possedent tant a eux qu'a leurs successeurs a lauenir telle et en tel endroit desd. terres que bon leur semblera.

Item a esté accordé que tout chef de maison feu allumant aud. lieu où terroir sera tenu payer annuellement aud. seigneur à lad. fête de toussaints vne paire poules sans que pour autre ou autres maisons qu'il pourroit posséder audit terroir jaçoit qu'il y tienne metayers où locataires il puisse etre contraint payer autre paires poules, et si aucun des hnts y possede aucune où plusieurs maisons soit dans l'enclos où hors de l'enclos et qu'il ni tienne feu allumé ne sera tenu payer lesd. poules.

Item est aussi accordé que quand bien quelqu'un possederoit vne où plusieurs maisons et qu'il ni fit point residance aud. Labejan tenant metayers où locataires et feu allumé en quelles sera tenu payer aussi annuellement aud. seigneur comte lad. paire poules et non d'auantage quand bien il y possederoit d'autres maisons et qu'on y fit habitation et tint feu allumé en son nom.

Item a été aussi accordé que deux où plusieurs freres faisant diuision de leurs biens tenants feu allumé et famille separé l'un de l'autre au terroir dud. Labejan seront tenus payer aud. seigneur comte chacun le meme droit des paires poules annuellement à la fête de la toussaints.

Item est accordé que chacun dedans où dehors l'enclos dud. lieu puisse faire batir four et faire cuire son pain comme bon luy semblera à la charge qu'il ne porte prejudice en le construisant à son voisin.

Item a été accordé qu'il est loisible a vn chacun des habitants vendre les biens feodaux par eux possedez a telle ou telles personnes que bon leur semblera excepté main morte ny main forte où a autres personnes prohibées de droit qui puissent porter prejudice aud. seigneur compte sans préjudice du droit de retrait lignagier où droit de prelation.

Item a été accordé que pour le droit des los et vantes sera tenu l'acheteur payer aud. seigneur a raison de douze deniers vn et ainsi à proportion laquelle vente led. acheteur sera tenu aller annoncer aud. seigneur où que de lui aura droit et cause dans l'an et jour auant sera loisible aud. seigneur compte prendre a soy la piesce même quand lachetour seroit proche parent du vendeur en lui rendant toutefois la somme vrayment accordée de l'achat sauf aud. cas led. seigneur comte pourra soy releuer de lad. somme principale les interetz d'un an a raison du denier douze de ce que pourront monter lesd. los et ventes dud. achat.

Item a été accordée que des piesces baillées en engagement où venduës a acte de rachat l'acquereur sera tenu sulement payer aud.
seigneur comte pour le droit de los et ventes a raison de douze deniers
vne aubole qu'est demi denier et lors aussi que lesd. piesces seront
rachetees où reprises par celui qui les auroit venduës ou engagées
lacquereur où celui qui les reprendra sera tenu payer tout de meme
aud. seigneur comte sçauoir de douze deniers vne aubole qu'est demi
denier et ainsi au prorata suivant la somme de l'achat.

Item a été accordé que des permutations et échanges led. seigneur
comte prendra pour droit de los et ventes a raison que dessus de douze
deniers vn des sommes baillées de l'une partie a l'autre pour la plus
de l'une où lautre piesce echangée et au cas aucuns echanges se fairont sans retour d'argent par l'une où l'autre des parties, led. seigneur
comte pourra faire estimer les piesces echangées pour en prendre la
moitié des droits de los et ventes à raison que dessus sur chaqu'une
des pieces echangées suiuant l'estimation qu'en sera faite, laquelle
estimation ne pourra etre faite s'il y a retour dargent du moins vn
ecu petit de l'une a l'autre partie.

Item a aussi accordé led. seig. comte de bailler et faire vn baille
personne homme de bien aud. lieu pour faire toutes intimations, som-
mations executions et exploits, tous actes de justice assister quand besoin et raison sera aux et conseils auquel sera payé pour intimation
de letres on assignation sçauoir dans l'enclos dud. Labejan vn ardit et
hors l'enclos d'icelui deux ardits, et au cas ilarriueroit que led. baille
où son lieutenant ne seroint trouués pour faire lesd. actes où aucun
diceux si lesd. consuls sont requis par quelquun que soit en ce
defaut de baille personne pour faire lesd. actes led. seig. comte a
donné puissance auxd. consuls pouuoir aud. cas, en y commetre tel
qu'ils auiseront.

Item a donné et concedé led. seigneur comte auxd. consuls conseils
et habitants susd. qu'aucun habitant et apartenant dud. lieu de Labejan ne soit executé où contraint payer les droits seignurieaux dessus
especiflez sinon par le baille du seigneur comte que s'il aduenoit qu'il
feut fait par autre que par led. baille celui quil nexecutera ne payera
rien pour son salaire de telle execution.

Item aussi demeure accordé qu'etant faites les executions par led.
baille ez biens meubles qu'il sera loisible a lexecuté racheter les biens
saisis pendant quatorze jours après lad. execution en payant ce pourquoy ont eté executez et les depens aud. baille.   \

Item a voulu et accordé led. seig. comte qu'il soit loisible a vn

chaqu'un des habitants dud. Labejan faire garder le paturage des terres
feodales qu'ils tiennent aux conditions susd. sans que personne quel-
quonque puisse y aller faire paitre aucune bete de quelle condition
que soit sans le sçeu vouloir où consentement de celuy qui la possede
auant en cas de contrauention etant vne fois interdit sera loisible au
maitre qui la possedera faire estimer le domage par les consuls et
prudhomes du lieu, et si aucun betail y est trouué sera remis ez mains
des consuls où du bayle, auquel cas s'il est remis ez mains dud. baile
luy sera payé pour son droit vingt sept ardits.

Item a été accordé que lesd. consuls qui sont pour le jourd'huy aud.
lieu de Labejan où seront cy aprez a l'auenir puissent faire election de
quatre prud'hommes tous les ans dud. lieu qui soint gens de biens
et de bonne vie et honnete conuersation pour exercer bien et fidelement la charge consulaire, lesquels jugeront sur le Te igitur et croix
entre les mains dud. seig. ses successeurs, où de leur baile dans huit
jours aprés la signification qui leur en sera faite par led. baile qui
sera tenu leur signifier lad. election pour bien et fidellement exercer
lad. charge sans support de personne et au cas quelqu'un seroit rebelle où refuseroit preter le serement sans excuse legitime sera condamné enuers led. seig. comte en deux ecus petits.

Item aprez la prestation du serement desd. consuls ils seront tenus
elire annuellement quatre conseils gens de bien qui preteront aussi le
serement en la forme susd. de bien et fidelement leur assister d'auis
et conseil le long de l'année.

Item est accordé que lesd. consuls ayant preté le serement comme
dessus est dit connoitront et jugeront de tous domages portés par betail
de quelle sorte que soit, de tout droit de pignoration ensemble de
toute police comme aussi de la prohibition de tous jeux de hazard
punir les joueurs et debauchez, ensemble ceux qui les reçoiuent
ayant faculté de les mettre aux fers et traces où les amander ensemble
contre jureurs et Blasphemateurs du nom de dieu de la ste vierge
marie et des sts et stes de paradis lesquels pourront punir de la peine
où amande comme mieux par lesd. consuls et conseils sera auisé auec
leur conseil.

Item demure accordé que si quelqu'un des habitants dud. lieu etoit
constitué prisonnier dans le terroir dud. lieu de Labejan pour debte où
crime lequel ne pourra etre tiré hors du terroir dud. Labejan, ainsi sera
laissé entre les mains desd. consuls où conseils où vn deux pour l'espace
de vingt quatre heures qui s'en chargeront si bon leur semble et requis
en sont par celuy qui sera saisi et y prendront garde où en y fairont

prendre aux depens du prisonnier pour le remettre aprez led. temps
de vint quatre heures entre les mains de celuy qui leur aura baillé,
et en defaut que lesd. consuls conseils où celui qui s'en sera chargé
ne le remetroit aud. tems seront tenus payer ce pourquoy a eté fait
prisonnier excepté toutefois pour cause criminelle où banissement aud.
cas lesd. consuls n'y conseils ne seront tenùs s'en charger aucunement.

Item est accordé que si aucun des habitants dud. Labejan où autre
est remis prisonnier ez mains du baile où geolier dud. Labejan s'il est
aud. lieu ne pourra etre contraint payer pour droit de geaule du jour
et nuit que deux liards, et s'il n'est point dud. lieu en payera cinq
liards et pour ce droit d'emprisonnement sils sont pris au lieu et terroir dud. Labejan seront tenùs payer sulement a l'executeur ving sept
ardits.

Item a promis et accordé led. seign. comte de faire exercer la justice
ciuile sur led. lieu comme de toute encienneté a eté fait par personne
suffisante et capable et ne pourront lesd. consuls et habitants etre tirez
ailleurs en premiere instance ciuile que par deuant le juge dud.
seigneur comte exerçant la justice sur led. lieu les letres duquel juge
ne seront sujettes prendre pariatis en toute la comté d'astarac pour
etre exploitées.

Item a donné et concedé led. seig. comte pour soy et pour les siens
auxd. consuls et conseils au nom que dessus la justice haute, moyene,
et basse de toutes les causes criminelles aud. lieu de Labejan où en ses
appartenances a present et toujours a l'auenir pour connoitre comme
juges ordinaires desd. causes criminelles tant meues qu'a mouuoir a
l'aduenir a la charge aussi que lesd. consuls seront tenus tenir acces-
seur suffisant et capable pour leur assister.

Item a eté accordé que tout homme où femme mariés etant surpris
en adultere et conuaincus dud. crime sera condamné pour la premiere
fois en six ecus d'amande enuers led. seigneur comte et aux frais de
justice enuers ceux qui les auront exposés et au cas continueront lad.
mauuaise versation seront punis selon la rigueur du droit.

Item est accordé que si quelque homme où femme a ete batu malicieusement soit auec epée, baton, pierre ou caillou par autre dud. lieu
où d'ailleurs et qu'il paroisse des coups sur celui qui sera batù ou
soit attesté par personnes dignes de foy par devant les consuls conseils
et prud'hommes dud. lieu soit qu'il y ait quelques goutes de sang ou
qu'il n'en y ait point et que ce soit plaie non legale où legitime celuy
qui aura fait le coup sera tenu payer aud. seigneur comte deux ecus
petits et si la playe est telle quelle puisse etre dite legale ou legitime

etant le tout duement verifié sera tenù payer aud. seig. comte six ecus
petits sans prejudice du droit de la partie ciuile et de celuy qui faira
la poursuitte de telle affaire pour y auoir les depens.

Item est accordé et consedé par led. seig. comte qu'etant lesd. consuls et conseils requis pour faire recherche en aucunnes maisons dud.
terroir aucune chose qui ait eté derobée leur sera permis faire lad.
recherche assistés du baile dud. seig. auec pouvoir de faire faire ou-
uerture de tout ce qu'ils seront requis et le larcin etat trouué lesd.
consuls feront d'administrer justice contre les coupables sils en sont
requis selon la grauité du fait de laquelle assistance led. baille prendra pour son droit de recherche quatre liards de chaque maison et
au cas le larcin se trouuerait led. baile y aura du droit vingt sept
ardits sans qu'il puisse aud. cas prendre autre droit dassistance faite
aux autres maisons.

Item est accordé que lesd. consuls et conseils fairont visite si requis
en sont du pain qui sera fait par telles personnes que soint aud. lieu
et terroir de Labejan pour y auoir tel egard que de raison et à proportion que le bled se vendra et en ce cas que celui où celle qui auroit
led. pain a vendre etant jùgé par lesd. consuls et conseils etre trop
petit selon le prix du bled et quils lui eussent donné taxe et fait com-
mendement de faire led. pain selon la valeur commune dud. bled, le
contrevenant sera condamné pour la premiere fois en demi ecu petit
d'amande envers led. seig. comte et pour la seconde fois le pain sera
donné aux vrai pauures, et au cas il y perseueroit sera condamné chaque fois qu'il contreviendra en deux ecus petits d'amande enuers led.
seig. et le pain donné aux vrais pauures dud. lieu.

Item est accordé aussi qu'il sera permis auxd. habitants de faire paitre
toute· sorte de betail en la riuiere du turc que led. sieur y possede
excepté au temps prohibé sçauoir depuis l'anontiation de nôtre dame
qui est le 25e mars jusques a ce que le foin sera coupé et retiré.

Item est accordé qu'au cas led. seig. comte voudra vendre les foins
de sa riuiere du turc que les habitants dud. Labejan seront preferés à
la vente d'icelui en payant autant que les autres.

Item est accordé qu'il sera loisible a tous habitants d'aller faire paitre
toute condition et sorte de betail en tel tems et saison que bon leur
semblera dans la foret du turc excepté en temps de glandage les porceaux pour raison desquels porceaux chacun que voudra les y mettre
sera tenu payer aud. seigneur ce que sera estimé par les consuls et
conseils dud. Labejan selon l'abondance où ster'lité du glandage chacune année.

Item est accordé qu'il sera loisible auxd. hnts prendre en lad. forêt mort bois et bois mort en toute saison de l'an que bon leur semblera sans qu'ils puissent prendre d'autre bois ou en cas de contrevention seront punis.

Item leu. seig. comte a aussi permis auxd. habitants prendre ramage où feuillage en lad. foret du turc sans contrediction et à la charge de faire point degat d'aucuns arbres soient jeunes où vieux les veilles de la pentecoste, de la trinité, de la glorieuse assomption de nôtre seigneur la fete de dieu, st jean baptiste, des glorieux martirs sts abdon et seuen patrons dud. Labejan et de la fete de l'assomption de nôtre dame.

Item demeure accordé que les chemins qui sont en lad. forêt du turc demeureront libres en tout tems pour lesd. habitants et leurs successeurs sans qu'ils y puissent etre empechez a l'auenir en passant où repassent alant où venant soit avec betails hommes à pied où a cheval à la charge qu'au temps prohibé ni passent auec betail aussi prohibé pour y faire arrest où demeure et contreuenant au precedent article auquel cas seront tenus payer la pignore que sera indite par led. seig. comte.

Item a accordé aussi led. seig. comte a chacun habitant chef de famille qui demureront dans l'enclos dudit Labejan vne pagelle de bois à chaufer a prendre dans sa foret du turc chaqu'un an la veille de noël a l'honneur de la fete.

Item a été accordé qu'il sera loisible auxd. habitants prendre ramage des chenes où autres arbres depuis le pied jusques a vint pans de hauteur sans qu'il en puisse ôter la sommité, si ce n'est qu'il y eut aucune branche seiche plus haut que desd. vingt pans où que la sommité feut seiche en ce cas la leur seroit permis prendre le bois mort.

Item est aussi accordé qu'il sera loisible auxd. habitants dud. Labejan prendre du bois dans lad. forest du turc pour faire les charretes et araires et autres instruments aratoires seruant à charrois et labourage le tout en bon pere de famille et y appellant le forastier lorsqu'il faudra les y couper.

Item est accordé que lorsqu'aucun des habitants faira aucune fête soit pour raison de noces où messe nouuelle led. seig. baillera au maitre de la maison le bois necessaire a la discretion dud. seig. et selon la faculté de la maison où la fête se faira.

Item demeure accordé que moyenant le contenu aux articles dessus specifiez touchant la foret et riuiere du turc dud. seig. comte les habitants dud. Labejan seront tenus faire les charrois que led. seig. comte est tenu faire faire du bois necessaire pour la reparation du moulin de

miramont et non dautres, en contemplation aussi desd. charrois led.
seig. comte a accordé auxd. habitants dud. Labejan d'etre preferez a
moudre deuant tous autres tous grains qu'ils y aporteront aprez que le
corbeil sera vuide et ne sera loisible auxd. habitants aller moudre
quaux moulins dud. seig. comte et au cas de contrauention celui qui
sera trouué aller moudre ailleurs, sauf toutefois s'il y auoit manque
où trop grande quantité d'au où que les moulins ne feussent mou-
lants, payera pour la premiere fois demi ecu petit d'amande aud. seig.
comte et la pugnere du grain qu'il aura, et chaque autre fois qu'il y
seroit trouué payera deux ecus petits et la pugnere.

Item est accordé que pour le passage et reparation du pont entendu
de Labejan qui est sur le fluue du sousson led. seig. comte sera tenu
faire bailler le bois necessaire pour l'entretenir en bon etat et qu'on
puisse passer et repasser par icelui auec charretes qu'a pied et a cheual
sans aucun danger.

Item a accordé led. seig. comte que lesd. habitants aud. lieu de
Labejan puissent chasser et pecher partout le terroir dud. lieu de
Labejan et autres lieux de sa comté reuenant le soir chaqu'un en sa
maison sauf et reserue aux garenes et foret dud. seig. comte.

Item a accordé et concedé led. seig. comte que tous et chacuns les
habitants dud. lieu où de ses apartenances soint libres et immuns de
donner peage en aucun lieu de toute sa comté dastarac quoyqu'ils y
passent auec betails et animaux de quelle condition qu'ils soint n'y
pareillement auec aucune sorte de marchandise.

Item a accordé led. seig. comte auxd. consuls et habitants dud. lieu
faire construire et batir pigeonniers et faire ensemble garenes et vi-
uiers par toutes les terres feodales tenues et possedées par lesd. habitants en tel endroit de ses terres que bon leur semblera.

Item demeure accordé que led. seign. comte aura tout le mois de
may pour vendre ses vins comme bon lui semblera sans que aucun
desd. habitants puisse en vendre où debiter a pot et pinte sans son exprez
vouloir où consentement où que de lui auront droit et cause a peine
que celuy qui voudra s'ingerer en vendre, le vin sera applique aux
pauures dud. lieu et le contreuenant condamné en deux ecus d'amande
enuers led. seig. comte.

Item a eté accordé quil est permis auxd. consuls et habitants de mettre
en ferme la tauerne aud. lieu pour le profit et vtilité de toute la communauté auec prohibition à tous autres habitants ne vendre du vin en
menu où à pot et pinte qu'en payant le droit du loquet ou capso qu'est
six liards par pipot et ainsi au prorata a celui qui sera le fermier de lad.

tauerne lequel afferme se faira en l'eteint de la chandelle chacun an au
plus offrant le jour de la creation des consuls nouveaux auxquels led.
fermier sera tenu sobliger, et aux termes en rendre comte lorsquils
sortiront de charge.

Item est accordé que led. fermier ne pourra vendre vin que lesd.
consuls ne l'ayent gouté et taxé a raison que led. fermier l'aura acheté
en y gaignant selon que par lesd. consuls et conseils sera auisé, lesquels prendront pour le droit d'estimation chaque fois deux tasses vin.

Item a eté accordé que le fermier de lad. tauerne tenant fauces mesures etant echantillées par les consuls et conseils dud. Labejan et
trouuées telles, le vin qui se trouuera dans le muis d'où il le vend depuis le faucet en haut sera appliqué aux pauures dud. lieu et led.
fermier condamné en deux ecus damande enuers led. seig. comte.

Item est accordé que led. fermier ne pourra vendre vin du même
muis et vaisseau a diuers prix depuis qu'il aura eté taxé par lesd.
consuls et conseils autrement sera condamné en vn ecu d'amande
enuers led. seig. comte.

Item est accordé que lesd. habitants presents et auenir seront tenus
vendre aud. seig. comte où ses successeurs chair de mouton beuf vache
pourceau, poules chapons poulets pigeons et de tout autre sorte de
chair que bon semblera aud. seig. et toutes les fois quil en voudra au
prix qu'en sera accordé et fait par les consuls et conseils dud. Labejan
si lesd. habitants en ont a vendre.

Item a eté accordé qu'il est permis auxd. consuls et habitants mettre
en ferme la boucherie aud. lieu a leteint de la chandelle au plus offrant
pour le prix qu'il se trouuera chacun an pour etre employé au profit
de lad. communauté lequel boucher aussi ne vendra aucune chair sans
etre taxée par lesd. consuls et conseils selon qu'il les aura achetés en
y gaignant selon qu'il sera auisé par lesd. consuls et conseils qui fairont lad. taxe et estimation ensemble la ¡ au la tete les pieds et le
ventre lesquels consuls pour le droit de taxe prendront dud. fermier
vne liure chair de chaque bete grosse et de chaque mouton pourceau
où autre bete de telle condition en prendront demi liure chair.

Item a eté accordé que led. fermier sera tenu tenir chevrau beuf
vache mouton pourceau ou autre chair bonne et seine selon la saison
du tems.

Item a eté accordé que auant ne pourra vendre ni debiter chair
crüe par le meme qu'auec le consentement dud. fermier excepté qu'au
cas qu'aucun des hnts auroit quelque bete qui par accident auroit eté
gatée auquel cas sera loisible au metre a qui lad. bete appartient la

vendra a la liure et pois en payant aud. fermier vingt sept ardits par
bete grande et douze ardits par autre bete a quatre pieds.

Au nom d'iceluy qui vit en trinité et vnité ainsi soit il, l'an mil trois
cens treize au lieu de Labejan, jour de jeudy aprez les octaues de lépi-
fanie reignant Philippe par la grace de dieu Roy des françois, Emma-
nuel archeueque d'auch, sçachent tous que haut et puissant seigneur
Bernard par la grace de dieu comte d'astarac disant et souhaittant
affectionnément donner et accorder bonnes et louables coutumes, libertés, immunitez a ses bien aymés et fidelles sujets du lieu de Labejan et a leurs successeurs a l'auenir outre celles que par le tems passé
par ses predecesseurs leur ont eté accordées et concedées confessant
auoir reçu deux plusieurs seruices et bienfaits a la supplication desquels et conseils et autres hnts dud. Labejan illecs presents sçauoir
est mᵉ sans de st martin, mᵉ pierre couzier, fourtané duclos, pierre
couzier, arnaud deucos, guillaume rebrin, jean rebrin, Raymond
adeilh consuls et conseils, guillaume duclos, domengeon colomé,
arnaud ducos, Bernard de cassio, dominique de berdier, arnaud jean
Borrust, guillaume Salles, jean de st pey, anthoine amit, joannet
duclos, fortes marseille, arnauton talaberon, jean st pé, doumengez
deuco, esteue marseille, jean martin, Bernard senac, vital deucos,
samsoneton duclos, pey de la fourguiere, arnaud Bassie, doumengeon
deu fray, vidalon adeilh, gaspard roque, etc., etc., etc., etc., pour eux
et tous et chacuns les habitants qui sont aujourd'huy et cy aprez seront
aud. lieu de Labejan leur a donné et concedé de son bon gré et liberale
volunté les liberalitez graces et imunités cy-dessus a tout a jamais va-
lables en remuneration des seruices et bienfaits qu'il en a reçeus, lesquels led. seig. comte auroit proposé reconnoitre ainsi qu'il a dit et
affirmé de tout ce dessus, exprime especifie lesd. graces immunitez
et franchises a voulu et concedés led. seigneur comte que tous les habitants où qui habiteront aud. lieu de Labejan en jouissent perpetuélle-
ment soit inuiolablement obseruées prometant par ferme stipulation que
contre aux susd. concessions et accords ny aucun d'iceux c'y-dessus
contenus ne faira n'y contreuiendra par soy n'y par autre, mais le
contenu comme c'y dessus a eté declaré tiendra et inuiolablement
obseruera par soy et ses successeurs a l'auenir quelquonques et pour
tenir et obseruer tout ce dessus led. seig. comte consuls et conseils
hnts obligés soumis renontiation de tout droit et de fait requis et necessaire leurs biens meubles et immubles presents et futurs et sur ce
ont renoncé a dol et fraude ediction par cause sans cause au benefice
de restitution en entier où en partie et tout autre et chacun droit

canon et ciuil moyenant lesquels pourroit venir contre ce dessus faire
où dire aucune chose et pour plus grande assurance et mieux aimer
et obtenir perpetuellement ce dessus led. seig. comte et lesd. susnom-
mez habitants ont juré l'un aprez l'autre sur les quatre euangiles de
leurs mains droites chacun d'iceux et de leur gré corporellement touchés
de tout ce dessus generalement, et singulierement contenu au present
instrument tenir, garder, et ne rien faire au contrere-dire où venir
par eux n'y par aucun de leurs successeurs a l'auenir; fait aud. labejan lan et jour et Reygnant qui dessus de cette affaire sont temoins.
guillaume arnaud de Bazourdan chevalier, mᵉ vital dominique pbtre
dud. seigneur comte Bernard Desclassan damoiselz etc., etc., etc.,
etc., habitants de la ville de mirande et moy pierre de Blachan Notaire
public d'astarac qui requis le present acte ay fait ecrire par main à
moy fidelle et signe de mon sein accoutumé.

COUTUMES DE LA VILLE D'AUBIET [1]

(Comté de Fezensac.)

Au nom du Père, du Fils et du St-Esprit, ainsi soit-il. Sachent touts présents et à venir que comme illustre personne Monseigneur Bernard, par la grâce de Dieu comte d'Armaignac et Fezensac désirant le maintien, conservation et état de la ville d'Aubiet, comté de Fezensac, et icelui avec le temps améliorer; à cause de tout plein de subsides et honneurs que les habitants de la dite ville ont employé librement comme il assure, envers le dit comte et prédecesseurs; ayant délibéré avec ses amis et étant acertainé du fait et très-assuré du droit par le notaire ci-bas escrit, a loué, approuvé et ratifié, les libertés, franchises et coutumes escrites et encore aussi de nouveau les a concédées et données aux habitants tant pour eux que pour leurs successeurs et a touts autres de l'universalité d'Aubiet et à Mᵉ Pierre de Soliers, Pierre, Bertrand, Bernard de Castres et Bernard du Pont consuls du dit Aubiet. Là même présents et acceptants tant pour eux que pour et au nom de touts et chacun de la dite universalité et de leurs successeurs.

Il faut savoir, et la coutume est telle en la dite ville d'Aubiet, que les hommes, femmes, jurés, voisins du dit lieu et leurs successeurs sont francs, libres à jamais, et peuvent à leur volonté marier leurs fils et filles là où il leur plaira.

Davantage, la coutume est en la dite ville d'Aubiet, ou qui d'ici en avant y habitera, ou bien les voisins jurés du dit lieu ne pourront être pris prisonniers; que s'ils étaient pris ils ne pourront être détenus, pourvu qu'ils offrent et baillent bonne et suffisante caution d'obéir au droit; si ce n'est qu'ils fussent pris et convaincus de tels crimes quil y allat de la peine corporelle. Et si pour tel crime ils

---

(1) Communiquées par M. l'abbé Dubor, curé d'Aubiet. — Le texte latin de cette coutume se trouvait encore, il y a quelques années, à la mairie d'Aubiet, et il a été vu par plusieurs personnes, notamment par feu M. Bonnemaison, qui en parla à M. l'abbé Dubor. Toutes les recherches de ce dernier pour recouvrer ce document sont demeurées inutiles. La présente traduction a été faite par M. Castanet, prêtre, originaire d'Aubiet, et bénéficier d'une des nombreuses chapelleries de cette paroisse. En tête de son travail, le traducteur a écrit le titre suivant: *Coutumes de la ville d'Aubiet, concédées par le seigneur comte d'Armagnac et baron de Montaut, en l'an 1228, et traduite fidèlement du latin en françois, l'an 1602, par M. E. Castanet, natif d'Aubiet.*

étaient détenus qu'il soit soudainement enquis du crime par le dit seigneur et consul du dit lieu. Toutes les fois, le dit seigneur du dit lieu, ou bien ceux qui pour eux exerceront la juridiction, ayant tenu un conseil requis de délibérer avec les dits consuls du dit lieu, ou avec la plus grande et saine partie, sur les dires des parties et consuls le dit conseil dira ce qu'il semblera plus sain et meilleur aux dits seigneurs du dit lieu, et puis les dits consuls, parties appelées, prononceront la sentence.

Item, la coutume est en la dite ville que si quelque habitant d'icelle, ou de ceux qui d'ici avant voudront y habiter, ou quelque voisin juré du dit lieu, commet quelque délit ou crime au dit lieu ou ses appartenances, pour lequel peine corporelle dust être imposée de droit ou de coutume, s'il était prouvé en quel lieu, sera imposée une peine de soixante cinq sols morlas, ou plus ou moins eu égard à l'effusion du sang, et que de cela soit enquis par les dits seigneurs et consuls, suivant les moyens et formes sus dites et que celui qui aura blessé l'autre soit condamné de payer les dépens qu'il pourra avoir faits pour guérir la blessure, à la connaissance des chirurgiens de la dite ville.

Item, la coutume est en la dite ville que si quelqu'un vient à se plaindre d'un autre, que chacun d'iceux doit bailler assurance et caution s'ils peuvent; et s'ils ne peuvent qu'ils jurent de se ranger à ce que par le droit il sera ordonné et promettent de donner caution quand ils le pourront.

Item, aucun homme juré de la dite ville ne doit être contraint de bailler pleiges ou repondants, si ce n'est a raison du délit, au dit lieu ou en ses appartenances commis, ou à la réquisition de sa partie.

Item, aucun habitant ou voisin du dit lieu ne doit contraindre de plaider aucun hors de la dite ville; mais en icelle il se doit faire droit de touts contrats et délits commis en la dite ville, si ce n'est en cause d'appel, de l'audience de son seigneur et de la cour de la dite ville interposé. Que si quelqu'un des dits seigneurs demandait aucun des habitants ou jurés de la dite ville de l'avoir à remettre ou envoyer en quelque autre lieu à cause du déli. Il faudra que le seigneur fasse faire sommaire preuve en la cour de la dite ville d'Aubiet du délit en autre part commis devant qu'il soit remis ou que l'on y soit contraint.

Item, les seigneurs de la dite ville ne doivent enquérir de rien ni faire enquetter contre aucun ni icelui mettre en information en la dite ville, sur aucun fait ni délit, sans appeler les consuls de la dite ville, et qu'ils soient et puissent étré présents, s'ils veulent et avec iceux qu'il en soit enquis suivant les moyens et formes susdites.

Item, étant faite composition par quelqu'un de la dite ville avec l'un des dits seigneurs, ou avec son Baile, jusques à la somme de cinq sols morlas, que l'autre seigneur ou son Baile soit tenu de l'observer.

Item, la coutume du dit lieu est que si les seigneurs avaient fait bannir les biens de quelqu'un de la dite ville, que le dit baniment puisse être osté en baillant préalablement caution suffisante par celui à qui les biens appartiendront, si ce n'est qu'ils fussent vendus pour une chose jugée ou pour autre crime qui serait prouvé n'avoir esté commis.

Item, la coutume est en la dite ville qu'aucune clameur ne sera faite en la dite ville, de doulze morlas ou de moindre somme, si ce n'est que la partie déniat le debte. Mais s'il venait à le confesser sans clameur, quil soit contraint par la court de payer sans lettres, et s'il y a des gaiges prins pour l'exécution ou autrement en la dite ville, qu'ils soient gardés l'espace de quinze jours en la dite ville, qu'il soit licite au créancier iceux verbalement bailler de bonne foy et du conseil de la court; et s'ils ne sont bastants pour payer son debte, qu'il prenne encore des biens du débiteur; et s'il a retiré et eu des gaiges plus qu'il ne luy estait deu qu'il rende le surplus au débiteur.

Item, la coutume est d'Aubiet, qu'aucun habitant ou qui voudra habiter au dit lieu ou en ses appartenances, ne sera tenu de payer aucun péage en la dite ville, ny en tout *Courrensaguet*.

Item, si quelqu'un est trouvé en adultère nud avec nue, ou les braies baissées avec une femme vefve, moyennant que cela soit prouvé par deux hommes idoines et suffisants, quil paye aux dits seigneurs soixante cinq sols morlas, ou qu'il aie le foet par la ville; et que celui qui aura commis l'adultère puisse eslire l'une des dites peines, à son choix.

Item, si quelqu'un ou quelqu'une a esté accusé d'homicide en la dite ville ou en ses appartenances, il ne doit entrer en la dite ville ni dans les *dix* du dit Aubiet, sans license des dits seigneurs et consuls prédits. Que s'ils font le contraire qu'ils soient punis à l'arbitre de la court du dit lieu.

Item, la coutume est en la dite ville que touts ceux qui ont et pocédent, ou d'ici en avant auront et pocéderont aucunes terres et pocessions en la dite ville ou ses appartenances qu'ils les puissent tenir là où bon leur semblera de demeurer, en payant toutefois les choses dans, savoir, capital et autres choses accoutumées et sera permis aux dits hommes de s'en aller quand ils voudront.

Item, la coutume est de la dite ville que quiconque a, ou aura, ou voudra avoir d'icy avant quelques possessions en la dite ville et en autre part de touts cotés, dans les dix et termes si bas expéciflés, que les dites pièces et possessions se pourront vendre, engager, ou autrement transporter ou par titre à une personne ou personnes habiles et non prohibées du droit ou coutume sans le consentement du seigneur ou seigneurs du quel ou desquels l'on tient ou tiendra icelles; ne pourront en priver les pocesseurs toutefois que les pocesseurs payent les charges comme il est de coutume.

Item, si quelque homme étranger avait endomagé quelqu'un d'Aubiet au corps ou aux biens, du quel domage il put être puni et criminellement accusé, et qu'il ne veuille recompenser le dit domage à la connaissance des seigneurs consuls suivant la forme ci-dessus expéciflée; que celui qui aura enduré le domage de sa propre authorité il puisse prendre et arrester le malfaiteur et le mettre entre les mains des seigneurs, s'il se trouve en la dite ville ou aux appartenances d'icelle.

Item, les consuls de la dite ville peuvent recevoir un voisin ou voisins, et étant reçus, ils doivent jurer devant les dits seigneurs ou leurs Bailles ou aucun d'iceux d'estre bons et fidèles tant aux habitants qu'aux seigneurs.

Item, la coustume est que touts les habitants de la dite ville pourront faire paistre tout leur bétail aux eaux et forets, herbes, feuillages, pasturages, et couper bastons, bois, et prendre autres choses à eux utiles et nécessaires; et que leur bétail aille et puisse aller librement et avec toute assurence paistre tant les herbes, glands que feuilles, et cela suivant la générale coustume de Fezensac.

Item, qu'aucun habitant du dit lieu ou de ses appartenances ne peut être expolié de ce qu'il possède, sans que préalablement il soit connu. Que si cela a été fait que celuy qui aura esté expolié soit réintégré.

Item, les consuls du dit lieu, à la fin de leur consulat, du conseil de toute l'université ou de la plus grande partie, doivent élire et présenter aux seigneurs ou à leurs Bailles, quatre consuls nouveaux qui jureront entre les mains des dits seigneurs ou de leurs Bailles de fidèlement exercer leur charge. Les dits seigneurs, toutefois, pour cause suffisante, certaine et assurée et par eux connue, pourront tirer un des dits consuls ou plusieurs de leur charge et au lieu d'iceluy ou diceux eu y mettre d'idoines et capables, à la présentation des consuls.

Item, les Bailles du dit lieu, au commencement de leur charge, jureront entre les mains des consuls de garder et observer leurs coutumes et libertés et de fidèlement exercer leur charge.

Item, il est permis à chaque habitant de la dite ville ou ses appartenances, d'avoir un four dans leurs maisons et metairiés.

Item, la coustume de ce lieu est que les consuls peuvent contraindre les voisins en la dite ville, et de leurs appartenances de contribuer aux tailles et autres frais.

Item, la coustume est que ez causes purement civiles, dans lesquelles il s'agit ou est enquis pour le gage ou pour la loy des seigneurs que l'on ny peut procéder par le moyen de la court si ce n'est à l'instance des parties, et que le gage ou la loy ne peut être que de soixante sols morlas ou davantage.

Item, la coustume de la ville est que chaque voisin peut vendre son vin sans le faire crier, mais seulement qu'il mette une enseigne, et non point table; et qu'il ne change point la mesure ou prix de la barrique qu'il aura mise en vente. Et qui fera le contraire qu'il perde le vin qu'il aura dans la barrique.

Item, chaque habitant dudit lieu peut avoir en ses possessions, clapiers, pigeonniers, viviers, estangs, moulins et pêcher dans les eaux communes, et chasser suivant la coustume générale de Fezensac.

Item, la coustume est que les consuls du dit lieu peuvent mettre messeiguers et les destituer, lesquels pourront exécuter pour les tailles et gaiges, et garder les fruicts des terres.

Item, la coustume est dans la dite ville d'Aubiet qu'aucun habitant du dit lieu n'est tenu de donner aucune chose aux seigneurs, pour raison d'aucune taille, ou collecte, ou *exercite* où est des gens de guerre, ou fouage; ny prester chose aucune, ou leur faire présent, ny autrement les secourir, si ce n'est en trois cas, savoir est: si les dits seigneurs étaient prisonniers pour les tirer de prison; et s'ils estaient gendarmes pour la guerre nouvelle, ou s'ils voulaient faire voile sur mer et qu'ils y allassent; promettant les dits seigneurs pour soy et leurs successeurs, aux dits consuls, pour eux et au nom de la dite communauté et université et de touts ceux d'icelle, stipulants et acceptants, que jamais n'extorqueront des dits habitants aucun don ou profit pour raison d'aucune taille ou collecte, exercite commun ou fouage ou d'autre chose, si ce n'est que gratuitement les habitants du dit lieu donnassent quelque chose.

Item, la coustume est en la ville d'Aubiet que quiconque entrera de jour aux jardins, vignes et prés, contre la volonté de ceux à qui ils appartiendront, et qu'ils y fassent desgats seront teneus de bailler aux consuls de la dite ville vingt deniers morlas : que s'ils n'ont fait desgats, quatre deniers morlas tant seulement aux dits consuls. S'ils y estaient entrés de nuit et qu'ils y eussent mangé des fruits, ou que l'on leur en trouvat aux mains, ils payeront pour lors aux seigneurs sus dits cinq sols morlas et aux consuls vingt deniers morlas. Que si tout estait que l'on leur en trouvat dans un sac, capirot, d'avantal, panier ou autre chose rempli, bailleront soixante cinq sols morlas, et que la poursuite soit aux seigneurs; desquels soixante cinq sols morlas cinq seront aux consuls; moyennant que cela soit prouvé à la connaissance desdits seigneurs et consuls de la dite ville. Lesquelles peines appartenantes aux dits consuls seront mises pour l'utilité et profit de la dite ville.

Item, la coutume est en la dite ville d'Aubiet que les habitants du dit lieu seront tenus d'accompagner et suivre les seigneurs l'espace d'un jour, à leurs dépens moyennant qu'ils puissent aller et revenir le même jour. Que si quelqu'un des dits seigneurs voulait tenir les dits habitants plus que d'un jour il sera tenu de les frayer et payer à ses dépens qu'ils feront; excepté toutefois les voisins et chatelains, lesquels ils pourront tenir tant qu'ils voudront.

Item, la coutume est en la ville d'Aubiet que les notaires publics doivent être créés en la présence des consuls de la ville d'Aubiet, et autrement ils ne doivent pas être créés.

Item, la coutume est en la ville d'Aubiet pour le payement du péage comme il est ci-bas expésifié, savoir :

Pour un cheval quatre deniers morlas.

Pour un poulin quatre item.

Pour une jument deux deniers.

Pour un mulet deux deniers.

Pour une mule un denier.

Pour une anesse une obole.

Pour un bœuf une obole.

Pour une vache une obole.

Pour une douzaine de brebis une obole.

Pour une douzaine de boucs ou chèvres une obole.

Pour un ane une obole.

Pour les pourceaux une obole.

Pour les truies une obole.

Pour doutze béliers une obole.

Item, chaque marchand qui apportera marchandise d'une valeur de doutze deniers ou autres choses pour vendre, il est tenu de donner une obole. De chaque quintal d'huile, une obole. — D'un quintal de sagin, une obole. — D'un quintal lard, une obole. — D'un quintal oignons, une obole. — D'un quintal saumon, une obole. — De cent *molues*, une molue. — De cent harangs, un harang. — De chaque charge de sel, demie coupe, ou, s'il vient à changer avec du blé, à raison du blé, deux oboles. — De chaque fardeau ou paquet de noix, une obole. — De meules à bras, une obole. — D'ouvrages de bois faits au tour, un *vaïsseau*. — D'une charge de laine, neuf oboles. — D'une charge de chardons, une pleine poignée. — De chaque charge d'oignons ou ail, un four. — D'une charge d'*arredor*, trois oboles. — D'une charge de lin ou de chanvre, deux oboles. — D'une charge d'*anet de Pers*, huit oboles. — D'une charge de robes neufves, travaillées ou à travailler, huit oboles. — D'une charge de cuivre ou d'estain travaillé ou à travailler, huit oboles. — D'une charge de fer ou d'acier, neuf oboles. — D'une charge de *cuissals*, ceintures, et cordes de toile de lin ou chanvre, sept oboles. — D'une charge de pelisses neufves et de peaux neufves, huit oboles. — Pour un bœuf et une vache, celuy ou celle qui les tue pour les vendre en la dite ville ou ses apartenances donne pour le péage la poitrine, savoir de la largeur d'un pouce. — Pour un pourceau ou truie, sera baillé la jambe jusques au genouil de la cuisse. Et s'il ne paye les choses susdites, doit payer pour le péage vingt deniers morlas, auquel péage n'est pas tenu aucun habitant ou habitante du dit lieu, si ce n'est pour les chairs achetées et vendues à la boucherie.

Item, la coutume est que célui qui ne paye le péage des choses pour lesquelles il le doit payer, il doit perdre les choses des quelles il devait payer le dit péage, et cela appartient aux seigneurs.

Les limites dessus dites et des quelles a été fait mention sont celles-ci, savoir est : Le terroir de Bats avec ses appartenances. Le ruisseau de l'Arrouzieb, est comme qui va au fleuve de l'Arrats, et jusques à la terre appelée rouge; et de la terre appelée rouge, jusques à la Maladie; comme qui va à la terre de Bertran et maistre Pierre de Solis, frères, jusques au ruisseau de la Tuilerie, et d'icelle mesme tuilerie, comme l'on va droit de là à l'hospital; et de l'hospital droit au contour avec ses appartenances en deça le contour tout ce qui est jusques au fleuve de Larats et territoire de Labatut, avec ses appartenances.

Les sus dites coutumes, franchises et libertés a concédées le dit seigneur comte, pour soy et ses successeurs aux sus dits consuls, pour eux et au nom de la dite université et touts ceux d'icelle acceptants, et a leurs successeurs, comme aussy à moy notaire ci-bas escrit, pour la dite université et pour tout ceux d'icelle solennellement stipulant, a promis de garder, tenir et observer, et par certaine science a loué, approuvé et ratifié. Se reservant toutefois la souveraine connaissance de toute juridiction haute et basse, sous les formes et moyens ci-dessus inscrits.

A promis en outre le dit seigneur et a concédé tant pour luy que pour ses successeurs, aux dits habitants et à leurs successeurs et aux dits consuls pour eux et pour la dite université et pour un chacun d'icelle et au notaire ci-bas escrit pour ladite université et pour touts et chacuns de la dite université stipulant; et ayant mis les deux mains sur les quatre Sⁱˢ Evangiles, a juré les sus dites coutumes franchises et libertés comme il est plainement et suffisamment ci-dessus expesiflé, tenir et inviolablement observer et n'y contrevenir de soy ny par aucune personne interposite; ny jamais faire ou procurer quelque chose par laquelle les choses susdites puissent etre enfreintes ou par quelque autre moyen renversées et affaiblies.

Renonçant expressement le dit seigneur comte à toute exception. dol, fraude et bénéfice de restitution entière par laquelle on vient a secourir et ayder les moindres; et a tout ayde et bénéfice de droit, coutumes et *voyages* par lesquels remèdes on pourrait contre les choses susdites ou quelquune delles contrevenir.

Ceci a esté fait a Aubiet le seizieme juillet mil deux cents huittante huit régnant Philippe Roy de France, dominant le dit seigneur Bernard, comte d'Armagnac et Fezensac et le dit seigneur Armaneur (*sic*) archevêque d'Auch.

COUTUMES DE POLASTRON [1]

(Vicomté de Gimois.)

Au nom du père, du fils et du St Esprit, ainsi soit-il.

Sachent tous ceux qui cette présente charte ou instrument entendront que le seigneur Raymond de..... et le seigneur Pierre de Polastron damoiseau, le seigneur Ass..... de Montpésat..... seigneur du lieu de Polastron pour eux et leurs héritiers et leur postérité et pour toute leur descendance présente et à venir, ou présens et à venir ont donné accordé et octroyé à perpétuité les coutumes constitutions et libertés ainsi qu'elles sont exprimées et contenues plus bas, à Dominique de Vespavhol, Pierre de Polastron, Raymond de Montesquieu, Guillaume Deufort..... Pierre du Mont, Vital..... Pierre de Lharo, Arnaud de Bassordam, Guillaume de Fabrica, Pierre Branles, Jean de Montlong ..... de Sitas, Pierre de Bergonha, Guillaume Carbo..... Ayméric de ..... Bertrand évêque, Pierre de Branles, Gauthier de Bergonha, Arnaud de Pérès, Garci de Bertrani, Dominique de Artigue, Guillaume de St Crapais, Guillaume Arnaud de Banchlère et Arnaud..... et à tous les hommes et femmes du dit lieu présens y habitant et venant ou demeurant dans le dit lieu de Polastron présens également et à venir et à toute leur postérité.

D'abord ont donné et accordé les dits seigneurs aux hommes et femmes du dit lieu et aux habitants les eaux et pàturages, forêts, bois herbe et feuilles peur en jouir s'en servir et faire tout ce qu'il plaira à eux et à leurs héritiers et ensuite à leur postérité suivant leurs volontés....... Et pour leurs animaux revenants audit lieu de Polastron et qui en sortiront et l'exploit dans les forêts des dits seigneurs sauves cependant et retenue en propriété la substance des choses exceptés cependant..... et retenues en propriété.

Item ont donné et accordé les dits seigneurs à tous les hommes et femmes du dit lieu que si quelqu'un deux ou quelqu'une n'avait pas de cochons propres ou siens qu'il puisse en tenir des étrangers ou des autres de quelqu'endroit qu'ils soient jusques au nombre de xvi cochons. De plus, pour la clarté et évidence de cet article il a été établi et accordé entre les dits seigneurs et les hommes susdits; bien plus ont donne et accorde les dits seigneurs que si quelqu'habitant ou habitante du dit lieu tenait et gardait des cochons ou autres animaux de quelque espèce ou genre que ce soit quelques soit le nombre et la multitude et que de la il en résulterait un dommage pour les autres, que cet habitant ou cette habitante..... et retirent des dits cochons et autres animaux selon l'ordre et le commandement des consuls du dit lieu.

Item ont donné et accordé les dits seigneurs pour eux et leurs héritiers à tous les hommes et femmes du dit lieu un lieu et une place à la fin de construire des lieux-maison à savoir seize rasières de large et trente-deux rasiéres de long desquelles places et lieux en la mesure et quantité susdite les dits hommes et femmes habitans et habitantes donnent et rendent et soient tenus de donner et rendre aux dits seigneurs et leurs héritiers et à leur postérité, six toulousains et un quarton d'avoine suivant la mesure commune de Samatan à titre de cas-loger ou de domaine chaque année pour la fête de tous les saints; s'ils ne le font les dits seigneurs ou quelqu'un d'entr'eux pourront avoir extorqué des dits hommes ou femmes quatre deniers toulousains pour la justice.

Item ont donné et accordé les dits seigneurs à tous les hommes et femmes habitant ou venant audit lieu des jardins ou casaux savoir de L brassée de long et de quatre brassées de large desquels casaux ou jardins donnent et rendent les dit hommes à savoir chacun pour sa part un denier d'oublies pour la fête de tout les saints et sauf cependant ce qu'ils auront tenu des jardins ou casaux suivant le plus ou le moins suivant se qu'ils auront tenu ou auront des jardins; s'ils ne le font qu'ils soient tenus de donner et payer auxdits seigneurs ou à leurs héritiers quatre deniers toulousains.

Item ont donné et accordé les dits seigneurs à tous les hommes et femmes habitant ou habitants du dit lieu ou aussi venant audit lieu un arpent de terre à fin de pré et un autre arpent de terre à fin de vigne et celui ou celle habitant ou habitante qui aura ou tiendra un arpent de vigne ou de pré soit tenu de donner et payer aux dits seigneurs et à leur postérité toutes les années, pour la fête de tous les saints quatre deniers d'oublies et trois deniers de relief avec toutes les charges qui sont mentionnées plus bas.

Item ont donné à tous les hommes et femmes habitant au dit lieu toutes les terres cultes et incultes que les dits seigneurs ont ou que lun deux a ou doivent avoir dans le dit lieu ou ses apartenances pour les cultiver ou jouir, les défricher et aussi les exploiter avec l'agrier de tout l'exploit qui sera dans ladite terre de bonne foi, lesquelles terres partout où ils pourront le trouver dans ledit lieu ou ses appartenances qui puissent les avoir, retenir et recevoir de leur propre autorité, sauf cependant et retenu que si quelque habitant ou habitante venait audit lieu pour y rester les dits seigneurs puissent donner et assigner à cet habitant ou venant sur lesdites terres un arpent à fin de vigne et un autre arpent à fin de pré et cet argent de pré ou vigne sera assigné audit venant à la connaissance des consuls du dit lieu,

Item ont donné et accordé assigné et retenu pour eux et leurs héritiers lesdits seigneurs qu'aucun homme ou femme habitant ou habitante au dit lieu puisse vendre ou hypothéquer ou aliéner autrement la maison vigne ou autre chose des bénéfices susdits si ce n'est à un homme ou à une femme habitant ou habitante du dit lieu ou aux hommes qui se trouvent dans les lieu ou districts des dits seigneurs ou de l'un d'eux auxquels hommes ils puissent les vendre ou autrement aliéner sauf cependant et retenues les conditions plus bas énoncées.

Item ont donné et accordé pour coutume les dits seigneurs aux dits habitants que la clameur publique dans ledit lieu ou ses appartenances soit de deux sols toulousains que payera et sera tenu de payer celui ou celle qui sera condamné ou chargé par jugement ou composition à l'amiable ou par d'autres moyens.

Item ont donné et accordé pour coutume que si quelqu'un ou quelqu'une, habitant ou habitante commettait un homicide de nuit ou de jour sur quelqu'homme ou femme dans ledit lieu ou ses appartenances que celui-là ou celle-là soit puni et perde tous ses biens meubles et immeubles qu'il aurait ou tiendrait dans le dit lieu et que néanmoins il soit puni de corps suivant que la qualité du délit l'exigera et le requerra.

Item ont donné et accordé que si quelqu'un ou quelqu'une habitant ou habitante donnait ou fesait une blessure mortelle à quelqu'homme ou à quelque femme du dit lieu il serait puni et serait tenu de donner et payer pour amende soixante sols toulousains auxdits seigneurs ladite blessure étant prouvée et venue a la connaissance des consuls dudit lieu à moins cependant que ladite blessure n'est été faite par un cas fortuit; que si cela était ainsi il en serait pris connaissance par les consuls dudit lieu conseil cependant pris et gardé des gens instruits.

Item ont statué les dits seigneurs et il a été ainsi réglé entr'eux et les habitants du dit lieu que si quelqu'un ou quelqu'une versait le sang de quelqu'un ou de quelqu'une du dit lieu il serait condamné à payer et à donner cinq sols toulousains aux dits seigneurs et ce après que ladite effusion de sang sera parvenue à la connaissance du dit seigneur ou des consuls du dit lieu.

Item ont statué et établi et ont donné pour coutume les dits seigneurs pour eux et leurs héritiers à tous les hommes et femmes présens et avenir que si quelqu'un ou quelqu'une habitant ou habitante tenait ou fesait dans ledit lieu ou ses appartenances fausses mesures de vin, perdrait le vin au-dessus de la broche de bonnel et serait condamné à donner et payer aux dits seigneurs deux sols toulousains ou de monnaies courantes, et si quelqu'un tenait ou faisait fausse mesure de drap dans le dit lieu qu'il perdrait le drap et serait condamné en outre à donner et payer auxdits seigneurs deux sols.

Item ont établi et statué que si quelqu'un ou quelqu'une habitant ou habitante dudit lieu tenait ou fesait fausse mesure de froment ou d'avoine ou de quelqu'autre grain de quelqu'espèce ou de quelque genre qu'il soit il serait condamné a payer cinq sols aux dits seigneurs.

Item ont établi que si quelqu'un ou quelqu'une habitant ou habitante dudit lieu tenait fausse mesure de cire, poivre ou d'autres marchandises, il serait condamné à payer deux sols aux dits seigneurs.

Item ont donné et établi et résolu les dits seigneurs auxdits habitans et a tous ceux qui sont ou viennent dans ledit lieu que si quelqu'un ou quelqu'une tenait ou vendait de viande de truie pour des viandes de cochon ou aussi tenait des viandes de brebis et les vendait pour viandes de mouton ou viandes châtrées ou aussi tenait des viandes mortes de malemort et les vendait et tenait pour viandes saines et bonnes que celui-là ou celle-là qui l'aurait fait ou attenté de le faire en secret ou en public perdrait les viandes et serait condamné à payer cinq sols après que cela aura été prouvé par celui où celle qui aura eu ou acheté les viandes par le serment ou par autre preuve légitime.

Item ledit seigneur a ordonné et ordonne pour coutume bien plus il a été établi et convenu entre eux et lesdits habitants que lesdits seigneurs et quels qu'ils soient d'entr'eux puisse avoir et recevoir dans le dit lieu de Polastron un poulet pour un denier toulousain ou de monnaie courante.

Item une poule pour deux deniers toulousains, une oie pour trois deniers.

Item ont établi et résolu que si lesdits seigneurs ou l'un d'eux avait des hôtes ou fesaient une fête solennelle un messager des dits seigneurs ou de l'un d'entre eux seulement mais un de leur famille devrait aller chez les consuls du dit lieu ou chez l'un d'eux lesquels consuls ou l'un d'entr'eux ira dans ledit lieu et fera vendre audit mandataire ou messager desdits seigneurs des poules des poulets ou des oies et si les dits consuls ou l'un d'eux ne trouve personne qui veuille vendre des poules des poulets de la volaille ou autres que le dit messager en présence des dits consuls puisse avoir ou recevoir de son autorité privée des poules ou autres tant que besoin sera à coups de bâtons à coups de pierres dans les maisons et sur la place dudit lieu.

Item ont résolu et établi et aussi ont donné pour coutume que tout habitant ou habitante dudit lieu tienne et doive tenir pour lesdits seigneurs et leur postérité et leurs héritiers vente de pain de vin de viande et de toutes les autres choses qui seront en quelque sorte nécessaires à leur vie ou à la vie des autres ou de leur famille et que les dits seigneur et chacun donne et paye auxdits habitans ou à celui ou à ceux à qui ladite chose appartiendra ou- aura été achetée le prix qui aura été connu et prouvé par le consul dudit lieu.

Item ont établi et résolu que si lesdits seigneurs ou l'un d'eux n'avait pas de quoi payer la chose ainsi achetée ou n'avait pas d'argent sous la main que cet habitant ou habitante soit tenu de recevoir desdits seigneurs ou de l'un d'eux un bon gage lequel gage il tienne et soit tenu de tenir et de garder pendant l'espace de quinze jours à compter du temps de la réception et si ce seigneur ou ces seigneurs à qui appartient le gage ne ...... ou ne le retire dans le terme ci-dessus fixé que cet habitant ou cette habitante qui aura reçu ce gage pour quelque chose vendue que ce soit, puisse et qu'il lui soit permis de son autorité privée sans proclamation ou dénonciation des juges vendre ledit gage ...... ou l'aliéner d'une autre manière selon sa volonté après cependant que les seigneurs ou le seigneur auront été requis sur cela jusqu'à entière solution de la dette. Mais si celui ou celle qui a reçu ledit gage et qui l'a vendu après les quinze jours a reçu quelque chose de plus ou de superflu audessus du cabal ou de la dette ou de la créance pour laquelle il avait droit, il sera tenu de donner et rendre au seigneur ou aux seigneurs a qui appartenait ce gage et sans retard tout le surplus au-dessus du prix. Et de plus il a été établi et accordé sur cet article que si cet homme ou cette femme dudit lieu qui a vendu ledit gage n'a pas retiré ou n'a pu retirer de la vente dudit gage son cabal ou sa dette ou sa creance, que le seigneur ou les seigneurs de qui ou desquels cedit gage aura été reçu soit tenu de donner et livrer au dit creancier autant de gage qu'il sera nécessaire pour payer ladite dette ou créance et que toute cette vente de gages ou aliénation et tout ce que cet homme et cette femme aura sur ce fait ou dit soit aussi bon et aussi fermement établi que si le seigneur ou les seigneurs à qui appartenait les gages l'avait personnellement fait et dit et qu'il y soit tenu en tout et que force lui soit à la connaissance des consuls dudit lieu.

Item ont établi et résolu que si le seigneur ou les seigneurs de qui ou desquels le gage ou les gages appartiennent veulent recouvrer ce gage, que cet homme ou cette femme lequel ou laquelle aura reçu ce gage soit tenu de le rendre ou restituer au seigneur ou aux seigneurs avec de bonnes garanties et conditions que toute la dette ou créance et dépenses si quelqu'une a été faite seront payés dans l'espace de huit jours à raison du retard ou de l'attente ensuite huit jours le dit créancier doit donner et accorder aux seigneurs; et s'il arrivait que dans les huit jours accordés à raison du retard ou d'attente le dit seigneur ne payait pas, que cet homme ou cette femme à partir de ces dits huit jours en avant puisse et qu'il lui soit permis de faire clameur sur ce seigneur ou ces seigneurs pour obtenir, de toutes choses à eux appartenant, celles qu'il voudra le plus ou qui lui paraîtront le plus lui convenir, lequel bayle des dits seigneurs ou tout autre tenant sa place soit tenu de faire complément de justice audit homme ou femme habitant ou habitante du dit lieu au suget (*sic*) de cette dette du dit seigneur ou de ses repondants.

Item ont donné et accerdé les susdits seigneurs aux dits habitants et à chacun deux que si quelquhabitant ou habitante tenait ou faisait boucherie dans ledit lieu le jour de Dimanche, il donnerait et payerait auxdits seigneurs ou à leur mandataire certain de chaque cochon ou truie les échignées ou un denier de monnaie courante au choix des bouchers, mais cependant si quelqu'habitant ou habitante tenait ou fesait ou tuait un bœuf, il donnerait aux dits seigneurs la poitrine de ce bœuf ou un denier également au choix des vendeurs.

Item ont donné et accordé lesdits seigneurs auxdits habitants dudit lieu pour coutume un boulanger; un portier, un mesigier, un garde-moutons, un porcher, un garde-chevaux, et generalement et specialement tous les autres offices nécessaires en quelque sorte aux animaux; et que lesdits habitants puissent et qu'il leur soit permis d'ordonner et de disposer des dits boulanger et gardes-moutons et autres suivant l'utilité et avantages de la dite sans prendre ou demander conseil des dits seigneurs ou de lun deux.

Item ont établi et posé que les dits seigneurs puissent ordonner et disposer pour chacun de la forge dudit lieu et y placer et instituer un forgeron suffisant selon quil leur paraîtra le mieux convenir, et cela à la connaissance et disposition et arrangement des consuls dudit lieu; lequel forgeron ainsi établi et institué par lesdits seigneurs à la connaissance des dits consuls soit tenu de forger à tous les habitants du dit lieu une fois dans l'année pour rien un soc de charrue à neuf avec le fer dont cet homme ou cette femme habitans voudront que le soc soit fait.

Item il doit faire avec du fer un coutre et une scie et un hoyau et une *talhantam garroceram* lequel ouvrage sera fait en bonne forme.

Item ledit forgeron doit faire et est tenu de forger et chausser pour tous les habitants et habitantes dudit lieu le hoyau pour un denier de monnaie courante.

Item il doit chausser ou acérer à tous les habitans dudit lieu avec le fer qu'ils ont eux-mêmes le coutre, la scie et le soc de la charrue pour rien ou gratuitement. De plus doit ledit forgeron et est tenu d'affiler la hache pour deux deniers.

Item il doit est tenu de ferrer tous les bœufs et vaches des dits habitants du dit lieu, a savoir ceux ou celles lesquels ou quelles sont ou seront destinés à labourer, gratuitement.

Item ledit forgeron doit faire repasser ou aiguiser à tous les habitans dudit lieu toutes les haches ou destrales pour une obole sans plus.

Item ont établi et posé lesdits seigneurs tous les hommes et femmes habitans dudit lieu et il a été ainsi résolu et établi entr'eux que tout homme ou femme lequel ou laquelle aura labouré dans ledit lieu de Polastron ou ses appartenances avec une paire de bœufs donne et rende au forgeron établi par lesdits seigneurs a raison et a loccasion de toute et chaque chose qu'il doit faire tous les ans pour la fête de tous les saints trois quarterons de froment bon, beau, sec et nouveau suivant la commune mesure de Samatan; et tout homme ou femme qui aura labouré avec un bœuf et une autre bête de bât donne une enne de froment suivant ladite mesure de Samatan et quiconque aura labouré dans ledit lieu ou ses appartenances avec une paire de roussins ou de jumens trois ennes de froment suivant ladite mesure.

Item sil a labouré avec un bœuf et un âne une enne et si avec deux ânes une enne (?) de plus il a été établi et accordé entr'eux que s'il arrivait que quelqu'un ou quelqu'une labourat dans ledit lieu ou ses appartenances au-delà dudit nombre en été ou en hyvert, que de ce nombre au-delà ou du plus quel qu'il soit il payent au dit forgeron un jugement des consuls dudit lieu.

Item ont donné et accorde pour coutume les dits seigneurs à tous les habitans du dit lieu ou à chacun d'eux que si quelqu'habitant ou habitante fesait un vol ou larcin de jour ou de nuit dans ledit lieu ou ses appartenances que celui ou celle lequel ou laquelle ferait ce vol ou larcin seront puni et condamné par les consuls et la justice du dit lieu conseil pris auparavant et retenu des hommes habiles selon le délit ou le forfait et cela suivant que la raison du droit ou du fait le conseillera.

Item ont donné et accordé pour coutume lesdits seigneurs à tous les hommes habitans dudit lieu que si quelqu'habitant ou habitante dudit lieu voulait vendre quelque chose de ses biens ou bénéfices, qu'il puisse et qu'il lui soit permis de vendre à qui il voudra sauf tous les droits et charges desdits seigneurs et que lesdits seigneurs ou l'un deux puissent pour ledit prix que le bénéfice valait au plus payer ledit bénéfice ou le donner en second à d'autres acheteurs ou personnes du monde selon la forme et manière et désignée plus haut.

Item ont donné et accordé pour coutume lesdits seigneurs à tous les habitans du dit lieu que si quelquhabitant ou habitante voulait sortir ou se retirer du dit lieu ou ville de Polastron et demeurer ailleurs et si celui-là ou celle-la ne voulait pas vendre ses biens et les droits quelle a dans ledit lieu ou devra attendre un an et un jour; et si au bout d'un an et un jour il ne revient pas audit lieu et les droits meubles et immeubles à lui appartenant puissent être vendus et aliénés à la connaissance disposition et conseil de ladite ville sauf cependant et retenu pour celui qui se sera retiré largent qui en aura été retiré.

Item ont donné et accordé lesdits seigneurs a tous les habitans et à chacun d'eux que si quelqu'un ou quelqu'une disait quelque injure en paroles ou commettait une action injuste ou deshonnête contre les consuls de ladite ville ou contre quelqu'un d'eux qui serait consul s'ils recherchaient ou tachaient de découvrir les affaires du consulat que celui-là ou celle-là qui aurait dit cette injure soit puni ou tenu de donner pour punition cinq sols de monnaie courante desquels cinq sols la moitié appartiendra auxdits seigneurs et l'autre moitié aux consuls dudit lieu lesquels consuls amployent et assignent ladite moitié à l'utilité et avantage de ladite ville; lesquels cinq sols payés le coupable soit tenu de sortir et de se retirer de ladite ville ou lieu pendant l'espace de quinze jours.

Item ont donné et accordé pour coutume à tous les habitants que si quelque homme ou quelque femme entrait dans la maison d'un autre audit lieu, et si mention étant faite il entrait désormais dans sa maison, à moins que pour motif juste et raisonnable et avec la volonté de celui à qui appartiendrait la maison, que celui-là ou celle-là qui en-

trera dans la maison l'autre s'y opposant et refusant serait condamné
a payer cinq sols pour justice; desquels cinq sols une moitié appartiendra aux dits seigneurs et à leurs héritiers et l'autre moitié aux
consuls du dit lieu lesquels consuls destineront cette moitié et l'assi-
gneront a lutilité et avantage de ladite ville. Il a été dit aussi et établi
sur cet article que si lentrée de cette maison est prohibée ne pouvait
être provée par d'autres hommes ou dune autre manière si ce n'est par
celui ou celle à qui appartient la maison qu'on devrait ajouter foi et
s'en tenir entièrement à ses paroles confirmées par le serment.

Item ont donné et accordé pour coutume que si quelque homme marié ou quelque femme mariée fesait ou commettait un adultère avec
une personne mariée dans ledit lieu ou ses appartenances chacune de
ces personnes mariées serait condamnée à donner et payer vingt sols
aux dits seigneurs et même si une personne mariée commettait un
adultère avec une femme libre ou un homme libre comme dans le cas
où un homme marié ferait ou commettrait l'adultère avec une femme
mariée, l'homme marié ou la femme mariée sera condamné à payer
et donner aux dits seigneurs vingt sols. Il a été aussi établi et accordé
sur cet article que celui ou celle qui aura fait ou commis cet adultère
soit détenu et puisse être pris et retenu par lesdits seigneurs ou par
quelqu'un d'eux ou par leur messager ou par leur bayle avec deux
hommes ou un ou plusieurs du dit lieu.

Item ont résolu et établi que les consuls soient choisis dans ledit lieu
d'une Pàque à l'autre par les autres consuls qui auront été au consulat de la volonte conseil et en presence des seigneurs dudit lieu ou de
leur bayle et que les consuls qui auraient élu les autres rendent et
soient tenus de rendre compte aux élus de l'état et dépense du dit lieu.

Item ont donné et accordé pour coutume lesdits seigneurs a tous les
habitans du dit lieu que si quelque habitant ou habitante voulait sortir ou se retirer du dit lieu qu'il puisse vendre ou aliener autrement
tous les biens meubles et immeubles qu'il aura dans ledit lieu et faire
et accomplir et à volonté après avoir rendu et payé audit seigneur
tous leurs droits et charges et que les dits seigneurs et leurs héritiers
et leurs successeurs conduisent surement et tiennent sûrs selon leur
pouvoir pendant quatre lieues de distance dudit lieu celui ou celle
ou ceux ou celles qui voudront sortir ou se retirer du dit lieu.

Item ont résolu et établi que si quelque charpentier venait au dit lieu
ou dans ses appartenances pour exercer son état que ce charpentier ne
puisse exercer si ce n'est autant qu'un des hommes voisins dudit lieu
et sil veut travailler ou exercer de son état au-delà qu'il le fasse du

conseil et volonté des dits seigneurs ou de l'un d'eux ou de leur bayle.

Item ont donné et accordé pour coutume les dits seigneurs à tous les habitans présens et a venir que si quelque homme ou quelque femme dudit lieu pouvait prendre ou saisir dans la forêt de Polastron ou ses appartenances un épervier ou aussi des abeilles la moitié de ce dit épervier appartiendra au seigneur du dit lieu et l'autre moitié à celui qui laura pris ou trouvé, mais si quelquhabitant ou habitante pouvait prendre ou tuer un cerf un chevreuil ou aussi un sanglier dans le bois ou appartenances de Polastron que celui ou celle qui prendrait ou tuerait serait tenu de rendre et donner le cimier aux dits seigneurs ou à leur bayle laquelle chose sil ne fesait comme la été dit et exprimé il sera tenu de donner et payer en punition et à titre de justice auxdits seigneurs LX sols de monnaie courante. Quant aux autres animaux ou oiseaux agrestes ou sauvages on donne et accorde lesdits seigneurs à tous les habitans dudit lieu de les prendre et recevoir excepte cependant l'autour lequel si quelquun de ladite ville pouvait laiser ou prendre était tenu de le donner et apporter auxdits seigneurs ou à leur bayle.

Item ont établi et accordé entr'eux que le *deprehessium* ou le *bedat* que les dits seigneurs ou leurs prédécesseurs avaient reçu et retenu de vers eux dans le temps de cet instrument, c'est-à-dire le bédat ou le deprehessium depuis ce temps en avant demeure dans sa force et la stabilité qui avait été accordée au même deprehessium auparavant et qu'il obtienne sa force inébranlable : mais pour le développement de cet article il a été dit que si les consuls du dit lieu voyaient et connaissaient que les dits habitans ou hommes avaient besoin dudit deprehessium ou qu'il leur était un grand préjudice ou une perte les dits consuls pourront diminuer la defense et avoir l'usage suivant qu'il paraîtra à eux consuls et à tous les habitans du dit lieu et néamoins suivant qu'il paraîtra convenir auxdits seigneurs.

Item ont donné et accordé lesdits seigneurs en leur nom et en celui de leurs successeurs plein pouvoir et libre puissance de vendre impignorer et autrement aliéner tous leurs biens meubles et immeubles suivant la forme désignée plus bas, à telle condition que lesdits seigneurs et lun d'eux aient de chaque sol de vente un denier et de chaque sol de pignore une obole et du relief quand il arrivera qu'il soit paye suivant les reliefs et qu'il soit rendu. Cependant à la mort de celui qui aura possédé on tiendra le bénéfice excepté cependant et retenus les places et lieux des maisons et les maisons elles-mêmes, desquelles maisons ou places ou lieux ils ne donnent ni ne soient tenus nullement de donner le relief.

Item ont établi et posé que toute vente engagement et toute aliénation que quelque homme habitant ou quelque femme aura fait de ses biens ou bénéfices dans le dit cas soit faite du conseil et volonté et en présence des dits seigneurs ou seulement de l'un d'eux ou de la plus grande partie ou de leur bayle et qu'elle soit aussi bonne ferme et stable à perpétuité que si ledit seigneur l'avait faite et qu'elle eût été faite et approuvée personnellement par tous les seigneurs.

Item ont donne et accorde pour coutume les dits seigneurs à tous les habitans du dit lieu que si quelquun ou quelquune des habitans du dit lieu ou de ses appartenances voulait avoir en instrument propre de sa maison vigne ou champ ou généralement et spécialement de tous les autres bénéfices que les dits seigneurs et leurs successeurs soient tenus de le leur donner et approuver gratuitement.

Item on donne et accordé pour coutume lesdits seigneurs a tous les habitans que toute querelle plainte ou controverse ou petition ou demande qui se feraient dans ledit lieu ou ses appartenances soit connue ordonnée définie et néamoins jugée par les consuls du dit lieu au nom cependant des dits seigneurs et de leur postérité ou de l'un d'eux seulement ou de leur bayle; lequel procès querelle ou petition connue et ordonnée par les consuls du dit lieu vaille et obtienne pleine et perpétuelle force stabilité a moins quil n'advienne ou arrive quaprès cette sentence la plainte soit portée en appel et il a été etabli et accordé entr'eux que sil arrivait quon appelât de la sentence des dits consuls on nappellerait à d'autres qu'aux dits seigneurs ou a leurs heritiers ou a leur postérité et cela toujours soit quon appelle d'une sentence interlocutoire ou d'une sentence définitive.

Ces dites coutumes ou institutions ont donné et accordées les dits seigneurs en leur nom et en celui de leurs héritiers et postérité à tous et à chacun les habitans et habitantes dudit lieu ou ville et a leurs sucesseurs postérité et héritiers ayant et recevant présents et futurs revoquant toutes les autres coutumes institutions établissements lesquels ou lesquelles que quiconque aurait fait ou établi aucunement jusquau present jour que cette charte a été accordée et faite.

De plus il a été accordé et établi entre les dits seigneurs et les dits habitants; bien plus ont voulu et fait et aussi ont approuvé que si quelque chose avait été omis dans cet instrument et que à cause des dites coutumes et de toute et chaque des dites choses contenues dans lesdites coutumes ou instrument paraissait moins fort ou que quelque chose fut nécessaire psur l'affermissement de toutes et chaque lesdites choses, que tout soit regardé pour écrit exprimé et appose; car il a été ainsi fait et convenu entr'eux.

Lesquelles toutes et chaques choses susénoncées tant lesdits seigneurs en leur nom et au nom de leurs héritiers que les dits hommes en leur nom et au nom de toute la communauté du dit lieu presente et future ont promis et ordonné mutuellement par de solennelles stipulations intervenant de part et d'autre de lesser faibles et stables, de ne pas venir et de ne rien faire contr'elles pour quelque raison que ce soit ou cause de droit ou de fait; et si tous ou quelqu'un attentait de le faire, ce qu'à Dieu ne plaise, que tout soit regardé pour non fait et annuller renonçant sur toutes ces dites choses et sur chacune d'elles tant les dits seigneurs que les dits hommes à tout droit écrit et non écrit divin et humain établi ou à établir promulgue ou à promulguer et à tout fort usage et coutume ou constitution et à tout privilége ou fait et enfin à toute action et raison et fait par lesquels on pourrait venir contre les choses dites ou écrites en entier ou en partie.

Pour lesquelles coutumes institutions et toutes les choses sus énoncées et chacune d'elles devoir être tenues observées et accomplies fermement tant les dits seigneurs que les dits hommes ont volontairement juré sur les saints évangiles de Dieu touchés corporellement avec la main.

Fait à Polastron le douzième jour de l'entrée du mois d'août régnant Philippe roi des Francois, Bertrand évêque de Toulouse, l'an de l'incarnation de notre Seigneur mille deux cents soixante-seize. Sont témoins de cet acte Raymond Baron et le frère Jean de Rumca, Guillaume de la Croix, Raymond de St-Géraud, Bonhomme d'Aubian, Vital de Stanhan, Guillaume Dartigues, Dieuseide de Samatan jeune et Geraud Deusanens autrefois notaire public de Samatan, qui desdites choses a retenu charte et la rédigée en forme publique; après sa mort maître Bernard de Pereries notaire soussigné son fils à qui les protocoles et livres du dit feu maître Géraud ont été confiés par prudent homme seigneur Vita de Sobonis juge ordinaire dans cette terre et le comté de Comminges; de la quelle collation instrument public a été retenu par maître Pierre Dupuy notaire public de Puylausit et en vertu d'un ordre écrit à lui fait par vénérable et prudent homme seigneur Guillaume de Hosanis licencié en droit juge ordinaire de la même terre et du même comté duquel ordre la teneur suit.

Guillaume de Hosanis licencié en lois juge ordinaire et du grand

sceau de la terre et comté de Comminges pour le seigneur comte de
Comminges et vicomte de ladite terre à notre bien-aimé maître Bernard de Pereriis notaire de Samatan, salut et amitié : Qu'il vous soit
connu que nous avons reçu de prudent homme seigneur Pierre de
Mont-Ravel licencié en lois juge de Verdun de notre seigneur le roi
une lettre en ces termes : Pierre de Mont Ravel licencié en lois clerc
do notre seigneur le roi et son juge de Verdun et du comté de la terre
de Gaure à prudent homme le juge du comté de Comminges ou son
lieutenant salut et amitié : comme maître Geraud deu Sanens autrefois notaire de Samatan, de votre judicature, a retenu dans le lieu de
Polastron et rédigé en forme publique un instrument de coutumes
accordé par les seigneurs du lieu de Polastron habitant de notre judicature aux habitans du dit lieu de Polastron duquel dit notaire défunt
le livre de notes et de protocoles comme il est rapporté ont été confiés
à maître Bernard de Pereriis notaire du même lieu de Samatan, et
comme les consuls dudit lieu de Polastron ont perdu par un cas fortuit comme ils disent ledit instrument et nous ont supplié de leur faire
refaire ledit instrument dure matière quoique cancellée et nous ayant
demandé sous serment aux dits consuls qui sont maintenant au dit
lieu s'ils avaient perdu par hasard ledit instrument, lesquels ont dit
qu'il en était ainsi et qu'ils ne demandaient pas qu'on leur refît ledit
instrument en fraude de quelqu'un mais seulement pour la confirma-
tion de leurs droits : c'est pourquoi nous vous requérons en aide et
vous prions de mander et d'enjoindre au dit maître Bernard de Pereriis notaire avec la dite lettre ou autrement suivant qu'il paraitra à
votre prudence devoir être fait qu'il retire ledit instrument des dites
coutumes de la matière autrefois retenue par ledit maître Geraud notaire quoique cancellée et le rédige en forme publique la substance ni
la vérité du fait nétant nullement changées en rien et qu'il donne et
livre auxdits consuls après avoir reçu d'eux un salaire modéré, suivant
larret royal, ladite Charte, si cependant ainsi vous plaît de faire et
ordonner sommairement et sans forme de jugement selon qu'on a coutume de faire en pareil cas : car nous sommes pret à vous obéir en
pareilles et plus grandes choses, donne à Gimont le vingtcinquième
jour de novembre l'an du seigneur mille trois-cent trente et huit : par
l'autorité desquelles et de la nôtre propre vous indiquons et vous mandons de faire linstrument des coutumes dont il est fait mention dans la
lettre du dit seigneur juge avec soin et en employant les solemnites
que l'on doit employer en pareil cas selon qu'il vous appartiendra et
de le rédiger sans erreur suivant lordre et la teneur des dites lettres

sauf le droit des seigneurs de Polastron et de leur partie sur les choses proposées et exceptées dans notre cour et sur la refaçon du dit instrument des coutumes si toutefois et en tant qu'ils voudront éprouver..... sur les choses proposées et exceptées : donne à Samatan le dixième jour du mois d'avril l'an du seigneur mille trois-cents trente-neuf. R. Par l'ordre et commandement duquel moi Pierre De..... notaire public de Samatan substutié et juré du dit maître Bernard en vertu des dites lettres susinsérées et retiré cette charte de la matière cancellée du dit maître Géraud autrefois notaire lai écrite et rédigée en forme publique rien n'étant ajouté ni retranché ni la substance de la vérité changés aucunement en rien : et moi Dominique de Sugerix notaire public par autorité des seigneurs du chapitre de Toulouse et de tout le comté d'Astarac habitant du lieu de Villefranche d'Astarac, en vertu de la commission à moi donnée par le seigneur juge de Verdun par ses lettres dont la teneur suit en ces termes : Pierre de Nuptiis licencié en droit et bacheliér en lois, conseillé de notre seigneur roi de France et son juge de Verdun et du comté de Gaure en Gascogne à prudent homme maître Dominique de Suggeria notaire habitant de Villefranche d'Astarac sa patrie Salut : à la supplication des consuls et du syndic du lieu de Polastron de notre judicature disant et affirmant qu'ils ont besoin de la refaçon d'un certain instrument de coutumes accordees autrefois à eux supplions habitans du dit lieu par les cosseigneurs du dit lieu parce que le dit instrument commerce à être consumé par quelque vetusté et que les dits suppliants craignent que par suite ils souffrent du domnage si par un remède convenable on ne pourvoit à la refaçon du dit instrument : cest pourquoi nous vous mandons à vous en la fidélité de qui nous nous confions de refaire ledit instrument des dites coutumes autrefois retenu et rédigé en forme publique par maître Geraud deu Sanens notaire public de Samatan lequel instrument commence a être consumé par la vétusté ou autre cause et de le rédiger en forme publique et de le signer de votre signature authentique que vous avez coutume de poser dans les autres instruments publics la substance n'étant changée en rien de le faire eu telle forme que foi puisse y être ajoutée et de le livrer aux-dits suppliants après que vous aurez reçu le salaire modéré de votre travail : donné à Gimont le cinquième jour d'avril l'an du seigneur mille quatre cents quatre-vingt-un : De Laymont lieutenant. G. de Garrigia notaire..... et procédé à la réfection et refaçon dudit instrument qui vient d'être écrit la substance de l'instrument original duquel le présent a été extrait et refait nayant été changée en rien et ledit instrument écrit par un autre en qui j'avais confiance et signé de ma propre main et de ma signature authentique que j'emploie dans les instruments publics.—Qu'il conste des choses omises placées sous ce signe + et que toutes les ventes, engagement et aliénation soient faites et accordées par un ou la plus grande partie ou par leur bayle.

RECONNAISSANCE FAITE PAR LES CONSULS DE S^T-CLAR[1].

(Vicomté de Lomagne.)

Reconnaissance des fiefs et oublies appartenant à illustres princes, les roi et reine de Navarre, comtes d'Armagnac, vicomtes de Lomagne, et à révérend père en Dieu M. l'Evêque de Lectoure, cosseigneurs de St Clar de Lomagne, faites à St Clar le 23ᵉ jour de janvier 1533, par noble homme est M. Mᵣᵉ Pierre Secondat, conseiller du Roi notre sire et général de ses finances en Guyenne, aussi conseiller du dit Roi et Reine et général réformateur de leurs domaines, ayant charge par mon dit seigneur de Lectoure, et doivent être tous d'une même teneur et façon retenues par le notaire soussigné ainsi qu'il suit :

Premièrement, M. les consuls ont déclaré ce qui ci-après est écrit.

A tous ceux qui ces présentes lettres verront salut.

Je notaire royal soussigné certifie que l'an 1533 et le 23ᵉ jour de janvier, en la ville de St Clar de Lomagne, régnant très chrétien prince françois par la grâce de Dieu Roi de France, en présence de moi notaire royal soussigné, et des témoins sous nommés, et par devant révérend père en dieu M. l'Evêque de Lectoure, noble homme est M. Pierre Secondat conseiller du roi notre sire et général de ses finances en ce païs et duché de Guyenne, aussi conseiller du Roi et Reine de Navarre, comtes d'Armagnac et vicomtes de Lomagne, et général réformateur de leurs domaines, et ayant pouvoir et charge exprès quand à ce mon dit seigneur l'Evêque de Lectoure, cosseigneur du dit St Clar de Lomagne, se sont établis en leur personnes Gaixion Larribau Bayle des dits Roi et Reine, comtes d'Armagnac vicomtes de Lomagne, et Jean de Saubaignac Bayle de mon dit seigneur l'Evêque de Lectoure, cosseigneur de St Clar, Jean de Camprenant, Guilhem de Canteloup et Jean Darquè consuls en la présente année du dit St Clar, les quels Bayle et consuls après serment de fidélité par eux prêté sur le *Te igitur* en croix entre les mains de mesd. seigneurs l'Evêque de Lectoure et général ont reconnu et confessé tenir à Directe desdits Roi

(1) Communiquée par M. Delpech-Cantaloup, membre du Conseil général du Gers, pour le canton de St-Clar. — Ce document peut remplacer, jusqu'à un certain point, la coutume qu'il nous a été impossible de retrouver.

et **Reine** et **Evêque de Lectoure** comme seigneurs du dit St Clar ce qui suit :

Premièrement ont dit le dit lieu de St Clar être assis au dit vicomté de Lomagne, les terres, districs limites et juridiction duquel lieu suivent ainsi que confronte et s'étend ez appartenances du dit lieu avec un lieu appelé le **Jouncassa**, lequel Jouncassa est des appartenances du dit lieu de St Clar, et se confronte dites avec le pred de **Bertrand de Larribeau** habitant du lieu de **Mauroux**, et du dit Jouncassa va et dévalle par un chemin public pour aller du lieu d'Avezan au dit lieu de St Clar, jusques à un pont de pierre, monté et va par le chemin de **Toulouse** pour aller à l'Eglise de notre dame de **Tudet** jusques à un hom qui est au chemin public, et du dit hom va par le chemin jusques à un cassou où il y a une boussole de pierre, et de la va jusques à un noyer qui est sur la serre ou il y a une divise de pierre, ou fut pendu près du dit noyer un homme qui s'appelait Bernard Faubern par la justice du dit lieu de St Clar, et du dit noyer va et débare tout droit jusques au rieu appelé au rieu de la **Burraque**, le quel rieu vient de l'Eglise de Tudet, et du dit rieu, descent et débarre jusques au rieu de la **Bassère**, et du dit rieu de la Bassère dévale jusques à une terre appelée de **Mamuga**, et de la dite terre passe lou riou de la Bassère et entre au chemin qui va de St-Clar au lieu de Mauroux, et d'illec monte suivant ledit chemin jusques à une font qui est près du chemin et de la borde de **Vital Dabasse** du dit lieu de Mauroux et de la dite font monte jusques à un bousquet appelé le bousquet Dabasse, et du dit bousquet va et tire jusques à une coume appelée la coume de **Bonaut**, et de la coume de Bonaut va et descent tout droit au–dessous de ladite coume jusques aux fossés qui sont dessous le moulin de **Gironde** appelé de Manrant et d'illec devale jusques au fleuve de **Larrat** et du dit fleuve de Larrat descend jusques à un bois qui était de **Jean de Laffargue d'Hylières**, et du dit bois monte tout droit au long du champ de **Caumont**, et d'Ilec prend la sortie de Labarthe et tirre aux terres de **Bernard Dufauga** appellées les terres de Mamaubit, et d'illec devalle tout droit par un Gouteral jusques à un coudonnier qui est contre les terres de **M. Arnaud de Pomarède** ou y a une boussolle de pierre, et du dit coudonnier va et monte jusques à un chêne ou y a une devise de piere, et dudit coudonnier va et monte jusques à un chêne ou y a une devise de pierre lequel chêne est un peu dessous le chemin qui va de St Clar à **Lilète** ou à **Plieux** et de la va et devale jusques aux terres de **Jean Laforgue** de Lilète et va jusques au chemin public appellé la **Caussade Naurousse** et de la dite Caussade traverse et va au pont de pierre de l'Auroue suivant la dite Caussade de Naurousse et dudit pont tire et va dessus le rieu de l'Auroue jusques au rieu de Bezterre et du dit rieu de Bezterre va jusques au chemin de St Léonard à Lectoure et lu dit chemin va jusques au chemin pour aller de St Clar à la ville de Fleurance et d'illec monte jusques à un pred appelé le prat barrat et du prat barrat tire et traverse le rieu de l'Auroue jusques au Gaou de las Peyres.

Item disent les dits bayles et consuls et autres jurés le lieu de St Clar être et appartenir aux Roy et reine comme vicomtes de Lomagne, et au révérend père en dieu M. l'Evêque de Lectoure par indivis et égales portions certaines choses cy-après déclarées exceptées.

Item on dit et avoué mes dits seigneurs les roi et Reine de Navarre comme vicomtes de Lomagne et évêque de Lectoure par indivis être et leurs prédécesseurs et tout et de temps en çà qui n'est mémoire du contraire avoir été cosseigneurs du dit lieu et appartenances de St Clar, et lesdits bayles et consuls et autres habitants être vrais sujets et vassaux et à eux et chacun d'eux comme cosseigneurs du lieu, et être tenus de faire et prêter serment de fidélité et à leur nouveau avenement et autrement toutes les fois et quantes qu'ils voudront et leur plaira, tout ainsi et par la forme et manière que chacun vassal et sujet est tenu de faire à son seigneur.

Item que mes dits seigneurs, Roi et Reine, comtes et vicomtes de Lomagne et Eveque de Lectoure comme cosseigneurs du dit lieu de St Clar ont et leurs prédécesseurs ont toujours eu au dit lieu toutes juridictions et appartenances d'icelui par indivis la totale juridiction, haute, moyenne et basse mère et mixte, empire en tout et partout sans que aucun autre dans la seigneurie n'a ni a acoutumé d'avoir aucune part, et à eux ensemble par indivis et par portions égales appartient l'exercice et administration de justice au lieu de St Clar et appartenances.

Item ont acoutumé les seigneurs tenir chacun au dit lieu un Bayle arrendant ou régent la baylie laquelle baylie s'arrente au profit de tous les deux seigneurs et communément l'un an portant l'autre huit écus petits environ.

Item les dits bayles arrendants ou régent la baylie pour les dits seigneurs ensemble les consuls du lieu sont et de tout temps en ça été juges et conjuges pour un et un aveu des dits seigneurs et eux ensemble au nom que ceux appartient et a toujours appartenu la connaissance ordinaire de toutes les causes civiles et criminelles émergentes ou qui un temps àvenir aviendront au dit lieu.

Item dirent certifièrent et déposèrent les dits bayles et consuls et autres jurats que toutes les appellations qui se font et au tems avenir feront desdits bayles et consuls de St Clar comme juges ordinaires d'icelui, ont acoutumé et doivent aller à Lectoure par devant le juge ordinaire de Lomagne commis par les dits sieurs et dames comtes et vicomtes et au dit juge ordinaire de Lomagne immédiatement appartient la connaissance des causes d'appel et non à autre.

Item disent que les dits bayles arrandants et régents les baylies ont acoutumé de partager entre eux également toutes les loix clameurs amendes à eux appartenant à ....ue desdites baylies, et l'estimation des loix clameurs et amendes sont estimées et déclarées aux coutumes du dit lieu de St Clar, lesquelles sont en main et garde desdits consuls et monte la petite loy appartenant aux dits bayles 5 s. tournois, et la ou intervient qu'aucun homme ou femme pour crime par lui commis est condamné à mort la grande loy monte 65 s. tournois.

Item à mes dits seigneurs comtes et vicomtes en la ville de St Clar et au chateau vielh est leur maison propre ou M. l'Evêque de Lectoure n'a point de part, vulgairement appele le chateau du comte, confrontant avec la muraille du dit chateau viel et avec les fossés de la dite ville auquel chateau sont les prisons pour emprisonner les criminels et les debiteurs qui à caption de personne sont obligés, et la garde des prisonniers appartient au chatelain ou autre qui sera commis à la garde du dit chateau des dits seigneurs et dames comtes et vicomtes et le doit prendre pour entrée de chacun prisonnier un boiton(?) valant dix gros de valeur de 55 s. tournois, excepté ceux qui pour dettes fiscal seront mis en prison qui ne sont point tenus de payer l'entrée en outre prendra le dit chatelain pour garde et dépense du dit prisonnier chacun jour trois sols tournois.

Item à mes dits seigneurs le roi et Reine comtes et vicomtes soulait appartenir un bois aux apartenances du dit St Clar qui était à eux totalement ou mon dit seigneur de Lectoure n'a point de part le quel bois s'appelait le bois du comte et confrontait avec la terre qui soulait être bois de M. de Lectoure et avec les terres du jeune Bessaignet et avec les terres de Guilhem Lafargue par tous les autres cotés et avec le chemin public, le quel bois a été baillé à nouveau fief au dit Guilhem Lafargue par les commissaires députés par feu le duc d'Alençon, comte d'Armagnac, comme plus offrant et dernier enchérisseur, dont il en fait de fief chacun an cinq sols tournois, ainsi qu'est contenu au contrat de bail.

Item disent que mon dit seigneur l'Evêque de Lectoure a un bois à lui seul, ou mes dits seigneurs et dames n'ont aucune chose, qui depuis a été affermé à Guilhem Lafargue et se confronte avec le bois du comte.

Item disent que les dits seigneur et dame comtes et Evêque de Lectoure ont par indivis la moitié d'un moulin appelé le moulin de dessus, sur la rivière de Larrats, c'est à savoir que chacun des seigneurs y a la quarte part, et lautre moitié du dit moulin appartient à la capellenie de Biston et a acoutumé ledit moulin moudre pour la seizième mesure et vaut communément le profit de ladite moitié appartenant aux dits seigneurs par indivis dix conques de froment mesure de Lomagne chacune an portant l'autre.

Item mes dits seigneurs comtes et évêque de Lectoure ont et leur appartient par indivis la leude du lieu de St Clar laquelle est acoutumé d'arrenter avec les baylies, laquelle leude a acoutumé de se lever en la forme et manière ci dessous écrite et suivante.

Premièrement, de chacun bœuf vache porc ou truie qui ayant un an et plus un denier valant un liart et s'ils sont moindre d'un an ne payent rien.

Item de chacune saume, cheval ou jument mulet ou mule d'un an ou plus deux liarts et s'ils sont moindres d'un an ne doivent rien.

Item de chacune brebis, mouton chèvre bouc ou marrou, une maisle valant un jaques.

Item de chacune saumade de blé ou dun sétier un denier valant un liart, et d'une .....ne maisle valeur un jaques et d'une quarterie ne se payera rien.

Item d'une charge d'homme de verre, un ardit ou un verre valeur un ardit.

Item des charges de cuirs gros deux deniers et de charge d'homme ou d'un gros cuir un denier.

Item de saumade de fer, de draps, de laine, de souliers, de coudéres, de landres, poëles, broches, pales, couteaux, faux et cerques, peis salats et de causes semblables deux deniers et de charge d'homme de las causes susdites et semblables un denier valant un ardit.

Item des charges de crugues un denier ou une douvere, de charge d'homme une maisle.

Item chacun marchand ayant un trousset ou trot, payera pour entrée et pour saillie, pour taulage et pour leude quatre ardits et pour charge d'homme quoi qu'il porte un denier et ce le jour de la foire et du marché.

Item chose que soit achetée pour la maison ne doit leude.

Item toute personne qui tiendra four pour cuire le pain vendable au dit lieu de St Clar seront tenus de payer chacun an en la fête de St Michel cinq sols tournois d'oblies et autant d'accepte à seigneur muant.

Item tous les fiefs censives, tant d'argent que d'avoines que les dits deux seigneurs ont au lieu de St Clar et appartenances d'icelui et pareillement les agriers se doivent partager également entre eux comme cosseigneurs par indivis du dit lieu, excepté que les dits seigneurs et dame comtes ont au dit lieu et appartenances d'icelui certains fiefs qui antiquement furent une partie d'Anne Gregorie de la garde et l'autre partie de Vidau et Bernard d'Avezan les quels sont tous propres des dits seigneurs et dame comtes par acquisition particulière par lui fait ezquels M. l'évêque de Lectoure n'y a aucune part; lesquels fiefs tant communs entre les dits seigneurs que ceux qui sont propres des dits seigneurs et dame comtes ensemble avec lesdits agriers ont été reconnus et…. comme apert et est coutume ez reconnaissance des fiefs ci-après au present livre registrées, et se payent les fiefs et se doivent payer le jour et fête de St Michel de 7bre avec acaptes ou mutations de feodalier par vendition payables par l'acheteur, et qui faillira de payer les dits fiefs le dit jour, il sera tenu de payer aux dits seigneurs cinq sols tournois de loy, et pour les dits fiefs qui sont communs aux dits seigneurs se doivent payer pour un denier morlaas trois jaques et pour sol morlaas dix huit ardits et pour les dits fiefs qui sont propres aux dits seigneur, et dame comtes se paye tant seulement pour un denier morlaas deux jaques et pour sol morlaas douze ardits.

Item est coutume au dit lieu de St Clar que tout homme ou femme qui aura une place de maison batie ou à batir ou de cazau en la Bastide neuve et en la bastide vielle payera pour la dite place de fiefs aux dits seigneurs quatre deniers morlaas valant dix huit deniers tournois, et pour chacune place qui sera dans le chateau viel payera un denier morlaas et un livrat de sibade, et doit avoir chacune place de la Bastide neuve seize razes de large et quarante de long.

Item ont acoutumé et doivent les dits deux seigneurs lever les ventes des choses qui se vendent audit lieu lesquelles se meuvent en fief des dits seigneurs, à savoir est de douze deniers du prix de la chose qui sera été vendue, et est de coutume que le vendeur paye les ventes et l'acheteur paye les acaptes avant que d'entrer en la possession, c'est à savoir tant comme la possession achetée fera de fief et avec cela des dits deux seigneurs ou leurs commies doivent investir le dit acheteur et le mettre en possession des bien achetés, toute fois des terres agrières qui ne font fief ne se doit payer acaptes, sinon seulement les ventes, et qui se mettra en possession des biens achetés sans licence ou sans congé la possession demeurera encourue aux seigneurs et les pareilles ventes et acaptes appartenant aux seigneurs dame et comtes les doivent lever en la forme susdite des fiefs à eux propres des quels dessus est fait mention.

Item à mes dits seigneurs et dame comtes appartient la moitié de l'agrier et la quarte part de la dime de toutes les terres agrières qui sont au territoire de Frans et d'Enbitère par indivis avec certain Caylas et pareillement la moitié des fiefs qui sont au dit territoire la quelle moitié desdits agriers quarte part de la dime et moitié des fiefs sont propres aux dits seigneurs et dame comtes ou mon dit seigneur de Lectoure n'y a rien et furent donnés au feu comte par Domenges de Samatan habitant du dit St Clar le 5eme jour du mois de novembre 1468, toutes fois se retint le dit Domenger de Samatan les usufruits aux dits agriers dime et fiefs durant la vie tant seulement, la quelle dime a depuis été donnée au chapitre de Lectoure par fondation d'obits.

Item ont reconnu tenir des dits Roy et Reyne et Evêque de Lectoure en commun une pièce de bois appelée Labarthe en une pièce étant en la dite juridiction et appartenances du dit St Clar confrontant par le cap et par le fonds avec la juridiction de Lile Bouzon et avec le fleuve de Larrats, et par l'autre coté avec terres des héritiers de Guiraud Hélie, et par un autre coté de vers St Clar avec terres des héritiers de Jean Laforgue habitant de Lilete, et lesdites terres de la juridiction de St Clar, au quel bois il y a une tuilerie et dont on paye aux dits seigneurs un écu petit valant vingt sept sols six deniers payable chacun an au jour et fête de St Michel du mois de septembre.

Item disent et ont reconnu tenir des dits seigneurs en la dite ville le Maset et place d'icelle et padouin communs de la dite ville, qu'ils disent tenir par permission des dits seigneurs pour la réparation de la dite ville dont ils disent avoir accoutumé payer un écu petit aux dits seigneurs.

Item ont reconnu tenir des dits roi et Reine de Navarre comme vicomtes seuls une pièce de pré assise au lieu dit du Jouncassa juridiction susdite de St Clar confrontant par un coté avec chemin pour aller de la dite ville de St Clar à Mauvezin par le fonds et coté avec le fleuve de Larrats par le cap la juridiction d'Avezan et par le fonds avec le padouin de la ville et chemin pour aller à Gaudonville appelé chemin du pont de Toulouse, pour lequel pré par composition tant de fief que rente et arrérages des fruits dudit pré ont promis de payer la somme de cinquante-huit sols, payables au jour et fête de Toussaints venant pour une fois, et vingt-sept sols six deniers tournois de fief payable chacun an au jour et fête de St Michel du mois de septembre aux dits seigneurs et dame.

Item ont déclaré que mon dit seigneur l'Evêque de Lectoure a un chateau dans ladite ville ainsi que mes dits seigneurs et dame et vicomtes au quel chateau mes dits seigneur et dame n'y ont aucune part.

Item un jardin derrière le chateau clos de murailles au bout du quel est la bordeneuve est le clapier dudit seigneur évêque.

Item disent et ont reconnu que les dits seigneurs comtes et évêques ont un padouin commun entre eux hors la ville encore un chateau vielh et la dite carrère neuve dudit seigneur évêque et le long de son jardin, qui est commun aux dits seigneurs comtes et évêques ou se font chacun an les sols des dits seigneurs comtes et évêque la ou ne se fait aucune pêche par les habitants.

Item ont reconnu tenir une place de maison batie et à batir au circuit du chateau viel de la dite ville confrontant aux rues publiques par deux parts et par un coté avec la maison de Guiraut Dufaut et par l'autre coté avec la maison de M. Guilhem Laforgue prêtre, payer de fief aux dits seigneurs un denier morlas valant quatre deniers abule tournois, et livrat avoine payable au jour de St Michel du mois de septembre, et est écrit en tête ....., qu'il reste quelque article; les temoins sont Bernard et Jean Darque, Ansesis notaire royal, Labruguière notaire royal signés.

Je soussigné licencié en droit avocat faiodiste et archiviste de M. l'Archevêque d'Auch et du chapitre métropolitain, certifie que la présente expédition a été tirée ecrite sous notre dictée d'un livre terrier des reconnaissances des consuls et communauté de la ville de St Clar de l'an 1533 à nous exhibé et ensuite retiré par M. Gourraigne prêtre secrétaire de M. l'Evêque de Lectoure à Auch le 15 novembre 1757.

VIVES, signé.

COUTUMES D'AGUIN [1]

(Comté d'Astarac).

Partie des Statuts et Coutumes du lieu d'Aguin, tirées d'un manuscrit, que le nommé Cazallas fermier de la Seigneurie d'Aguin a en main, qui contiennent ce que sensuit.

Manière bas ecrite et comme sensuit, sauf en tout et partout réservé le bon vouloir du Roy et de la Cour.

Pour ce sçachent tous presens et a venir que l'an que l'on compte, de l'incarnation de nôtre Seigneur mil cinq cens cinquante et trois et le vingt septième jour du mois d'aout, regnant très chretien prince Henry par la grace de Dieu roy de France, au devant le chateau dudit lieu d'Aguin, et au dessous Loulivié, ou au lieu est coutume tenir la cour desdits consuls, et faire actes publiques, dioceze d'Auch et senechaussée de Toulouse par devant nous dits nor** Royaux et en presence des temoins bas nommés etablis et constitués en personne noble Arnaud de Viviers seigneur dudit lieu d'Aguin, pour lui et ses successeurs a lavenir, d'une part, et Guillaume de Casterez, Jean Girande consuls dudit lieu, Domengès de Casterés, Arnaud de Lascoumeres, conseils desdits consuls, Domenges de Guirande, Pierre de Guirande sindics desdits consuls, conseil et autres habitans dud. lieu, Ramond de Guirande, Jean de Guirande, Jean de Casteréz fillo, Bernard de Casterés, Guillaume Bacon, Arnaud de Casteréz, Ramond de Sedail, Simon de Casterés, Jean Guirande Berot, Guillaume Dulac, Pierre de Castérés du Crabot, Michel de Guirande, Pierre Laflade, Jean Cajan, Arnaud de Casterés, Domengès de Lasserre, Pierre Deugoua, Domengéz de Casterés pichot, Jean de Lascoumes dit motte, et Domengés Lasserre, particuliers habitans dudit Aguin, d'autre part, illec assemblés au son de la cloche de l'Eglise parroissielle comme il est accoutumé.

Neanmoins ledit Seigneur et ses serviteurs leur faisoient plusieurs executions indues, pour raison des attentats des bestiaux desdits habitans, lesdits préds, terres vignes et bois, et ce faisant leur faisoient

---

tort comme disoient, et pour ce vouloir être reglés comme les autres
habitans des lieux de la Châtellenie de Villefranche, en laquelle ils
étoient, sur quoy aurait led. procès commencé et procédé jusques
avoir fait enquestes d'un côté et d'autre, et ledit Seigneur d'Aguin
de son être en possession et saisy luy et ses predecesseurs de leurs
ses droits, qu'il prenoit sur eux, et ne les faisoit autres indues charges.
et actions, si non telles que les avoit trouvées, venant être seigneur
aud. lieu d'Aguin, et comme il tenoit par ses documents qu'il les auroit
montrés et communiqués plusieurs fois en la Cour de M. le Senechal,
l'auroit bien connu et ordonné que pendant le proces lesdits habitans
payeroient comme ils avoient accoutumé, et par ainsy ne leur faisoit aucunes indues vexations, ni n'entendoit leur en faire, et qu'alors
et sans cause ils l'auroient mis en procès.

Sur quoy et pour éviter plus long train de procès, depens, noises
et facheries d'entre le Seigneur et les sujets, et que d'hors en avant
puissent vivre en paix et concorde, traitant leurs amis, dès le mois
de may dernier passé, fait cesser ledit procès et remis leurs dits differents a M⁰ Geraud Brugelles no⁰ royal de la ville de Simorre, et sire
Guillaume de Lacaze du Sardac pris en tiers surintendant en tout,
avec lesquels habitans et sindics ont amiablement transigé et accordé
leurdit procès, deffenses questions, et depens, et ledit Seigneur baillé
et concedé les coutumes en forme de vivre d'hors en avant, a ses dits
sujets et habitans d'Aguin, en la forme.

Faire pour les affaires communes et publiques dudit lieu comme
faisant la plus grande et saine partie de tous les habitants dudit lieu
d'Aguin, lesdits consuls faisant le contenu au present instrument avec
les conseils et conseil de leur conseil, vouloir et exprès consentement
desdits syndics et particuliers habitans susdits, pour toute la université et communauté dudit Aguin, pour eux et leurs successeurs a
lavenir et tous particuliers, de leur bon gré et franche volonté, avec
l'avis de nousdits notaires et tiers arbitres, par la teneur du présent
instrument de transaction, ont aymable composition et accord, a jamais
irrevocable ont transigé et accordé leurs dits differents, procès et
questions, suivant les articles que illes leur ont été lûs et déclarés
publiquement en langage naturel, comme s'ensuit.

Premierement a été transigé et accordé et passé entre icelles parties,
renoncé tous procès, questions et differents entre eux meus, cessant
et prendront fin par cette presente transaction et accord tellement
que d'hors en avant demeureront en paix et pour icelle garder et
entretenir ledit seigneur de son bon gré, pour luy et ses successeurs

en confirmant les usages et coutumes anciennes, a donné, octroyé et accordé de donnation, octroye et concede par la teneur du present auxdits habitans et autres successeurs, en privilége et coutume et usage en bas écrites pour icelles tenir entre les habitans et le Seigneur dud. lieu a l'avenir, sans contredire a icelles. Et pour et afin que ledit accord et Transaction sorte a effet, lesdits consuls sindics et habitans d'Aguin, libéralement ont donné audit seigneur dud. lieu d'Aguin, pour tous fraix et mises qu'il pourroit avoir exposé a la poursuite dudit procès, la somme de quarante cinq livres tournois, dont ledit seigneur d'Aguin s'en est tenu pour content et les en a quittés.

Item ledit seigneur pour luy et ses successeurs a l'avenir a promis et promet que tout seigneur vivant aud. lieu sera tenu prêter jurement entre les mains desdits consuls, qui seront pour le tems avenir, de les tenir en privilége des présentes coutumes et usages, et réciproquement lesdits consuls ensemble tous les habitans, qui sont et seront a lavenir seront tenus de prêter serement semblable aud. seigneur qui viendra de nouveau succeder et habiter a ladite seigneurie dudit lieu d'Aguin de luy payer les droits seigneuriaux, et de luy être bons et loyaux sujets et fidéles, et de faire tout ce que le sujet est tenu de faire a son seigneur, et neamoins faire audit de Viviers et a ses successeurs reconn^ce de tous et chacuns leurs biens, possessions, cultes, incultes, avec not^re et temoins, quand ils seront requis, et icelluy seigneur faire vivre tenir icelle reconnaissance pour y avoir recours audit tems avenir.

Item a été transigé et accordé entre lesdites parties, que tous et chacuns habitans d'Aguin de sa jurisd^on ou autres tenanciers et forains ayant terres, preds, bois, vignes, vergers, jardins et autres possessions, cultes ou incultes, paijeront aud. seigneur ou a ses successeurs pour chacun arpent de terre, dix liards de fief, a la feste de Toussains a lequipollent du plus ou du moins.

Item a été transigé et accordé entre lesdites parties, que led. seigneur sera tenu reduire toutes les terres et possessions tenues par lesdits habitans a agrier des autres tenanciers a nouveau fief, en baillant et payant pour ceux qui tiennent lesdites terres et possessions, vingt sols tournois pour chacun arpent audit seigneur, une fois tant seulement, et pour le fief chacun an a la feste de Toussaints dix liards par arpent, comme dit est dessus.

Item est transigé et accordé entre lesdites parties, que chacun habitant dudit lieu ou sa jurisd^on tenant maison, ou habitera aud. lieu a la venir, païera chacun an, a la feste de Toussaints aud. seigneur et ses successeurs a lavenir, une Geline bonne et suffisante, et ou et quand a lavenir y auroit deux frères, ou plusieurs, voulant faire division de leurs biens, chacun desdits frères, ou autres faisant division de maison et de feu, payeront une geline audit seigneur, comme dit est.

Item chacun habitant dudit lieu chef de maison, sera tenu chacun an, servir deux journals aud. seigneur, l'un pour fouger les vignes, et l'autre pour vendanges leur faisant depense raisonnable par ledit seigneur, et ceux là qui faudront, seront tenus de payer un sol aud. seigneur pour chacun jour pour en louer d'autres en leur lieu, et en cas de refus sera permis audit seigneur les faire executer par son baïle sans autre mandement de justice.

Item et quant a la queste que lesdits habitans disent q'aucuns particuliers d'eux, payent sur aucunes pieces particulieres, et que n'étoient tenus payer autre fief ni charge, que celles qui se trouvoient en leurs jnstruments ou reconnoissance, pour jetter lesdites parties de procès et par l'avis desdits arbitres et terminateurs et de consentement de toutes parties, a été sur ce transigé et accordé, que faisant les reconnoissances par lesdits habitans de leurs terres et possessions audit seigneur, comme dessus est dit, si aucuns desdits habitants montre et exhibe instrument par lequel appert être chargé d'aucune queste, ou autre charge sera tenu ledit seigneur de le laisser en l'etat que se trouvera par ledit instrument, sans le faire paiier autre charge ni subside, sinon ce qu'il se trouve dans ledit instrument, quant aux possessions contenues dans iceux jnstruments; et cependant ceux qui auront accoutumé payer queste de bléd et avoine paieront comme ils ont accoutumé et dix liards par chacun arpent de terre, comme dit est dessus et aussy après la reconn^{ce} s'ils ne montrent instrument suffisant.

Item ledit seigneur, pour luy et les siens successeurs, baille liberté et coutume auxdits habitans et leurs successeurs faire paltre leur betail grand et menu en son bois, puis la feste St Vincent jusques a la Nativité Notre Dame de septembre, et de ladite feste, Notre Dame jusques a la feste de St Vincent que le glandage sera a manger et deffendu et prohibé auxdits habitans y mettre audit bois aucune condition de betail durant ledit tems, et si pendant ledit temps du glandage se trouve aucune condition de betail, audit bois, de jour, le maitre du betail paiiera aud. seigneur pour chacune beste deux sols six deniers, et si est trouvé des grandes de nuit ou de jour, le maitre dud. betail, paiiera aud. seigneur cinq sols. Et est aussi deffendu a tous autres non habitans dudit lieu n'ii mettre betail n'ii faire paitre dans led. aforest, en aucun tems de l'an, a peine de vingt Sols **T.** audit seigneur et appliquer et retenir le betail, jusques a ce qu'il aura satisfait, sauf la moderation audit seigneur si bon luy semble.

Item ledit seigneur pour luy et ses successeurs donne privilége auxdits habitans de prendre legne seche et morte aud. bois, de celle qui sera tombée par les vents en terre, et des souches des arbres coupés seulem^t sauf que si le vent en faisoit tomber une grande branche verte ou arbre, ne sera permis auxdits habitans y toucher, sans charge ou licence dud. seigneur a peine de cinq sols et amander le dommage.

Item si aucun habitant dudit lieu soit homme ou femme, est trouvé audit bois coupant de nuit aucun arbre ou branche d'icelluy, soit il mort ou sec, paiiera aud. seigneur un écu petit de cent huit liards et amander le dommage, et s'il est trouvé de jour, paiiera audit seigneur et amander le dommage.

Item ledit seigneur se réserve la tierce partie aud. bois pour faire taillis, a l'endroit que ben luy semblera, de cinq en cinq ans, auquel taillis ne sera permis a aucun desdits habitans d'y mettre betail durant lesdites cinq années après la coupe faite, comme dessus est, ou en cas qu'ils y seront trouvés de jour, payeront cinq sols T. aud. seigneur et de nuit dix sols T.

Item les preds, vignes et autres possessions nobles et propres de la maison seigneuriale dudit lieu d'Aguin, seront prohibées et veillées en tout tems de l'année des bestiaux, reservé les preds qui demeureront seulement veillés puis la feste de Notre Dame la Chandeleuse, jusques a la feste de Toussaints, que les agors seront mangés, et quand aucun betail y sera trouvé ledit tems prohibé, le maitre paiiera audit seigneur, scavoir. pour chacun cheval, jument, âne ou anesse, le jour un sol, et la nuit deux Sols, et de chacune chevre de nuit, deux liards, et le jour un liard, et des brebis de laine un denier T. pour chacune et des pourceaux ou truyes la nuit deux liards et le jour un liard pour chacun, et est exprès mandement, la telle est permis aud. seigneur y mettre gardes gens de bien qui jureront entre les mains du seigneur, présens les consuls dud. lieu de faire bonne briéve et bonne raison.

Item audit lieu comme cy devant y aura deux consuls pour recueillir les deniers royaux, et pour régir et gouverner la Republique, et faire les actes de justice, lesquels seront crées chacune année, a la feste de Toussaints et au bout de l'année, consulat qui finira a l'autre feste de Toussaints, que seront tenus elire, quatre hommes de gens de bien, bons et suffisans, pour porter la charge de consuls l'année suivante; les quatre eleus seront presentés aud. seigneur, lesquels en prendra les deux que bon luy semblera, qui jureront entre ses mains, de bien et duement exercer ledit consulat durant leur année, de leur être bons et loyals, bonne et brieve justice, sans excepter personne, de bien egaler les deniers du Roy et les lever sans fraix, oppression, ni execution indue.

Item le seigneur baillera auxdits habitans un Baylé homme de bien, pour faire toutes executions tant d'autorité desdits consuls que autres appointements ou executions de justice audit Lieu et sa jurisd^on qui prendra pour chacune execution qu'il faira pour les deniers royaux trois deniers pour chacun exploit, en vertu desdits consuls, trois deniers, pour chacune execution, en vertu des lettres de debitis ou autres lettres d'autre juge, douse deniers tournois; pour choze obligée ou lettres du juge d'Astarac, onse deniers tournois, et prohiberont de rien prendre plus a peine de punition.

Item ledit seigneur donne autorité et permission auxdits consuls de connoitre de toutes causes tant civiles que criminelles, après que la plainte et rancune sera faite audit seigneur, ou a son baylé et de punir les malfaiteurs, suivant le forme du droit, et pour faire leurs ecritures et actes desdits sieurs un greffier pour ecrire sous lesdits consuls, tous actes de justice, que sera homme de bien bon et suf-fisant.

Item ledit seigneur donne puissance auxdits consuls d'estimer les tales et dommages faits par les bestiaux ez biens et possessions des habitans dud. lieu, et ne seront tenus prendre aucun salaire que deux pintes vin et trois deniers pain, et jugeront selon Dieu et conscience, autant pour le pauvre que pour le riche.

Item que d'une simple plainte rencunne, ledit seigneur aura cinq sols bons, et si le rencurant ne prouve son fait, paijera lad. somme audit seigneur.

Item si aucun frappe l'autre audit lieu, coup de poing ou de sa main ouverte, paiiera audit seigneur cinq sols bons, et s'il y a sang païera dix sols bons, prouvée que sera sa cause et mandé le blessé et vulneré à l'arbitre de la Cour.

Item que pour chacunne playe dangereuse ou mortelle ledit sei-gneur y aura six ecus petits, et satisfaira le delinquant ou blesse a la connoissance desdits consuls.

Item si aucun ou aucunne dudit lieu est trouvé en adultaire, prouvé qu'il soit, payera audit seigneur six écus petits, et cas quand n'aurait de quoy, courra ledit lieu, tout nud avec le linseul au col.

Item ledit seigneur a donné puissance auxdits habitans de renter la taverne dudit lieu, et ne sera tenu ledit tavernier de vendre vin que ne soit gouté par les consuls, et après pour le vendre a prix raisonnable a petite mesure et au su desdits consuls a gain suffisant, qu'est taxé a vingt quatre sols bons et a l'équipollent.

Item tout habitant dud. lieu vendra son vin excrù en ses vignes quand-bon luy semblera sans rien païer reservé le mois de may pour ledit seigneur, pendant lequel mois de may ne sera permis a aucun desdits habitans tenir taverne ni vendre vin, si non seulement audit seigneur.

Item ledit seigneur a donné liberté auxdits habitans dud. lieu et a leurs successeurs d'arrenter chacunne année le mazet dudit lieu au plus offrant et delivrer au dernier encherisseur, pour vendre de bonnes chairs saines et convenables.

Item le mazeré ne sera tenu de gagner en un pourceau, sinon en chacun sol, un denier, au prix de son achat, en chaque mouton gagnera pareillement en chaque sol, un denier T. en la vente et la peau, et en chaque bœuf ou vache, de chacun sol, un denier tournois de la vente et pour ce ledit mazeré sera tenu de prêter serement auxdits consuls, a quel prix il a acheté le betail, et si aucun fait le contraire, seront punis a la somme de dix sols a la connaissance desdits consuls, a appliquer, ou que les chairs seront vendues au prix que les autres années.

Item ledit mazeré ne sera tenu de vendre aucunne condition de chair lepreuse ni malade pour saine, ni truye pour pourceau, ni brebis pour mouton.

Item qui trouve faux poids a pezer, ou mesure, le tout prouvé sera emandé en vingt sols, applicable moitié au seigneur et l'autre aux consuls pour chacune fois, et autrement seront punis selon le droit.

Item si ledit seigneur fait mettre ban en meubles ou immeubles appartenants auxdits habitans dudit lieu ou jurisd^{on} pour raison des susdits droits ou dette, aucun ne sera loisible de celluy que sera lad. possession est ledit ban, et premierement ne baille caution suffisante audit baille ainsy ledit ban demeurera droit et paier toutes choses jugées et connues par lesdits consuls, et qui fera le contraire, paijera aud. seigneur dix écus.

Item a voulu led. seigneur que tous les habitans dud. lieu et la jurisd^{on} d'icelluy soient quittes et immunes envers luy de toutes donations et autres services, sinon qu'il feut leur bon plaisir et volonté, sauf en trois cas, le premier si led. seigneur étoit detenu prisonnier entre les mains de ses ennemis, ou il voulut aller outremer visiter le St Sepulchre nôtre Seigneur, et s'il vouloit suivre les guerres pour passer chevalier, audit cas lesdits habitans seront tenus de le secourir de leurs biens et personnes a leur volonté et selon le pouvoir et faculté de leurs biens, et le cas avenant lesdites donations ne se feront que de cinq en cinq ans, et ne pourra led. seigneur ni ses successeurs a plus brief tems contraindre lesdits habitans dud. lieu.

Item veut ledit seigneur que chacun habitant dudit lieu d'Aguin puisse faire, construire et tenir en sa maison four pour cuire pain, tant le sien que d'autre.

Item a donné ledit seigneur auxdits habitans touts exploits d'herbe et feuilles a l'usage de leurs bestiaux propres de quelque condition que ce soit encore qu'ils les tiennent et soient en gazaille pourvû que ce soit des gens du comté d'Astarac, partout le lieu et jurisd^{on} dudit Aguin en payant la talle et le dommage, si ledit betail en fait en bléds, ou autres grainages desdits habitans, excepté, comme dessus est dit en temps prohibé et deffendu.

Item aucun habitant outre la comté d'Astarac ne pourra et ne luy sera loisible tenir cabanne, ni parc d'aucune sorte de betail si non d'une nuit et un jour en la jurisdiction dud. lieu, sans licence et congé dudit seigneur et les contrevenans seront confisqués au seigneur dud. lieu en treise chef de brebis et le marrou, femelles et mâles, et s'ils veulent a houraster, paiieront aud. seigneur un liard pour bête.

Item si aucun ou aucune dudit lieu trouve aucun oyseau de proye portant sonnettes, sera tenu celluy qui le trouvera le présenter aud. seigneur dud. lieu pour en faire a ses volontés.

Item si aucun ni aucunne des habitans dud. lieu trouve au terroir ou jurisd^{on} d'icelluy, nids d'esparvier ou autre oiseau de proye, la moitié sera au seigneur, et l'autre moitié a celluy qui le trouvera.

Item si aucun ou aucunne des habitans dudit lieu, trouvent audit lieu ou jurisd^{on} d'icelluy aucun brugnon, ou plusieurs, de mouches a miel la moitié sera audit seigneur, et l'autre moitié a celluy ou celle qui l'aura trouvé, si lesdites mouches n'ont aucun maitre.

Item si aucun ou aucune des habitans dudit lieu trouvent en la jurisd^{on} d'icelluy autour ou autourne, seront tenus de le declarer ou manifester aud. seigneur ou a son bayle, ou en cas ne le declareront aud. seigneur ou a son bayle encourrront la peine de vingt sols applicable aud. seigneur dud. lieu.

Item a consenti ledit seigneur que tous et chacuns les habitans dud. lieu d'Aguin, puissent vendre, donner changer et aliener les biens immeubles a tous ceux qui voudront les acheter, ou permuter, excepté qui ne se pourront vendre, engager ni aliener les biens immeubles en main forte ni morte, ni a gens de Religion, Chevalliers de Rhodez, Lepreux, ni autres de droit prohibés et deffendus, pourquoy leurdit seigneur ou leurs successeurs a l'avenir, pourroient prendre les droits de directe, seigneuriaux et feodales, mais bien a d'autres, et pour achat païeront aud. seigneur pour chacun écu neuf liards, et pour echange de chacun écu quatre liards et demy.

Item si aucun ou aucune, homme ou femme entre de jour, au jardin vignes vergers, aud. lieu d'Aguin ou sa jurisd⁰ⁿ, sans la permission connue ou sincere, de ceux a qui appartiendra, que ceux qui y entreront payeront pour chacune fois, trois sols aux consuls dud. lieu, et s'ils n'ont de quoy païer seront punis a l'arbitre du baylé et du consul dud. lieu.

Item tout homme qui sera trouvé aux garennes et plapiers dud. seigneur coupant arbres ou faisant du bois, ou chassant les lapins ou autres sauvages, celluy qui y sera trouvé chassant payera au seigneur six écus petits et celluy qui coupera bois d'aucunne condition païera au messegé dudit seigneur cinq sols et esmendera la talle audit seigneur, qui sera jugée par les consuls dud. lieu.

Item ledit seigneur ne sera tenu d'appeler aucun desdits habitans en jugement par devant aucun juge, si non par devant son baylé, consul dudit lieu d'Aguin, lesquels en jugeront definitivement, et pareillement aucun desdits habitans ne faira convenir autre, si non par devant le baylé et consul en premiere instance.

Item si aucun homme ou femme donne ou fasse dommage ez biens d'un ou d'autre, et coupant arbres et depeupler les bois ou fruits en la jurisd⁰ⁿ dud. lieu, sera jugé et estimé par lesdits consuls et baylé, lesquels auront pour leur peine et salaire chacune fois quatre liards.

Item si aucun étranger est pris audit lieu pour cause de crime sera mis entre les mains du bayle, pour laquelle prise aura ledit baylé la somme de six sols neuf deniers, et lesdits habitans payeront trois sols et si aucun du dehors est pris pour dette, paijera au bayle deux sols neuf deniers et ceux dud. lieu et jurisd⁰ⁿ d'icelluy paieront un sol et trois deniers et pour les gardes de jour et de nuit d'un prisonnier de dehors trois sols T. et des habitans dud. lieu u.: sdl T. et les depens et recevables, et sera tenu ledit baylé ou garde rendre ledit prisonmer et coupables auxdits consuls et procureurs dud. seigneur, pour en faire justice comme de droit, et selon l'exigence du cas.

Item si aucun degaine a un consul, epée et autres armes contre autre pour l'assaillir et blesser, jactant qu'il ne l'ait touché ou blessé, ledit qui aura deguainé encourra la peine de cinq sols T. envers ledit seigneur et (1) sitôt qu'il aura degainé et blessé autre, jusques a effusion de sang encourra la peine envers ledit seigneur de vingt sols, et s'il y a mutilation ou rompement de membres encourra la peine de six écus petits envers ledit seigneur, et en plus grande somme juxte excès et neanmoins sera tenu de satisfaire au blessé, ensemble de tous depens, dommages et perdition de temps avec le salaire des chirurgiens et medecins, en connoissance de gens experts desd. causes, si la querelle ou partie en aura été faite par devant deux, et si (2) l'ulcere du blessé dud. coup ou pic, meurt, celluy qui l'aura blessé et meurtri sera puni a la volonté dudit seigneur, et selon les loix et coutumes, et ses biens tant meubles que immeubles seront confisqués au seigneur dudit lieu, sauf le droit de la femme dettes si aucunnes en y a.

Item tout homme ou femme qui sera adjourné devant lesd. consuls pour cause civile a la premiere cour et autres subsequences, les plaidant leurs droits de chacun des comparans paieront deux liards de la diette au greffier et ses depens si est hors du village entre tous les plaidans et a la seconde cour et autres subsequences les plaidans payeront auxdits consuls cinq sols T. et au greffier la diette et les depens.

Item les larrons et homicides qui se trouveront et seront pris aud. lieu, seront punis a la volonté dudit seigneur et selon le cas.

Item si aucun veut venir demeurer aud. lieu ou jurisd^{on} d'icelluy et y faire la residence et demeurance depuis qu'il aura pris la permission dudit seigneur et consuls dud. lieu ledit seigneur veut qu'il soit franc et jouisse des priviléges libertés et franchises, comme les autres, sans préjudice d'aucun.

Item si le baylé dudit lieu prend aucun gage daucun habitant dud. lieu après les quatorse jours passés, terme de la cour desd. consuls, ledit bayle vendra par autres quatorse jours les biens pris et executés entre ses mains et iceux passés les inquentisera par les loix accoutumées, et s'il s'en trouve plus, que le devant ne monte le reste sera tourné aud. debiteur, et s'il ne monte tant, ledit bayle le tournera les executer pour la somme restante, de rechef, et les vendra lesdits biens incontinent comme dessus est dit.

Item tous bestiaux etrangers etant hors dud. lieu et jurisd⁰ⁿ d'icelluy qui sera trouvé en la jurisd⁰ⁿ dud. lieu, portant dommage sera emmené entre les mains du baylé et en aura ledit baylé, cinq liards le jour et le dommage paié après qu'il sera estimé par lesd. consuls.

Item les habitans dud. lieu d'Aguin et ses appartennances seront tenus de suivre ledit seigneur en guerre et en bataille contre ses ennemis qui voudront luy faire guerre a tort, et avec juste cause, ou bien prendre les biens par force et violence, et si aucun est en guerre, conflit de bataille contre ses ennemis plus d'un jour et d'une nuit avec led. seigneur sera tenu nourrir celluy ou ceux qui seront en sa compagnie, de pain, vin et autres alimens declarés necessaires au corps humain.

Item si aucun desdits habitans ayant pain, vin chair et bléd et autres choses a vendre pour vivre, si ledit seigneur en veut achetter en aura avec de l'argent, et que ledit seigneur payera incontinent le prix auquel seront taxés lesdits vivres, ou sera tenu mettre bons gages et suffisans de la valeur desdits vivres, s'il n'a argent et la tierce partie plus que de la valeur, avec pacte et condition, que ledit seigneur pourra recouvrer lesdits gages dans quatorse jours en payant la somme ou sommes equivalables, et ou et quand il n'aurait d'argent au bout desdits quatorse jours en baillant bonnes et suffisantes cautions de payer ledit debet, dans quinse jours, recouvrera lesdits gages, et s'il ne payoit auxd. cautions devant ledit terme, lesdits gages se vendront a l'encant public, et de l'argent qui en tirera seront payés lesdits crediteurs par lesdits surdisans, et le resident, s'il s'en trouve plus, sera rendu aud. seigneur.

Item aucun habitant dud. lieu d'Aguin ne sera franc et quitte des charges et affaires publiques, comme sont des reparations communes, Beziaux et autres affaires necessaires aud. lieu au profit et utilité de la Communauté et Republique dud. lieu, excepté seulement ceux de la maison dud. seigneur qui avec luy fairont la residence, et les contrevenants payeront auxdits consuls pour chacun trois sols.

Item a voulu ledit seigneur que lesd. habitans dud. lieu d'Aguin tiennent les mesures du bléd, segle, paumole, orge, millet, mouzene, feves, de Villefranche d'Astarac, et seront mesurés comm'est de coutume faire en lad. ville.

Item si aucun habitant prend un cerf ou cervi en la jurisd⁰ⁿ d'Aguin, celluy ou ceux qui le prendront seront tenus en bailler une épaule aud. seigneur, et du porc sanglier la tête, des craves sauvages les deux cuisses et chausses tout tenant ensemble.

Item si aucun habitant dud. Aguin fait dommage au padouent commun, aux vignes, passages, chemins et barats communs, terres et arbres sera condamné en vingt sols T. applicable la moitié au seigneur dud. lieu et l'autre moitié aux consuls dud. lieu et le dommage jugé a la connoissance desd. consuls.

Item si aucun habitant est executé èz biens immeubles et intarisses par les lieux accoutumés et soient delivrés a partie impetrante et qu'en iceux soit ou fait mettre le decret et authorité de lad. cour, lesdits consuls auront et prendront pour leur decret et authorité indecernée 5 s. T.

Item si aucun criminel est detenu prisonnier audit lieu, les consuls dudit lieu seront tenus de faire son procès aux depens de la communauté jusques a la sentence et s'il y a appel, ledit seigneur le poursuivra a ses depens, et si le criminel a bien seront payés de son bien.

Laquelle transaction, pactes, libertés, franchises et coutûmes dessus mentionnées et declarées après la lecture faite d'iceux, en presence de toutes parties et ledit seigneur d'une part, lesdits consuls, manans et habitans d'autre et chacun en leur endroit, ont promis garder, tenir, et accepter de point en point selon sa forme et teneur et n'y contrevenir au tems et avenir, sous expresses hypotheques et obligation des biens dudit seigneur et des biens particuliers des habitans et consuls dudit lieu et de toute la communauté, meubles presents et avenir, avec restitution de tous depens dommages et interêts et pourront être faits pour les raisons et occasions susdites; pourtant lesdites parties ont renoncé et renoncent a l'exception du present instrument, transaction et accord fait comme dessus est dit et lesd. pactes comme dessus sont ecrits n'avoir été faits et passés entre lesdites parties a tout dol, fraude, lezion, discussion, exception et cautelle a toute dispensation de jurement et renonciation de contrat, a toutes forces des temps, a tout rescript de proceder au droit, disant generale renonciation ne valoir, si la speciale ne procede, et generalement a tout droit canon civil, dû et humain, usurpé, coustumé, liberté, et franchise; moyennant lesquelles pourront venir contre la teneur du present jnstrument, parce que lesdites parties contractantes et chacunne d'icelles en son droit ont voulu être contraintes par les rigueurs des Cours et cas royaux de la Senechausse de Toulouse, juges ordinaires de Toulouse. Riviere Verdun, Commenge, Astarac, et toutes autres Cours temporelles du Royaume de France, auxquelles la connoissance en appartiendra, c'est a sçavoir, par prise de leurs biens a l'enquant public au plus offrant et dernier encherisseur d'iceux réelle delivrance au.rement, comme les rigueurs desd. Cours qu'iront, auxquelles Cour et a chacunne d'icelles lesdites parties respectivement chacunne en leur droit ont fait constitué leurs procureurs, c'est a savoir, tous les procureurs, avocats, et praticiens desdites Cours et d'une chacunne d'icelles speciales, expressement, pour et au nom desdits constituans comparoir par devant Messieurs les Juzes et Magistrats icelles tenant demander et requerir l'autorisation de la presente transaction et accord, ensemble l'interposition de decret et authorité indue et autrement faire et procurer, comme si lesdites parties y etoient presentes, et ont promis avoir pour agreable tout ce que par eux sera fait, et les relever indemne, sous semblables obligations, et hypotheques, renonciations completes susdites, et ainsy l'ont promis lesdites parties et chacune d'icelles respectivement et juré sur les quatre Saints Evangiles Dieu Notre Seigneur touché les Reliques de leurs mains droites, l'un après l'autre tenir, garder, accomplir, et observer de point en point le contenu au present instrument ains n'y contrevenir a jamais chacune desdites parties ont requis a nous de Brugelles et Lacaze no^{res} et arbitres acte et instrument leur en retenir faire expedier a chacune partie instrument, ce que leur avons concedé et fait écrire aud. lieu d'Aguin l'an et jour, regnant, que dessus, êz presences de noble Bertrand de Montbeton (1) et de Lasseube, Ramond, Bernard de Castera freres, Domenges Caubeyre de Simorre, Jean de St-Martin de Betcave, et jean Beros du lieu de Pis habitant temoins a ce appellés, Nous susdits Bernard Burgelles et Arnaud de Lacaze no^{res} Royaux requis de ce dessus, tous deux ensemble avons retenu le present instrument, transaction et constitutions, usages et libertés, contenues en trois peaux de parchemin cousues et unis avec filet blanc ecrites et grossoyées par autre main, aurions elles duement collationnées avec l'original, et nous sommes soussignés de nos seings authentiques, et comme avons accoutumé d'user en nos actes cy mis tout ce dessus après avoir été copié en foy de ce dessus Burgelles no^{re} Lacaze no^{re} ainsy signés.

(1) Un autre manuscrit porte *Monberon*.

COUTUMES DE SAINT-MARTIN VIAGUE [1].

(Comté de Fezensac.)

Notum sit universis præsentibus, pariter atque futuris quod nos Geraldus gratia dei comes Armaniaci et Fesensiaci habitatoribus bastidæ sancti martini biague Corensaguesii diocezis auxitani damus ac concedimus libertates et consuetudines infrascriptas.

I. Videlicet quod per nos vel successores nostros non fiat in dicta villa talia albergada questa nec recipiemus ibi mutuum nisi hoc fiat sponte et de voluntate habitantium nisi generaliter in aliis villis nostris dari faceremus.

II. Item quod habitatores dictæ bastidæ in posterum valeant et possint vendere dare alienare omnia bona sua mobilia et immobilia cui voluerint excepto quod immobilia non possint ullis religiosis personis militibus, nisi salvo jure illorum a quibus res quas cedunt tenebuntur.

III. Item quod habitatores dictæ villæ possint filias suas libere ubi voluerint maritare et filios suos ad ecclesiasticus ordinem promovere.

IV. Item quod nos vel bajulus noster non capiemus aliquem habitatorem dictæ villæ nec sasiemus bona sua dum tamen velit et fidejubeat stare juri nisi pro mulcta vel morte hominis vel plaga mortifera vel alio crimine quo corpus suum vel bona sua nobis debeant esse incursa vel ubi pro forefactis vel gravaminibus nostris manifestis.

V. Item quod ad quæstionem seu clamorem non mandabimus nos et senescallus noster vel bajuli nostri nisi pro facto nostro proprio seu querela aliquem habitantem in dicta villa extra honorem dictæ villæ super quæ fuerint in dicta villa et in honore et in pertinentiis et super possessionibus dictæ villæ et bonorum ejusdem.

VI. Item si alquis homo vel fœmina de die intraverit hortos vineas aut prata alterius sine mandato vel voluntate illius cujus sunt postquam de mandato nostro quolibet anno deffensum vel prohibitum fuerit solvat duodecim denarios morlanenses consulibus dictæ villæ si habeat unde solvat vel ad arbitrium nostri judicis vel bajuli puniatur

---

1 Communiquees par M. l'abbé Bénac, curé de Sainte-Gemme

et quælibet bestia grossa quæ ibi inventa fuerit dunum den. morl. consulibus suprà dictis pro porco ac sue si intraverint unum obolum morl· pro ove capra seu hirco vel quolibet alio pecore solvat dominus bestiæ unam pietam et nihilominus dominus cujus fuerit bestia vel avis damnum tenebitur emendare similiter vero pro pluribus, emendas consules jamdicti mittant in utilitatem dictæ villæ in reparationem pontium et viarum; alienigenæ transeuntes qui dum deffensum durat intraverint et pænas non subeant antedictas vel aliter ad nostri judicis et bajuli arbitrium puniantur.

VII. Item quicumque de nocte intraverit hortos vineas aut prata sine mandato aut voluntate illius cujus erunt et panero vel sacco vel cappucio aut cum alio explecto fructus abstraxerit nobis in viginti sol. morl. sit incursus postquam de mandato nostro forali fuerit quolibet anno deffensum et si tantum modo in manibus ejus sine alio explecto extraxerit pro justitia in duobus sol. morl. sit nobis incursus et damnum similiter emendabit.

VIII. Item quicumque in dicta villa tenuerit falsum pondus falsam mensuram falsam canam vel alnam nobis in sexaginta sol. morl. puniatur.

IX. Item carnifices qui carnes vendiderint in dicta villa bonas et sanas vendant quod si bonæ et sanæ non fuerint carnes pauperibus per bajulum erogentur et illis ementibus pretium refundatur et lucretur carnifex in uno quolibet solido unum denarium currentis monetæ et quicumque carnifex in hoc mandatum excessit in duobus sol. morl. et in uno denario domino sit incursus.

X. Item quilibet pistor vel pistorissa vel quicumque alius panem faciens ad vendendum in prædicta villa lucretur in uno quolibet sestario frumenti duos den. morl. et furfur tantummodo et hoc secundum majus et minus et si amplius lucratus fuerit totus panis capiatur et pauperibus tribuatur.

XI. Item omnes res comestibiles quæ ad villam fuerint adportatæ ad vendendam non vendantur revenditoribus donec prius ad placiam fuerint aportatæ dum tamen hoc prius ex parte nostra fuerit deffensum ac clamatum aliter vero vendi possunt incontinente et hoc deffensum durat a festo beati joannis baptistæ usque ad festum sancti michaelis et qui contra venerit in quatuor den. condemnetur. Perdrix vero lepus et cuniculi vendantur ad pretium quod ex parte nostra in foro fuerit prodamatum.

XII. Item quicumque res comestibiles aportaverit volatilia silvestrem bestiam poma pyra et consimilia non det leudam.

XIII. Item nullus habitans in dicta villa det leudam de re quam vendat vel emat in villa prædicta ad usus suos die fori vel alio in foro vel extra.

XIV. Item sane consules dictæ villæ jurabunt se deffendere et fideliter servare et ordinare corpus nostrum et membra etiam et jura nostra et quod officium consulatus quamdiu erunt in officio fideliter exequentur nec munus nec servitium ratione officii ab aliquo capient per se vel per alium nisi id quod de jure est concessum cuilibet in officio existenti.

XV. Item communitas siquidem dictæ villæ in præsentia consulum jurabit nobis vel mandato nostro bonum consilium et fidele pro posse suo dum requisita fuerit salvo erunt in omnibus jure daturam.

XVI. Item instrumenta à publico notario à nobis vel antecessoribus nostris vel à senescallis nostris creato vel creando illiam firmitatem habeant quam habent publica instrumenta.

XVII. Item testamenta facta ab habitatoribus dictæ villæ in præsentia testium fide dignorum valeant licet non fuerint facta secundum solennitatem legum, dum tamen liberi non fuerint fraudati legitima portione.

XVIII. Item si quis decesserit sine legitimo hærede et testamentum non fecerit consules dictæ villæ de mandato nostro bona ejus per annum et diem custodiant descriptis tamen per bajulum bonis hominis prædicte et si interea non venerit hæres qui hæreditare debeat nobis redeant ad voluntatem nostram faciendam.

XIX. Item omne debitum cognitum si clamor factus fuerit nisi infra quatuordecim dies solvatur debitor solvat nobis vel mandato nostro duodecim den. morl. pro clamore, si vero negetur debitum qui devictus fuerit in decima litis in duodecim den. morl. pro justicia puniatur.

XX. Item si quis alicui verba contumeliosa et grassa dixerit nisi super hoc fiat quæstio nobis non teneatur ad emendam si vero facta fuerit quæstio nobis in duodecim. morl. pro clamore et pro æstimatione injuriæ in duobus sol. morl. pro libra.

XXI. Item si quis amicam aliquam ducat in uxorem et cum ea mille sol. morl. accipit pro dote ipse det uxori suæ propter nuptias quingentos solidos et hoc secundum majus et minus nisi aliud pactum intervenerit inter eos et si maritus supervixerit nec de uxore infantem habeat tota vita sua tenebit dictam dotem et post mortem suam parentes uxoris suæ vel hæredes dotem illam recuperabunt nisi in perpetuum dederit marito sed si infantes habeat ipsa mulier et supravixerit marito ipsa recuperabit totam dotem suam et donationem propter nuptias qua mortua infantes quos a marito habuerit donationem propter nuptias recuperabunt vel ille quem maritus in testamento suo duxerit ordinandum.

XXII. Item si quis gladium contraxerit contra aliquem lucet non percutiat nobis in v   orl. condemnetur si vero percusserit ita ut sanguis exeat in trig-uta sol. morl. puniatur et emendet vulnerato et si mutilatio membri intervenerit in sexaginta sol. morl. et amplius si nobis placuerit condemnetur et nihilominus satisfaciat vulnerato si autem percussus pro ictu moriatur qui ictum fecerit ad voluntatem nostram vel mandati nostri puniatur et bona sua omnia ad manum nostram capiantur.

XXIII. Item si bona alicujus habitatoris dictæ villæ veniunt ad commissum de bonis prædictis si sufficiant ejus creditoribus satisfiat et nobis residuum applicetur.

XXIV. Item latrones et homicidæ ad voluntatem nostram puniatur.

XXV. Item si quis in adulterio deprehensus fuerit currat per villam sicut in aliis villis nostris fieri consuevit aut solvat nobis vel mandato nostro centum morl. et quod voluerit ad optionem habeat eligendi ita tamen quod capiatur nudus cum nuda vestitus braccis depositis cum vestida per aliquem de castris nostris præsentibus cum eo duobus consulibus vel aliis duobus probis hominibus dictæ villæ vel aliis duobus vel pluribus undecumque sint fide digni.

XXVI. Item si aliquis pro alio fidejusserit si principalis debitor solvere non poterit ille qui fidejusserat satisfaciat si habeat bona unde solvat.

XXVII. Item quicumque in dicta villa venire voluerit seu habitare et mansionem facere sit liber sicuti alii habitatores si sine præjudicio alterius fieri possit.

XXVIII. Item præterea in domo qualibet senoriali dictæ villæ longa duodecim stadiis et ampla de quatuor debemus habere annuatim in sesto omnium sanctorum tres den. morl. censuales et hoc secundum majus vel minus.

XXIX. Item furni dictæ villæ erunt nostri et quicumque ibi panem decoqui fecerint vicessimum panem pro furnagio dare teneantur.

XXX. Item marcadum flet die martis in qualibet septimana in dicta villa.

XXXI. Item de quolibet bove vendito in foro ab extraneo habebimus ab illo qui emit unum obolum item de asino unum den. item de porco unum obolum item de pelle vulpis de una libra ceræ de una salmata alborium de ficho unum obolum de quolibet prædictorum item

de medietate porci recentis vel salsi quæ vendita fuerit in foro por-
quiovio ante nativitatem domini unum obolum semel in anno.

XXXII. Item homines prædictæ villæ sint liberi à dictis leudis de
hiis quæ ad proprios usus emerint in villa vel in foro.

XXXIII. Item quicumque extraneus in die sentarium tenuerit quarumcumque mercium dabit pro leuda unum obolum item saumata
ferri apoxtata debet pro leuda unum den. morl. item saumata salis det
unam palmatam salis item et unum obolum et hoc secundum majus
et minus item pro onere unius hominis de sale unum obolum : item
quicumque extraneus extrahet a dicta villa bladum vinum vel salem
pro salmata bladi dabit unum obolum pro leuda pro salmata vini alium
pro salmata satis alium obolum item pro uno cophero vitreorum unum
obolum ab extraneo item pro uno onere scutellarum et grancellorum
et ollarum secundum quod de ratione videbitur.

XXXIV. Item si quis leudam debens à villa vel à foro exierit et
leudam non solverit paguet duos solidos morlanenses et obolum pro
emenda.

XXXV. Item qui in foro aliquem percusserit ad arbitrium judicis et
pro qualitate delicti puniatur.

XXXVI. Item qui de passatico litigaverint dent pro leuda duos solidos et damorem et illam summam non teneantur solvere litigantes
usque ad finem litis.

XXXVII. Item si bajulus pignoret aliquem post quindecim dies assignatos debitori ad solvendum ille cujus erit debitum per alios quindecim dies pignora custodiat quibus elapsis vendat si voluerit pignora
et si pretium pignoris vendidi excedat dictum debitum suum residuum
habitum à dicto pignore reddere teneatur debitori.

XXXVIII. Item bajulus dictæ villæ jurabit in præsentia consulum
quod suum officium fideliter faciet et munus vel servicium ratione sui
offici non capiet.

XXXIX. Item in villa prædicta consules creabuntur annuatim in
crastinum nativitatis domini et si tunc instituti vel creati non fuerint
duret potestas qui immediate extiterint donec alii per nos vel mandatum nostrum fuerint instituti ita tamen quod nomina consulum instituendorum in duplo redigentur in scripto per veteres consules tot quod
curia possit eligere magis idoneos usque ad numerum in consulata
consuetum.

XL. Item consules qui pro tempore fuerint potestatem habeant vias
publicas et mala passagia reparandi si quis vero in dicta villa jactaverit fætentia vel aliqua putentia per nostrum bajulum et consules
puniatur.

XLI. Item nundinæ sint in villa in festo sanctæ crucis et sancti lucæ et quilibet mercator habens trocellum vel cellas pro introitu et exitu pro leuda quatuor denarios.

XLII. Item expresse exercitum et cavalgatam ut in aliis villis terræ nostræ retinemus.

XLIII. Item damus insuper habitatoribus dictæ villæ terras nostras ad opus agriculturæ et vinearum et pratorum et hortorum et casalium sub censibus et obliis et agreriis et pactionibus videlicet arpentum vinearum et pratorum sub censu oblia deum denariorum monetæ currentis in festo omnium sanctorum annuatim quæ arpenta debent habere triginta duas perticas in latitudine et sexaginta quatuor in longitudine qui perticus debet habere quinque cubitos de longo bonos et longos et casales pro quatuor den cum retrocapitibus scilicet pro arpento quinque den. et pro casali duos den. cum evenerit et hoc secundum majus vel minus et si clamor fieret unus de alio nobis fidejussorem dare teneatur et quatuor den. nobis pro justitia sive plures si tamen habitatores prædicte ratione dictorum feudorum justé inculpati fuerint.

XLIV. Item si prædicti habitatores dictas oblias in festo prædicto vel infrà post non solverint in aliis quatuor den. nobis et hæredibus nostris dare teneantur et sic de quindecim in quindecim diebus usque ad caput anni prius tamen dictis habitatoribus à nobis vel mandato nostro requisitis et si tum jamdictas justitias vel oblias persolvere noluerint omnia feoda debent redire et remanere penes nos et nostrum ordinium.

XLV. Item si feodum fuerit concessum feodatarii debent plantare ad minus de vinea medietatem infrà octo annos quod si non fecerint debent reddere agrerium sive obelum de blado si ibi fuerit.

XLVI. Item de terris quæ fuerint datæ et concessæ ad laborandum debemus habere agrerium scilicet nonam partem de omnibus bladis existentibus in garba vel in grano ad electionem nostram vel ordinii nostri et unum denarium de qualibet concata retrocapitis quando evenerit.

XLVII. Item si prædicta bastida depopularetur quod absit omnia feoda et terræ debent nobis redire libere.

XLVIII. Præterea damus et concedimus in perpetuum pro nobis successoribus nostris prædictis habitatoribus et eorum hæredibus et successoribus aquas terras herbas et nemora et pascua fustam et ligna et totum ademprivum et explectuum eis animalibus suis grossis minutis cujuscumque generis et pili sint bastidæ prædictæ et omnibus pertinentiis et terras ad excolendum et territoria nostra sine talhia ad

habendum tenendum et explectendum et si necesse fuerit ad prata fa-
cienda sub obliis et agreriis et conditionibus superius expressatis ad
tenendum possidendum et eorum voluntates in perpetuum faciendas
ita tamen quod non teneant ibi cabanas et non debent dicta arpenta
terras et honorem ad super feodum dare nec vendere nec alienare comiti nec milite nec eorum filio nec domui religionis nec alicui alii
domino foreno taliter quod nos nec ordinium nostrum possemus perdere aliquam dominationum nostrarum secus si aliter fiat de consilio
nostro vel de mandato nostro quod habeamus inde nostros pax et do-
minationes nostras ut superius est expressum et ne valeat super hiis
ab aliquibus dubitari et ut prædicta omnia perpetuam roboris obtineant firmitatem sigillum nostrum duximus præsentibus apponendum
datum.... .... domini millesimo ducentesimo septuagesimo octavo........ ....de bocoa notarius.................
decima octava die ex quodam alio cartulario facto per manum magistri
johannis de...............gimonti et signo suo consueto signati.

COUTUMES DE MONFORT [1]

(Vicomté de Fezensaguet.)

. . . .

. ... plaga mortifera aut alio crimine quo corpus suum vel bona sua nobis debeant esse incursa ut nisi pro forefactis in nobis vel gentibus nostris commissis.

De questionibus seu clamoribus alterius.—Item quod ad clamorem seu questionem alterius non mandabit vel citabit senescallus noster vel bajulii nostri nisi pro facto nostro proprio seu querela aliquem habitantem in dicta villa extra honorem dictæ villæ super his quæ facta fuerint in dicta villa et honore et pertinentiis dictæ villæ et super possessionibus dictæ villæ et honore ejusdem.

De pechis ortorum vinearum hominum animalium seu avium.—Item quod si aliquis homo aut femina de die intraverit ortos vineas aut prata alterius postquam de mandato nostro similiter (?) quolibet anno defensum solvat XII d. morlas consulibus dictæ villæ si non habeat unde solvat alias ad arbitrium nostri judicis vel bajuli nostri puniatur. Et qualibet bestia grossa quæ ibi inventa fuerit unum denarium morl. consulibus prædictis : et pro porcis et sue *(sic)* si intraverint unum obolum morl. et pro ove capra seu hirco aut pro alio pecore solvat dominus bestiæ unum podiensem volentem quartam partem unius denarii : si anser vel alia avis eorum similis unum podiensem similiter et nihilominus dominus ejus bestiæ aut avis fuerit dampnum tenebitur emendare; denarios vero quos pro hujusmodi emendis habuerint mittant in utilitate dictæ villæ aut propter reparationem pontium itinerum et viarum. Alienigenæ aut transeuntes qui dictum defensum

(1) Copiées sur le cartulaire de Monfort, écrit dans la seconde moitié du xive siècle — Le premier feuillet de ce cartulaire est en blanc. Cette lacune volontaire semblerait donner raison à ceux qui prétendent avoir lu dans un exemplaire complet des coutumes, que la *bastide* qu'elles régissaient fut élevée par Géraud, comte d'Armagnac, pour assurer, entre Mauvezin et Lectoure, des rapports souvent interrompus par des brigands établis alors sur les frontières de la Lomagne et du Fezensaguet. Monfort aurait donc été fondé dans des conditions analogues à celles où fut bâtie Lamontjoye, dans la vicomté de Bruilhois; mais on comprend que ses habitants n'aient pas tenu a faire transcrire le préambule du statut local, où se trouvait consignée cette particularité peu flatteuse pour leurs ancêtres. Au reste, ce point délicat est aujourd'hui impossible à éclaircir; car le seul exemplaire complet des coutumes de Monfort se trouvait aux archives municipales de Bordeaux, et il a été, dit-on, anéanti dans l'incendie de 1863.

ignoraverint penas non non subjaceant ante dictas sed ad arbitrium nostri judicis aut bajuli nostri puniantur.

De nocte pechis. — Item quicumque de nocte intraverit ortos vineas aut prata alterius sine mandato aut voluntate cujus fuerit et cum panerio aut sacco aut capucio aut cum alio spleito..... extraxerit nobis xx ss. morl. vel monetæ currentis sit incursus postquam de mandato nostro similiter fuit de quolibet anno defensum. Et si tantummodo manibus et sine alio espleito extraxerit pro injustitia in ii ss. morl. aut monetæ currentis nobis sit sit incursus et dampnum insuper emendabit.

De falcitate ponderis carnium seu mensurarum. — Item quicumque indicta villa tenuerit falsum pondus falsam canam aut aliam falsam mensuram nobis in lx ss. prefatæ monetæ puniatur.

De carnificibus. — Item qui carnes vendiderint in dicta villa bonas carnes et sanas vendant : quæ si bonæ aut sanæ non fuerint pauperibus per bajulum erogentur, et illis qui emerint pretium refundatur et lucrentur carnifices uno quocumque sol. unum denarium monetæ currentis ; et quicumque carnifex in hoc mandatum excessit in ii sol. et unum denarium domino sit incursus.

De pistoribus seu pistorissa. — Item quilibet pistor seu pistorissa aut quicumque alius panem faciens ad vendendum in villa prædicta lucretur in uno quocumque sextario frumenti ii denarios morl. et furfur tantummodo secundum majus et minus et si amplius lucratus fuerit totus panis capiatur et pauperibus tribuatur.

De rebus comestibilibus. — Item omnes res comestibiles ex quo ad dictam villam fuerint adportatæ ad vendendum non vendantur revendoribus donec ipsæ ad plateam fuerint adportatæ dum tamen hoc ex parte nostra fuit defensum et clamatum alias vero vendi possunt impune. Et hoc deffensum duret à festo beati Johannis Baptistæ usque ad festum beati Michaelis, et quicumque contra fecerit in iiii d. monetæ currentis puniatur. Perdix vero lepus et cuniculus vendatur ad precium quod in foro ex parte nostra fuerit proclamatum. Item quicumque res comestibiles ad prædictam villam adportaverint volatilia bestiam silvestrem poma pera et consimilia non det leudam.

De leuda danda homines. — Item nullus habitans in dicta villa det leudani aliquem de curia nostra presentibus cum eo duobus consulibus aut aliis probis hominibus dictæ villæ aut pluribus unumcumque sint fide dictum.

De fide jussoribus. — Item si quis pro alio fide jusserit si principalis debitor solvendo non fuerit et idem qui fide jusserit si bona habeat unde solvat.

De habitatore..... libertatem.—Item quicumque in dicta villa venire voluerit seu habitare et mansionem facere sit liber sicut alii habitatores si sine prejudicio alterius fieri possit.

De longitudinem domorum.—Præterea in domo qualibet seu aeriali dictæ villæ longo de xii stadiis et amplo de quatuor debemus habere annuatim in festo omnium sanctorum iii denarios bonorum morl. vel monetæ currentis censuales et hoc secundum magis et minus.

De furnis qui sunt domini vicecomitis.—Item furni dictæ villæ erunt nostri et quisquis ibi panem de quoque fecerit vicessimi panem nobis pro furnatgio dare teneatur. Item mercatum statutum fuit die stabili modo sit die jovis qualibet septimana.

De leudæ betiarum. — Item de quolibet bove vendito in foro ab extraneo habebimus ab illo qui emerit i obolum morl. monetæ currentis. Item de porco unum obolum præfatæ monetæ. Item de asino unum obolum. Item de pelle vulpis de una libra ceræ de una saumata ollarum aut de una flosa unum obolum præfatæ monetæ de quolibet prædictorum. De medietate porci recentis aut salsi quæ vendita fuit in foro propinquiori ante nativitatem domini semel in anno unum obolum præmemoratæ monetæ. Item homines dictæ villæ sint liberi a dictis leudis de his quæ ad proprios usus emerint in villa vel in foro. Item quicumque extraneus die fori tentorium tenuerit quarumcumque mercium dabit pro leuda i obolum præfatæ monetæ.

De salmatis adportatis aut exemtis.—Item saumata ferri de foris adportata det pro leuda unum denarium morl. vel monetæ currentis. Item una saumata salis det unam palmatem salis et unum obolum præfatæ monetæ. Item quicumque extraneus voluerit extraere a dicta villa bladum vinum vel salem unum obolum pro saumata præfatæ monetæ, pro saumata vini unum obolum præfatæ monetæ, pro saumata salis unum obolum ejusdem monetæ et hoc secundum magis et minus, pro uno honore unius hominis de sale unum podiensem valentem quartam partem unius denarii morl. vel monetæ currentis. Item de uno onere hominis ciphorum vel vitreorum unum obolum præfatæ monetæ ab extraneo. Item de uno onere scutellarum et grasallarum unum obolum prædictæ monetæ. Item de quolibet semino ortorum secundum quod ratione videbitur.

De solutione leudæ. — Item si quis leudam debens a villa vel a foro exierit et leudam non solvit paget duos solidos præfatæ monetæ et I obolum pro emenda. Item qui in foro aliquem percusserit ad arbitrium judicis et pro qualitate delicti puniatur.

De litigatione possessionum.—Item qui de possessione litigaverit det pro libra ii sol prædictæ monetæ et clamorem et illam summam non teneantur solvere litigantes usque ad finem litis.

De pignoratione baiuli.—Item si bajulus pignoret aliquem post quindecim dies assignatos debitori ad solvendum ille cujus erit debitum per alios quindecim dies pignora custodiat quibus elapsis vendat s[i] voluit pignora et si pretium pignoris venditi exedat debitum suum residuum habito a dicto pignere teneatur reddere debitori.

De juramento bajuli.—Item bajulus dictæ villæ jurabit in præsentia consulum quod suum officium fideliter faciet et munus vel servitium pro suo officio vel ratione officii non capiet et unicumque jus suum pro posse suo reddet et usus bonos et consuetudines scriptas et approbatas salvo jure nostro custodiet et defendet.

De creatione consulum annuatim.—Item consules in dicta villa creabuntur annuatim in crastinum nativitatis Domini et si tunc instituti vel creati non fuerint (1) potestas consulum qui in medietate extiterit donec alii per nos vel per mandatorem nostrum ibidem fuerint instituti, ita tamen quod nomina consulum instituendorum in duplo reddantur curiæ in scriptis per consules veteres, tot quot curia possit eligere magis idoneos usque ad numerum consulum electorum.

De consulibus habentibus potestatem reparandi vias publicas. Item consules qui pro tempore fuerint potestatem habeant vias publicas et mala passagia reparandi.

De jactatione in villa aliqua fetentia.—Item si quis vero in dicta villa jactaverit fetentia vel aliqua noscentia *(sic)* per nostrum bajulum et consules puniatur.

De nundinis. — Item nundinæ sint in dicta villa terminis assignatis videlicet in festo beati Barnabæ apostoli et in festo apostolorum Symonis et Judæ, et quilibet mercator extraneus habens trossellum vel plures trossellos in dictis nundinis pro introitu et exitu et taulagio det iiii[or] denarios morl. monetæ currentis et de honere *(sic)* hominis quidquid apportet unum denarium præfatæ monetæ; et de rebus emptis ad usum domus alicujus habitatoris dictæ villæ nihil dabitur emptor pro leude.

De cavalgatis.—Item expresse exercitus et cavalgatas ut in aliis villis nostræ terræ retinemus, valentes firmiter et mandantes pro nobis et nostris successoribus et hæredibus et ordine superscriptas consuetudines statula mores ac etiam libertates prout superius in præsenti

---

(1) **Potestatem habeant et duret.** — Ces mots sont barrés à l'encre rouge dans le cartulaire.

pagina plenius describuntur tenere complere et exsequi bona fide et perpetuo inviolabiliter observare et nunquam contra facere nec contra ire vel venire in parte vel in toto nec in contrarium aliquis allegare eis judicio vel extra de jure vel de facto aliqua ratione vel causa aliquo tempore ullo modo.

Hæc omnia fuerunt acta apud prædictam villam bastitam montis fortis decima die introitus mensis novembris regnante Odoardo rege Inglia, Amaneuo archiepiscopo auxitano, et Geraldo episcopo lectorencis *(sic)*, et prædicto comite Geraldo Armaniaci et Fezensiaci, vicecomite Fezensaguelli, anno ab incarnationis domini m. duocentesimo septuagesimo quinto.

Horum omnium sunt testes dominus Ademanius Deophanis tunc prior dictus abbas Togeti, dominus Oliverius, monachus Gimontis, frater Petrus hospes frater laycus Gimontis, Hodo de Preyssano, Guillermus de Averone, Arnaldus de Geera, Petrus de Sobola, milites, Galhardus de Moros domicelleus, Forsius de Salis burgensis de Nogarolio. Et ego Petrus de Gardia publicus Malivicini notarius sum etiam testis de toto quod omnibus prædictis præsens fui et de expresso mandato et consensa dicti domini comitis hæc omnia in publica forma redegi et signum meum apposui.

NOUVELLES COUTUMES DE MONFORT.

Incipiunt consuetudines concessas per dominum Gastonem vicecomitam.

Noverint universi hoc præsentem publicum instrumentum inspectari quod hæc sunt statuta et mores ac etiam libertates et consuetudines datæ pariter et concessæ per venerabilem et discretum virum dominum Gastonem de Armaniaco Dei gratia vicecomitem Fezensaguelli et Brulhesii habitatoribus villæ Montis fortis infra scriptis diocesis Lactorensis. In nomine sanctæ et individuæ trinitatis patris et filii et Spiritus sancti amen, et beatæ Mariæ virginis et beati Pe'ri apostoli et omnium apostolorum et beati Martini confessoris et omnium confessorum et beati Blasii martiris et omnium martirum et omnium Dei fidelium. AMEN.

Nos Gasto Dei gratia vicecomes prædictus notum facimus universis quod nos pro nobis et nostris successoribus heredibus et ordine habitantibus villæ nostræ Montis fortis in Fezensaguello præsentibus et futuris laudamus concedimus et donamus in perpetuum libertates mores et consuetudines infrascriptas, videlicet Petro Ramundi de Labatut, magistro Joanni Savet, Fortio de Fonte, Bernardo Gasc, Geraldo de Moyssaco, Petro de Serelhaco, tunc consulibus villæ prædictæ ibidem præsentibus, et magistro Guilhermo de Comba, Sancio Fabri, Guillermo de Deuant, Arnaldo de Margastaut, Johanni Soto, Petro Forie, Ramundo Guillermo de Marcassus, Nicolao Carrerii, Petro Yuas, Durando de Vaichera, Arnaldo de Ticto, Vitali de Sedze, Johanni Gandalha, Aymioto de Valheaut, Hugomno Bezini, Guilhermo de Labruera, Guilhermo de Lorem, Guilhermo de Lorema, Guilhermo de Laspmassa, Dominico de Orto, Guilhermo de Pardelhano, Ramundo de Balaguerio, Petro Capellani, Symoni de Fonte, Vitali Tecbaudi, Ramundo de Squissacane, Bernardo de Laboau, Galterio de Portusuavi, Bernardo de Laual, Parisoto Textoris, Petro de Seragusano, Ramundo de Carboa, Petro Bellibastio, Petro Amassabe, Bertrando de Aubiano, Ramundo Beruha, Fabro, Vitali Cornerii, Arnaldo de Beguerio amico fideli, Ramundo Inas, Pontio Bernardi, Johanni de Labruera, Joanni Textorio, Arnaldo de Serinhaco, Hugomno Chibracerii, Petro Cathalani, Guilhermo de Messalli, Arnaldo de Lafltera,

Johanni de Marsanheto, Dominico Fabri, Arnaldo de Garafaux, Geraldo de Altomonte, Guilhermo Teulerii, Petro de Podio, Stephano de Golsa, Petro de Monte Alberico, Johanni Balero, Hugueto de Culhes, Ramundo de Parent, Gaserto Mesalha, Johanni de Fores, habitatoribus villæ prædictæ Montis fortis ibidem præsentibus stipulantibus pro se et suis et eorum ordine et successoribus singulis et universis tam præsentibus quam futuris recipientibus, non deceptus nec dolo nec fraude nec circumventione aliqua ad hoc inductus sponte et nostra certa scientia et deliberatione præhabita super hoc diligenti considerans et attendens quod probi homines villæ nostræ prædictæ Montis fortis multoties fidele servicium nobis impenderant volens ipsos prosequi amplioribus beneficiis et honore pro nobis et omnibus nostris heredibus donamus et concedimus omnibus ex singulis habitantibus villæ nostræ prædictæ prædictis stipulantibus et in posterum habitaturis in dicta villa territorium pertinentiis suis et consulibus ejusdem villæ præsentibus et recipientibus pro se et successoribus suis et nomine sui consulatus et universitatis et singulorum ejusdem villæ omnes et singulas libertates, usus, consuetudines infrascriptas, non intendentes nos vicecomes prædictus, nec consules prædicti, per hoc revocare seu infringere alias libertates seu consuetudines alias concessas habitatoribus ejusdem villæ per Dominum Geraldum de Armaniaco patrem nostrum bonæ memoriæ comitem Armaniaci vicecomitemque Fezensaguelli progenitorem neque eisdem libertatibus in aliquo de erogare.

In primis siquidem nos vicecomes prædictus donamus et concedimus prædictis habitantibus præsentibus et futuris et dictis consulibus recipientibus nomine quo supra quod prædicti habitantes homines et mulieres præsentes et futuri et eorum singuli terras suas et quascumque possessiones quas nunc tenent vel in posterum tenebunt à nobis vicecomite prædicto vel aliis quibuscumque personis in dicta villa territorio et pertinentiis suis in emphiteosim seu in feudum libere possint dare et concedere aliis personis non prohibitis secundùm forum et usum dictæ villæ in emphiteosim vel superfeodum salvis nobis vicecomite prædicto ac nostris successoribus vel illi domino a quo tenebuntur vel eorum successoribus dictæ possessiones vendis in pignorationibus censibus laudaminibus in omnibus permutationibus et aliis juribus et donationibus suis.

Item donamus et concedimus nos vicecomes prædictus dictis habitantibus et consulibus prædictis recipientibus nomine quo supra omnes et singulas podoencias seu possessiones deputatas et assignatas ad

usum communem dictæ villæ pro ut melius et plenius inferius desig-
nantur et confrontantur ita quod dicti consules et universitas dictas
padoentias habeant et possideant perpetuo liberas et explectent (sic)
pro liberæ voluntatis seu ad communem usum habitantium dictæ
villæ nec non etiam quod consules ejusdem villæ præsentes et futuri
et sibi in posterum expediens videatur easdem padoencias in toto vel
in parte dare et concedere possint ad emphiteosim perpetuam vel ad
tempus vel lochare (sic) ad plateas vel arpenta vel casalia, ita tamen
quod qui in istum casum proxime dictum nos vicecomes prædictus
habeamus oblias census et alias donationes de plateis et casalibus et
arpentis et possessionibus sicut de aliis dictæ villæ platheis et arpentis
eorumdem, et vendas et impignorationes si contingerit eas vendi et
impignorari; dictæ vero padoenciæ sunt hæc :

De Padoenciis. — Item totam illam padoenciam quæ est prope villam Montis fortis prædictam, et confrontatur ex una parte cum ciau-
sura ejusdem villæ et cum casalibus Bernardi de Comba et casali
Petri coma et borda ipsius, et cum casali Bernardi et Guilhermi Boni
filii, et vinea magistri Galterii de Rolbia, et cum borda magistri
Guilhermi Arnaldi de Soleriis notarii.

De Padoenciis. — Item totam illam padoenciam quæ est alio loco et
confrontatur cum clausura villæ et cum honore magistri Guilhermi
Arnaldi de Soleriis, et cum fluvio Orba aliis partibus.

De Padoenciis. — Item padoenciam quæ confrontatur cum honore
Galhardæ Christianæ et cum rivo et cum honore Dominicæ de Sent
Tot et vallo villæ aliis partibus.

De Padoenciis.—Item et totam illam padoenciam quæ est prope villam prædictam et confrontatur cum honore Petri capellani et honore
Petri de Seragusano et honore Bernardi Bigordani et honore Symonis
de Fonte et Johannis de La bruera.

De Padoenciis. — Item et totam illam padoenciam quæ est prope se-
menterium prædictæ villæ, et confrontatur cum publico itinere et
cum honore Petri Ramundi de Labatuth et honore Guilhermi de
Bergiis.

De Padoenciis.—Item totam illam padoenciam quæ est juxta portam
vocatam de sparveriis, et confrontatur cum fonte de alienigenarum
et honore Sancii de Causio et honore Johannis de Boychera et cum
rivo Casalumi et omnes alias padoencias ubicumque sunt quas homines villæ prædictæ olim habere tenere et possidere villa prædicta et
pertinentiis consuevit.

De Platea communi. — Item damus et concedimus nos vice-comes prædictus dictæ universitati et consulibus recipientibus nomine quo supra totam plateam communem ut modo est deputata et assignata pro communi platea in dicta villa ad habendum tenendum eamdem ad communem usum et servicium et utilitatem habitantium ibidem perpetuo et libere, salvis nobis vicecomite prædicto pedagiis legibus et aliis juribus consuetis.

De Padoenciis. — Item damus et concedimus dictæ universitati et consulibus prædictis recipientibus nomine quo supra totam padoenciam confrontantem cum fluvio Orbæ omnibus partibus, et totam padoenciam quæ est coram casali Johannis Blonde et inter duo publica itinera et inter casalia Geraldi de Laspinassa et Durandi Regis et Petri Yvæ.

De Padoenciis. — Item damus et concedimus nos vicecomes prædictus dictæ universitati et consulibus prædictis recipientibus nomine quo supra totam illam padoenciam quæ est intra Orbam loco vocato lo gou de lorbat et totam illam padoenciam quæ est coram fonte de Gaviaco et coram fonte de Langiular et coram fonte de Busqueto.

De plateis dandis per consulibus. — Item damus et concedimus nos vicecomes prædictus prædictæ universitati et consulibus prædictis recipientibus nomine quo supra omnes platheas vacuas seu vacantes quæ inveniri poterunt infra clausuram dictæ villæ, ita quod de illis possint facere restitutionem et emendam illis qui propter clausuram faciendam in eadem villa platheas suas amitterent vel damnum aliud paterentur vel eas vendere prout sibi videbitur salvis nobis vicecomite prædicto in dictis plateis censibus vendis impignorationibus et aliis nostris juribus ut de aliis dictæ villæ.

Cognitio causarum criminalium. — Item damus et concedimus nos vicecomes prædictus dictæ universitati et consulibus pro se et suis successoribus et dictæ universitatis nomine recipientibus totum usum exercitium omnium et singularum causarum criminalium dictæ villæ bajuliæ et pertinentiarum suarum ad habendum tenendum et perpetuo possidendum seu quasi tali modo et forma quod ipsi consules præsentes et futuri perpetuum sint judices ordinarii dictarum causarum criminalium et de prædictis causis criminalibus hii idem consules soli et in solidum vocato bajulo dictæ villæ pro nobis vicecomite prædicto habeant in perpetuum juridictionem et plenam cognitionem et easdem causas criminales possint audire ut judices ordinarii una cum dicto bajulo, et omnes fures omicidas raptores sacrilegos incendiarios pacis violatores agressores itinerum et delinquentes et alios quoscumque facinorosos undecumque fuerint et cujuscumque gradus seu conditionis existant comittentes seu delinquentes in dicta villa terri-

toria bajuliæ seu pertinentiis suis capere, arestare relegare condemp-
nare ad supplicium seu ad mortem ad detruncationem seu mutilatio-
nem membrorum exilium vel relegationem fustigationem bonorum
confiscationem vel incursum vel aliter eos punire vel animadvertere,
in eosdem nec non et ipsos absolvere et liberare prout delicti vel
ignoscentiæ qualitas exegerit et discretionem eorum videbitur faciendum libere et sine contradictione et impedimento quocumque incursus
tamen et omne emolumentum ex dictis causis p..ens est et esse debet
nostrum et successorum nostrorum et omnes sententias et cognitiones
et precepta dictorum consulum de dictis causis criminalibus debent
per nostrum bajulum dictæ villæ ad requisitionem ipsorum consulum
executionem mandari, ita eum inter nos et dictos consules actum fuit
et expresse concessum est tamen sciendum est quod nos fuimus pro-
testati quod viri competenti nobilibus vicecomitatus Fezensaguelli
ratione generalis consuetudinis per nos sibi concessa si quid eis com-
petit non intendimus de jutgare dicimus et veritate confessi fuimus
quod dicti consules et eorum prædecessores sunt et fuerunt ab antiquo
scilicet à tempore constructionis dictæ villæ citra in possessione seu
quasi juris exercendi dictam juridictionem in personas et bona dictorum nobilium et quorumlibet aliorum in omnibus casibus contin-
gentibus ibidem, et juri sibi competenti ratione præscriptionis seu
possessionis prædictæ super hoc detrahere in aliquo non intendimus
seu derogare.

De duabus razis carreriarum.—Item damus et concedimus nos vicecomes prædictus prædictæ universitati et consulibus prædictis recipientibus nomine quo supra quod habitantes dictæ villæ possint libere
ampliare et operari domos suas a parte carreriarum versus dictas carrerias edifficia pro trahendo et extendendo per duas razas si sibi expediens videatur.

De nemoribus, claperiis et columbariis.— Item damus et concedimus
nos vicecomes prædictus dictæ universitati et dictis consulibus prædictis nomine quo supra quod omnes et singuli habitantes dictæ villæ
et successores eorum in posterum possint facere nemora deffensa in
terris suis claperios et piscarios et columbarios et piscari iis locis non
defensis in honore et territorio dictæ villæ et quod dicta loca deffensa gardientur et custodiantur per messegarios consulum villæ et
pechæ seu vadia leventur sicut de aliis locis deffensis dictæ villæ salvo
jure nobis super furtis et aliis maleficiis ut est de aliis fieri consuetum.

De soleriis domorum citra plateam communem.—Item damus statuimus et concedimus quod habitantes dictæ villæ nunc vel in posterum

habentes domos seu platheas juxta communem plateam dictæ villæ
supra carrerias versus dictam carreriam dictam plateam possint cons-
trure et hedificare *(sic)* libere solaria seu domos de altitudine et longitudine juxta arbitrium consulum dictæ villæ.

De quatuor consulibus.—Item statuimus et concedimus ad requisitionem dictorum consulum quod deinceps in dicta villa sint quatuor
consules sine plus.

De furnis concessis.—Item donamus et statuimus et concedimus prædictis consulibus nomine universitatis prædictos quod omnes et singuli habitantes deinceps possint habere et tenere furnos proprios in
quibus possint decoquere libere panem suum, quandocumque et quotiescumque bajulia dicti loci arrendabitur vel vendetur per nos vel
pèr nostrum certum mandatum ita tamen quod dominus vel domina
cujus erit panis vel ejus nuntius seu ancilla vel liberi antequam de-
coquant dictum panem in furno proprio seu vicinorum teneantur re-
quirere furnorium furni communis dictæ villæ quod eos mandet et si
non vult vel non potest hoc facere quod tunc sit eis licitum decoquere
in furno proprio vel vicinorum suorum libere dictum panem sicut
superius est expressum, aliter non, et quod de dicta requisitione dominus seu domina panis vel eorum nuncius vel ancilla aut liberi suo
proprio juramento credantur si ætatis sunt legitimæ sunnis (?) tamen
potestati quod per hoc non intendimus nos nec successores nostros in
aliquo obligare tempore quo dictam bajuliam nos vel successores
nostri tenebimus ad manum nostram videlicet quando non arrendabitur vel vendetur et salvo et protestato per dictos consules similiter
super his alio jure suo volentes firmiter et mandantes pro nobis et
nostris successoribus et hæredibus et ordine suprascriptas consuetudines statuta mores et etiam libertates pro ut super in présenti pagina
plenius continentur tenere et complere et exsequi bona fide et perpetuo inviolabiliter observare et nunquam contra facere nec contra
ire vel venire in toto vel in parte nec in contrarium aliquid allegare
in judicio vel extra de jure nec de facto aliqua ratione vel causa
aliquo tempore vel ullo modo sub bonorum suorum omnium obligatione. Hæc omnia fecerunt facta apud prædictam villam Montis fortis
in ecclesia ejusdem loci prima die introitus mensis madii *(sic)* anno
Domini millesimo tressentesimo octavo regnante domino Philipo Francorum rege et prædicto domino Gastone vicecomite Fezensaguelli et
Brulhesii existente, Ramundo episcopo Lactorensi. Horum omnium
fuerunt testes rogati et vocati per dictas partes dominus Arnaldus Durandi de Vauro juris peritus, Petrus Johannis Blondæ, Johannes Alen,

Petrus de Auro lino, Guilhermus serviens et Laurentinus de Capellis notarius publicus villæ Montis fortis et totius Fezensaguelli qui prædictis omnibus interfuit et hanc cartam consuetudinum et libertatum fecit scripsit et notam posuit ab hoc ut inde componeret instrumentum; sed quia morte præsentis instrumentum non scripserat post mortem ejusdem Guilhermus Arnaldi de Faudoamis tunc judex vice comitatus Fezensaguelli pro inlustrissimo *(sic)* domino Gastone Dei gratia vicecomite Fezensaguelli sedens pro tribunali cognovit in judicio et dixit quod ex omnibus mandamentis papiris cartapellis materiis et protocollis quas et quæ dictus Laurentinus de Capellis acceperat ex quibus ante sui obitum non composuerat instrumenta; Bertrandus de Orto publicus notarius Montis fortis faciat et scribat et possit facere et scribere in minutum et in publicam formam redigere instrumenta secundum quod in prædictis mandamus, papiris cartapellis materiis et protocollis continetur et ex illis componendi instrumenta plenum posse et licentiam eidem dedit et sentencialiter concessit et in judicio cognoscens judex antedictus quad instrumenta illa omnia et singula quæ dictus Bernardus de Orto fecerit et scripserit de mandamentis papiris cartapellis materiis et protocollis prædictis adeo bona et firma et perpetuo valitura et idem robur et eamdem firmitatem habeant et obtineant semper, ac si ea dictus Laurentinus de Capellis sua manu propria scripsisset et hoc fuit ita per dictum judicem cognitum, die jovis ante festum sancti Lucæ evangelistæ, anno Domini millesimo trecentesimo nono regnante Philippo regis *(sic)* Franciæ, Gastone vicecomite Fezensaguelli et Geraldo episcopo lactorensis *(sic)*; hujus dati judicii sunt testes magister Ademarius de Amarenquis procurator domini vicecomitis Fezensaguelli, Galterius de Rolhia, Guilhermus Arnaldus de Soleriis, Johannes Falba notarius, Bernardus de Bono filio et plures aliis et Bertrandus de Orto notarius prædictus qui de mandato judicis prædicti cartam istam scripsit, et exspeciali *(sic)* mandato dicti domini judicis, et magistri Ademarii de Amarenquiis generalis procurator dicti domini vicecomitis mihi notario prædicto litteratorie directo ejus mandati tenor talis est.

Guilhermus Arnaldi de Faudoanis judex ordinarius Fezensaguelli et Ademarius de Amarenquis procurator generalis nobilis nostri Domini Gastonis de Armaniaco Dei gratia vicecomitis Fezensaguelli dilecto suo magistro Bertrando de Orto notario Montis fortis salutem et dilectionem. Cum magister Laurentinus de Capellis notarius condam *(sic)* Montis fortis receperit in suis protocollis et paperis et scripserit in notam quoddam instrumentum publicum de quibusdam libertatibus et consuetudinibus per dictum Dominum vicecomitem datis et concessis consulibus et universitati hominum villæ Montis fortis et antequam dictum instrumentum fuit grossatum seu in formam publicam redactum dictus Laurentinus condam *(sic)* morte præventus vobis mandamus quatenus ad requestam consulum villæ Montis fortis prædictæ de materia seu protocollis dicti Laurentini condam dictum instrumentum abstrahatis grossetis et in formam redigatis publicam pro ut in materia dicti proiocolli videbitis contineri non mutata in aliquo substantiæ, nihil addito nihilque remoto, et grossatum dictis consulibus restituatis satisfacto nobis de nostro salario competenti. Datum apud Montem fortem die veneris ante festum sanctæ Luciæ virginis, anno Domini millesimo ccc. nono, quod fecit ut superius est expressum et signo suo signavit.

COUTUMES DE MAUVEZIN [1].

(Vicomté de Fezensaguet.)

Noverint universi presentes pariter et futuri quod ad honorem Dei patris et filii et spiritus sancti et omnium sanctorum, et beatissimæ Mariæ Virginis, et sancti Michaelis Archangeli : Illustris vir ac venerabilis Dominus Geraldus de Armaniaco, comes Armaniaci et Fezenciaci, vicecomes de Fezen   melló, sua spontanea voluntate non vi nec dolo, nec aliqua m   uc   c vel fraude ad hoc indutus, liberaliter donavit et donando   sit pura et irrevocabili donatione perpetuo valitura, liberum p   u liberam potestatem et licentiam specialem ac etiam generalem omnibus hominibus et etiam universis ac etiam singulariter ut singulis aut universaliter ut universis in castro et Villa et Barriis ac etiam pertinentiis seu limitibus de Malovicino, quod castrum est situm diocesi Tholosana et pertinentia prædicti castri tam in diocesi Lactorensi quam in diocesi Tholosana ut ubi dictum fuit, habitantibus et etiam ibidem habitaturis in perpetuum : Vide · licet quod prædicti homines omnes et singuli et eorum quilibet in solidum pro se aut etiam pro suo ordine ac hæredibus possit vendere et quocumque modo alienare bona sua, licet etiam a prædicto domino comiti in feudum seu in emphiteosim teneant vel tenuerint in futurum cuicumque personæ voluerit, exceptis ecclesiis et domibus religiosis et personis superioribus dicto domino comiti, salvo tamen et retento eidem domino comiti ac etiam salvis et retentis aliis donationibus et usibus, obliis et usibus quæ pro dictis feudis seu terris emphiteuticis dicto domino comiti facere consueverunt.

Item idem dominus comes pro se et hæredibus suis liberaliter et concessit puram immunitatem et libertatem omnibus hominibus tam præsentibus quam etiam futuris in dicto castro de Malovicino villa et barriis et pertinentiis ejusdem nunc habitantibus aut etiam ibidem in perpetuum habitaturis quocumque tempore vel etiam quandocumque, quod si aliquis homo vel aliqua femina habitans vel habitaturus in prædicto castro villa et barriis pertinentiis ejusdem loci accusatus vel

---

accusata fuerit, denuntiatus vel delatus vel infamatus vel infamata vel denuntiata per dictum dominum comitem vel ejus bajulum seu ejus curiam super aliquo vel de aliquo crimine vel maleficio vel delicto vel quasi, quo probato bona ejusdem vel persona non venerint seu incederint in commissum quod illi tali homine vel feminæ liceat coram dicto domine comiti vel ejus bajulo vel ejus curia de prædicto juri offerre fidejussorem vel fidejussores, et illos scilicet fidejussorem vel fidejussores dictus dominus comes vel ejus bajulus seu curia recipere teneantur ac etiam relaxare personam ut prædictum est, vel delatam præstita dicta cautione de publico juri coram dicto comite super et super quo fuerit denuntiatus seu accusatus vel delatus, quod per dictum dominum comitem vel ejus bajulum seu curiam persona denuntiata vel accusata non deteneatur, sed licet eidem personæ retentæ absque aliqua redemptione præmiæ ire libere ac redire et in causa se defendere. Si fidejussorem vel fidejussores dare non poterit præstare cautionem juratoriam super præmissis.

Item idem dominus comes dedit et concessit in puram libertatem ṕrædictis hominibus ac eorum successoribus quod eisdem liceat perpetuo in futurum deferre apud dictum castrum seu villam omnes res comestibiles, et volatilia silvestria vel domestica, bestias feras, pisces, poma, pira et aliacumque et ea ibi vendere et etiam habere et quod leudam de his quod ad dictum castrum detulerint et vendiderint in eosdem aut in usus proprios expenderint leudam vel pedagium vel aliquod aliud servitium prædicto domini comiti aut ejus successoribus minime solvere teneantur.

Item dedit et concessit dominus comes pure et libere prædictis hominibus pro · et suo ordine quod liceat notariis publicis in castro Malovicino nunc creatis vel creandis in tota terra dicti domini comitis et ejus dominio et juridictione instrumenta inquirere et contrahere et in formam publicam redigere, et quod instrumenta confecta per dictos notarios ubique obtineant roboris firmitatem et... stetur et credatur est publicis, ac si in locis in quibus prædicta fuerint essent facta, et ibidem conveniri possit scilicet apud Malovicinum contrahentes vel etiam debitores a suis creditoribus quibus fuerint obligati cum instrumentis vel sine instrumentis.

Item idem dominus comes pro se et suo ordine solemni stipulatione interposita promisit hominibus supradictis in castro habitantibus pro se et suis successoribus stipulantibus et Mᵒ Bernardo Rubei (?) publico Tholosæ notario infra scripto pro omnibus quorum interest vel intererit vel interesse poterit solemniter stipulanti quod si bona alicujus habitantis vel habitaturi in dicto castro aliquo casu aliquo dicto domino comiti tenuerint in commissum quod idem dominus comes et ejus successores solverit omnia debita creditoribus illius quæ tempore incursus solvere quibuscumque creditoribus tenebatur usque ad valorem et æstimationem bonorum quæ et bonis illius in commissum deciderint ipsi domino comiti quæque feuda seu terras emphiteuticas quas illi cum bona commissa fuerint quæ ab aliis terris vel tenuerit, promisit idem dominus comes intra annum et diem extra manum suam ponere et alii personæ alienare non prohibitæ a jure quæ sit facilis ad conveniendum ita quod propter dicti potentiam aliquid juris sui amittere non possit et dum idem dominus comes interim dictus res emphiteuticas tenuerit debet solvere oblias retro capita et præteritiones juris debitas et alia jura liceat tamen dicto domino feudi habere honores quæ ab eo in feudum tribuuntur per illum cujus bona ceciderint in commissum retinere et habere præcipuum sicut aut..... alium pro pretio quod alius emptor ibi dare voluit sine fraude.

Item dominus comes pro se et pro successoribus suis dedit liberaliter et concessit prædictis hominibus in dicto castro habitantibus et habitaturis quod homines habitantes in dicto castro vel habitaturi qui deliquerint vel aliquem contractum exercuerint cum instrumento vel sine instrumento apud Malumvicinum vel in pertinentiis dicti castri aut jurisdictione seu distractu ejusdem tantum seu solum modo conveniatur ratione illius delicti vel contractus in cûria Malivicini apud Malumvicinum et ibidem judicium accipere tantum modo teneantur vel vocati vel citati seu convecti in juridictionem dicti domini comitis ratione prædicta teneantur comparere vel etiam respondere.

Item dedit et concessit idem dominus comes et concessit eisdem hominibus quod liceat et habere forum seu marcatum in dicto castro et villa de Malovicino quælibet septimana in die lunæ et per totam prædictam lunæ promittens dominus comes eisdem hominibus ac etiam quibuscumque ad dictum marcatum venientibus nullum gravamen inferre nec inferri ab aliquo permittere nec a venientibus aliquid exigere vel quatenus de jure vel de usu seu consuetudine approbata extra libertates prædictas idem est promissum. Et si in hoc contigerit aliquam discordiam suscitari debet concedi duobus hominibus bona famæ prædicti castri.

Item valuit statuit et concessit dictus dominus comes et in libertatem puram concessit quod quicumque in dicto loco de Malovicino et in pertinentiis ejusdem furatus fuerit rem valentem ab uno denario usque ad duodecim denarios Tholos. quod ille taliter (?) fustigetur per villam prædictam cum re furata et exul fiat seu expellatur de villa per annum, et quod res furata domino rei reddatur cum pœna legali et quod dictus fur solvat dicto comiti prædicto ratione penæ dicti delicti triginta solidos Tholos. pro justitia sive plures si vero solvere non poterit dictus fur vel noluit dictos triginta solidos Tholos. signetur in fronte cum ferro calido. Et si vero furatus fuerit rem valentem a duodecim Thol. exeat villam et expellatur et restituat rem furatam dicto domino cum pœna legali et solvat domino comiti ratione dicti delicti pro pœna sexaginta solidos Thol. Si vero furatus extra decem solidos Thol. idem fiat quod supra proximo dictum est vel gravius secundum qualitatem delicti puniatur et nihilominus bona illius sint in potestate dicti domini comitis an et velit sibi in commissum retinere vel restituere eidem, aliam vero pœnam dominus comes non debet inferre sic furantibus ut est dictum sed dicta pœna imposita sit contentus pœnam aliam legalem si qua computetur (?) in illam conveniendo.

Item statuit voluit et concessit idem dominus comes quod si aliquis habitator vel habitaturus in castro prædicto vel in pertinentiis furatus fuerit seu clam capit de nocte invia domino fraudulenter cum balista, arcu, rete, vel alio cuniculos de bacucis columbas de columbariis pisces de margellis piscatoriis vel stanciis contra voluntatem illius cujus erunt, quod persona sic furantis et bona ejus dicto domino comiti veniant in incursum et corpus ipsius suspendatur si tamen per accusationem et probationem legitimam convincatur, si vero de die furatus vel extraxerit de plaperiis cuniculos cum furone vel columbas de columbariis vel pisces de prædictis locis contra voluntatem illorum quorum erunt, bona ipsius dicto comiti prædicto veniant in commissum et quod sic furanti manus auferatur seu amputetur et villam exeat et ab perpetuo expellatur, si tamen per accusationem et probationem legitimam convincatur alioquin in aliquo non teneatur; si vero aliquis de die venitur cuniculos vel capiat in bacuco solvat domino comiti sexaginta solidos Thol. ratione prædicta et nihilominus damnum passo emendam faciat de eodem si per accusationem et probationem legitimam fuerit judicatum, si vero aliquis juxta dictos bacucos transiens canes duxit et sine instigatione ipsius ductoris illi canes ceperint in dicto bacuco seu de dicto bacuco cuniculos, ille ducens canes restituat dictos cuniculos quos inde habuit domino bacuci vel ejus locum tenenti, vel consulibus dicti loci eadem die, vel sex denarios Thol. pro quolibet cuniculo electione domini bacuci reservata. Quod nisi fuerit pro justitia ratione prædicta solvat sexaginta solidos Thol. domino loci solvere teneatur sive pluris. Si vero columbas de columbario cum rete quis capiat nec captor statim scilicet eadem die relaxaverit quod solvat domino comiti pro justitia sexaginta solidos Thol. sive pluris, si vero aliter de die dictas columbas scilicet de columbario caperit scilicet vivos vel occiderit scienter solvat domino comiti decem solidos Thol. pro justitia tantum; si vero ignoranter nec relaxaverit volare potentes vel non potentes volare domino columbariorum non reddiderit, quod solvat domino columbarii vel ejus locum tenenti vel consulibus duos denarios Thol. pro quolibet columbo (*sic*) electione ipsi capientis reservata.

Item statim voluit et concessit idem dominus comes quod si aliquis carnifex habitans vel habitaturus in castro prædicto carnes morbosas in dicto loco vel leprosas, vel hircum vel capram, vel suum vel de troja vel vitio vel aliter vitiosas vendiderit nec prius de hoc emptoribus certificaverit solvat domino prædicto comiti et consulibus dicti loci quinque solidos Thol. pro justitia scilicet medietatem de illis domino comiti et aliam medietatem consulibus prædictis, et nihilominus carnes perdat, et prædictæ carnes sint domini comitis prædicti.

Item statuit voluit et concessit idem dominus comes dictis hominibus quod quolibet anno in festo omnium sanctorum eligantur octo consules in dicta villa, quorum quatuor dictus comes seu bajulus eligat consilio proborum hominum dictæ villæ, et alii quatuor per homines dictæ villæ, et si electi præsententur domino vel bajulo dicti loci et confirmentur per ipsos; veteres autem consules computum reddere teneantur noviter creandis et quatuor probis hominibus dictæ villæ ad hoc per novos consules eligendis.

Item statuit voluit et concessit idem dominus comes hominibus prædictis quod possint consules dicti loci in futurum qui electi fuerint eligere quolibet anno messegarium seu messegarios vel custodes quos voluerint et quod postea illos representare bajulo dicti loci, et bajulus ipsius domini comitis ipsos messegarios confirmet ac ponere mittere et confirmare teneatur et quod jurabunt ipsi messegarii bajulo et consulibus quod in suo officio fideliter se habebunt sine odio, amore, precibus et pretio remotis penitus ac exclusis et quod postquam juraverint ipsi custodes quod videatur ab eisdem et eorum cuilibet in solidum super talis et inventionibus animalium et hominum in terris alienis inventorum damna vel talas facentium.

Item quod tertiam partem justitiæ seu messegariæ habeat in futurum messegarius, aliam tertiam partem dominus comes, aliam vero tertiam partem consules dicti loci pro universitate hominum prædictorum.

Item quod cognitione bajuli et consulum prædictorum restituatur et

fiat emenda talam vel damnum passo per eos quorum animalia fuerint
vel per homines qui damnum vel talam fecerint.

Item quod pro bove, vacca, equa, polino, asino vel asina porco vel
troja vel consimilia animalia invento de die in tala solvat quilibet
unum denarium Thol. pro justitia domino et consulibus messegario
prædictis. Si vero de nocte inventa fuerint solvantur pro quolibet
animali prædicto sex denarios Thol. pro justitia; pro capra vero hirco,
ove et ariete et agno si inventa fuerint de die in tala solvatur unum
obolum pro quolibet animali proxime dicto ratione justi'. . Si vero de
nocte inventa fuerint solvatur unus denarius thol. Pro ansere vero
vel consimili ave in tala invento solvatur medietas unius oboli, et si
de nocte inveniatur unus obolus pro quolibet ansere vel consimili ave.
Homo vero vel femina si de die in honoribus cultis postquam defensi
fuerint invenitur vel inventa fuerit pro solo ingressu solvat quilibet
et quælilibet quatuor denarios thol. pro justitia; si vero inde aliquid
receperit solvere duodecim denarios thol. pro justitia teneatur; prædictæ vero justitiæ inter dominum et consules et messegarium ut dictum est dividatur, volens et concedens idem dominus comes quod prædicti consules vel eorum messegarius possint et eis liceat pignore compellere ad solvendum prædictas justitias una cum bajulo domini
illorum qui eas solvere tenebuntur.

Item voluit et concessit idem dominus comes et promisit hominibus
prædictis quod liceat consulibus dicti loci qui pro tempore fuerint
vias publicas et passus malos, carrarias pontes et fontes intra et extra
cum necessitas ho exegerit reficere et facere de consensu domini dicti
loci vel bajuli ejusdem et compellere tam habitatores dicti castri quam
forenses ad exhibendum ad expensas quas confectas occasione hujusmodi refectione fecerint secundum quod magis et minus dicti homines
habuerint prædia vel honores eodem loco facto vel refecto conjunctos
et alias ut videbitur faciendum.

Item voluit et concessit idem dominus comes et promisit eisdem hominibus habere nundinas in dicto castro perpetuo in futurum quolibet
anno videlicet in festo beati Jacobi et die sequenti: item in die martis
post Penthacostes et die crastina diei prædictæ, volens et concedens
idem dominus comes quod omnes homines undicumque fuerint et
venire voluerint ad dictas nundinas quod possint secure et libere venire, ire et redire nisi delictum commiserint propter quod essent de-
tinendi, vel alias graviter puniendi, promittens idem dominus comes
mihi notario prædicto pro hominibus quorum interest vel interesse
potest solemniter stipulanti quod idem prædictus comes per se vel

alium non inferre nec inferri faciet venientes ad nundinas prædictas
in mercibus vel personis eorumdem, imo eos dum ibi fuerint, securos
tenere promisit, et quod ratione leudæ vel pedagi vel alia ratione non
exigere aliquid a venientibus ibidem redeuntibus nisi quantum et de
jure vel consuetudine sive usu sit licitum vel permissum salvis tamen
et retentis eisdem hominibus dicti loci habitantibus et habitaturis donationibus et concessionibus eisdem hominibus factis et faciendis per
dominum comitem ante dictum.

Item voluit et concessit idem dominus comes et promisit dictis hominibus præsentibus et futuris quod prædictus locus seu villa de Malovicino augeatur et amplietur ut homines magis provocentur et quod
quicumque de novo ad habitandum apud Malumvicinum et in pertinentiis ejusdem voluerit quod primo anno qui voluerint sint immunes
a præstatione sicut contributiones omnium collectarum et expensarum
quæ facta fuerint in dicta villa illo anno excepta cavalgata et exercitu
et custodia sine guaia quæ pro defensione villæ fient, ad quarum expensarum contributionem teneantur etiam primo anno juxta facultates
eorumdem.

Item concessit et dedit dictus dominus comes dictis hominibus quod
et de eorum cuilibet liceat in suo facere et tenere bacucos seu deses (?)
et columbaria et piscatorias et extanguas in aquis et rivis privatis et
molendina dum tamen ripæ ex utraque parte illius exceptis fluminibus communibus nec liceat bajulo domini vel aliqui alii prædicta loca
ingredi vel aliquid inde accipere sine consensu illius cujus fuerit.

Item dedit et concessit idem dominus comes eisdem hominibus quod
liceat eis et de eorum cuilibet decoquere panem suum fermentatum
vel asimum in domo in qua cuilibet eorum morabitur in foco seu igni
vel furno quem liceat eis et eorum cuilibet habere et in domo in qua
morabitur tenere vel propria; si vero alibi vellent decoquere non liceat
eis nisi in furniis communibus dicti loci.

Item dedit et concessit dictus dominus comes prædictis hominibus
quod liceat eis bladum suum molere ubicumque voluerint nec possint
compelli per dominum vel baiulum suum molere in certis molendinis
nisi ubi eorumdem hominum placuerit voluntati.

Item voluit statuit et concessit perpetuo idem dominus comes cum
consilio hominum dicti loci quod si aliquis homo vel aliqua femina
villæ dictæ vel pertinentiarum ejusdem conquestum vel conquesta de
alio homine dicti loci vel pertinentiarum ejusdem conquestum vel conquesta de alio homine dicti loci vel pertinentiarum ejusdem quod ille
de quo alius est conquestus ad requisitionem domini vel bajuli fide-

jussorem vel fidejussores præstare incontinenti si fidejussores promptos habeat; si vero in promptu fidejussorem vel fidejussores non habeat et petatur fidejussor de manu et ille dixerit in promptu se non habere dominus et bajulus libere debent dare ei spatium adducendi fidejussorem vel fidejussores usque in fino; si vero petierit fidejussorem de fino et ille dixerit se non habere in promptu debet et dominus vel baiulus dare spatium adducendi fidejussorem usque in mane (?) et eidem dominus vel bajulus antequam ille fidem dat debet exhibere congruentem de illo a quo petiit fidejussorem. Si vero ille de quo alius est conquestus fidejussorem habere non possit dominus vel baiulus audita causa de quo alius est conquestus et examinata breviter faciat eamdem causam a probis hominibus dicti loci judicari, nec dominus vel bajulus eumdem in carcere retineat nisi crimen super quo alius de eo est conquestus adeo gravis esset propter quod ille esset de jure retinendus.

Item dedit et concessit idem dominus comes prædictis hominibus quod liceat cuicumque dicti loci et pertinentiarum ejusdem latronem et malefactorem apprehendere seu capere authoritate propria quandocumque de die vel de nocte et eum deprehensum domino seu bajulo reddere sine mora magna et si ille latro vel misso seu baiulo reddere sine mora magna et si ille latro vel malefactor in deprehensionem seu captionem se deffenderit et super hoc vulneretur vel occidatur capiens qui eum vulneraverit vel occiderit occasione prædicta domino prædicto in aliquo minime teneatur dum tamen ipsum possit ostendere fore latronem seu furem vel malefactorem et videantur (?)

Item dedit et concessit prædictus dominus comes prædictis hominibus et eorum cuilibet quod si liberi seu filii vel familia alicujus hominis vel mulieris in prædicta villa habitantes vel habitaturi crimen aliquid commiserit vel animalia alicujus ipsorum damnum aliquod dederint, quod dominus pro liberis vel familia nihil pro his quæ ipsi scilicet liberi vel familiæ commiserint præstare teneantur dicto domino vel eorum bajulo, dum tamen dictus pater familias velit familiam vel liberos deserere nisi probatum fuerit dictum patrem familiam in prædicto maleficio concensisse.

Item dedit et concessit præfatus dominus comes prædictis hominibus quod liceat eis et cuilibet eorum libere venare piscare navigare in fluminibus per totum Fezensaguellum exceptis plaperiis columbariis piscariis et stanciis soluto tamen domino vel bajulo pro ut dari est pro talibus in dicto loco consuetum.

Item dedit et concessit idem dominus comes eisdem hominibus quod quilibet habitator dicti loci et pertinentiarum ejusdem habeat licentiam et ei sit licitum se mutandi et transferendi ad alium locum ubicumque voluerint libere cum omnibus rebus suis et familia, et quod dominus vel bajulus nullum impedimentum præstare ei, imo debet eidem dominus comes vel ejus bajulus quemlibet hominem de prædicto loco se mutantem guidare et deffendere per Fezensaguellum.

Item dedit et concessit dominus comes prædictis hominibus quod si aliquis ipsorum hominum tenuerit vel teneat familiam suam mercenarios vel conductos vel alios extra dictam villam in cabana vel cabanis bonaria vel bonariis vel etiam in eadem villa provideat in vestigalibus quarum lucrum ac damnum idem habitator percipiat et ad ipsum tantum speretur (?) ab istis conductitiis vel mercenariis vel illis quorum sunt mercenarii dominus dicti loci vel ejus bajulus nihil exigeat nec dominus mercenariorum pro istis nec ipsi aliquid nec quantum pro uno foco scilicet sex denarios Thol. solvere teneatur domino vel bajulo in festo omnium sanctorum.

Item dominus comes dedit et concessit eisdem hominibus quod si aliquis habuerit plures domos in dicta villa vel ejus pertinentiis et nullus homo vel femina in eis habitat pro una tantum solvere teneatur in qua habitat et non pro aliis.

Item dedit et concessit idem dominus comes eisdem hominibus quod si aliquis homo vel femina habet vel habuerit in dicta villa Malavicini vel pertinentiis ejusdem domum vel plures domos et illas clausas teneat ita quod ibi continuo de die et de nocte aliquis homo non habitet et illæ cujus sunt prædictæ domus moretur vel habitat extra Malumvicinum vel pertinentiis ejusdem quod ille nihil solvere teneatur nisi quantum pro una solvere debet annuatim.

Item voluit et statuit idem dominus comes et concessit dictis hominibus quod si eadem domo fuerint plures et divisa captinnia facientes divisos panes comedendo seu divisas expensas facientes quod pro qualibet expensa seu captinnio sex denarios Thol. solvere teneantur.

Item statuit idem dominus comes et dedit et concessit dictis hominibus quod si aliquis habitator dicti loci vel pertinentiarum ejusdem convictus fuerit legitime ipsum uti falsis canis vel palmis vel pondibus vel mensura bladi vel vini falsis quod ille sit convictus solvat domino dicto loci vel ejus bajulo quinque solidos Thol. pro justitia tantum sine plure occasione dicti falsi et emendat damnum passo nec dominus personam ipsius falsum committentis possint puniri aliter vel bona ipsius sic convicti occupari nec aliquam aliam pœnam de jure competentem ei imponere omnem aliam pœnam in pœnam dictorum quinque solidorum Thol. commutando.

Item statuit voluit et concessit dictis hominibus dictus dominus comes quod si aliquis rem aliquam comestibilem ad dictum adportet ad vendidendum quod illam rem alicui revendituri vendere non sit ausus, nec aliquis revenditor eamdem emere donec ipso ad plateam communem ipsius loci palam fuerit aportata nisi ille qui apportaverit licentiam obtinuerit super hoc a domino et consulibus dicti loci; si aliquis vero contra fecerit in duodecim denariis tholos. puniatur tam domino seu bajulo quam consulibus et docenti æquis partibus vel portionibus dividendis.

Item statuit idem dominus comes et dedit et concessit eisdem quod liceat domino seu bajulo ejus et consulibus dicti loci taxare et statuere arctum pretium quo prædictis cuniculi seu cirogrili seu lepores vendantur et quod pro pretio quod ipsi taxaverint et tubicinari seu clamari fecerint nihil amplius exigendo : qui vero contra fecerit in sex denariis thol. puniatur tam domino seu bajulo quod consulibus ac docenti æqualiter dividentur.

Item voluit et concessit idem dominus comes dictis hominibus quod si aliquis dictorum hominum vel aliqua femina intestatus vel intestata decesserit in dicto loco vel pertinentiis ejusdem ita quod nullus hæres legitimus apparebit neque conjux seu uxor quod consules dicti loci scribi faciant domino seu bajulo dicti loci bona illius sic defuncti seu defunctæ et teneant dicti consules per annum et diem eidem ipsa bona si vero infra annum et diem non apparuerit uxor vel alius successor legitimus domino dicto loci applicentur dicta bona.

Item statuit voluit et concessit idem dictus dominus comes dictis hominibus et eorum cuilibet quod si aliquis habitator dicti loci vel pertinentiarum ejusdem cutellum injuriosum contra alium evaginaverit vel abstraxerit quod ille abstrahens quinque solidos Thol. pro justitia occasione hujusmodi dari teneatur domino prædicti comiti tantummodo sine plure, si dictus cutellum abstrahens de hoc fuerit legitime accusatus et convictus.

Item promisit statuit et concessit idem dominus comes prædictis hominibus quod si aliquis habitator vel habitaturus in dicta villa vel quicumque alius in eadem villa vel ejus pertinentiis indebite vulneraverit aliquem et illud vulnus fuerit legale quod vulnerans in sexaginta solidos Thol. occasione hujusmodi tantummodo sine plure dare pro justitia domino teneatur si de eo vulnere clamor factus fuerit et vulnerans legitime super hoc convictus fuerit vel confessus.

Item statuit voluit et concessit idem dominus comes hominibus supra dictis quod si aliquis homo vel femina in dicta villa de Malovicino

et ejus pertinentiis deprehensus vel deprehensa fuerit in adulterio
nudus eum nuda, vel vestitus cum vestita braccis depositis et hoc
probatum fuerit per duos vel plures idoneos testes quod non sint
de familia domini extractis juratis domini quilibet deprehensus vel deprehensa domino dicti loci pro justitia occasione dicti commissi sexaginta solidos thol. solvere teneatur tantummodo sine plure, vel saltem
currant simul nudi conjunctim per villam electione ipsis deprehensis
reservata et eorum cuilibet ut si magis voluerit currere quam solvere
quod eorum cuilibet hoc liceat sine solutione præmiæ vel quod possint eligere ut solvant dictos sexaginta solidos Thol. ut est dictum,
postquam vero cucurrerint per dictam villam nudi dominus dictæ villæ
vel bajulus ejus non debent nec possunt aliquam aliam pœnam a prædictis sic consulibus habere nec extorquere nec eorum bona propter
hoc occupare, sed sit licitum dictis currentibus post dictum cursum in
dicta villa et ejus pertinentiis perpetuo permanere et habitare; si vero
aliter aliquis cum aliqua muliere junctus fuerit in dicta villa et ejus
pertinentiis nihil dictus homo et femina solvere domino teneatur, nec
possint ipsi per dictum dominum vel bajulum occasione hujusmodi
infestari.

Item statuit idem dominus comes et concessit hominibus ante dictis
quod si pignora alicujus debitoris capta fuerint ad instantiam credi-
torum per curiam Malivicini et curia illa pignora habuit vel creditoribus tradiderit et ille debitor monitus per curiam ut illa pignora re-
dimat infra quindecim dies a tempore monitionis computandos non
redemerit, curia vel dictus creditor dicti debitoris post illud tempus
illa pignora distrahat et de pretio inde habendo satisfiat creditoribus
salvo jure in residuo et superfluo tam debitoribus quam creditoribus.

Item statuit dictus dominus comes et voluit et concessit hominibus
prædictis quod si aliquis homo vel femina dictæ villæ obligaverit
alicui pignus valens decem sol. thol. et monitus per duos vicinos loci
infra quindecim dies non redemerit et extra decem solidos thol. valeat
pignus et per curiam debitor monitus non redemerit infra quindecim
dies licitum sit et tunc creditori vel creditoribus illud pignus vendere
et sibi satisfacere de pretio venditionis illius pignoris de quantitate
vero pretii pignoris quam inde habuerit suo credatur juramento scilicet creditoris et alia probatio minime exigatur illud vero quod residuum fuerit ipsi debitori per ipsum creditorem integre restituatur
sine fraude.

Item statuit idem dominus comes et concessit dictis hominibus quod si aliquis ipsorum hominum cessaverit in solutione sex den. thol. quod quilibet habitator ut dictum est dicti loci pro foco quolibet solvere tenetur annuatim, quod quatuor denar. thol. pro justitia solvere domino teneatur sine plure et nihilominus teneatur reddere dictos sex denarios thol. pro foco quolibet ut est dictum.

Hæc autem onmia et singula supra scripta dictus dominus comes scienter et consulte certificatus de jure suo sua spontanea et libera voluntate donavit et concessit pro se et successoribus suis prædictis hominibus et singulis in dicto castro de malovicino et ejus pertinentiis habitantibus et etiam habitaturis et eorum hæredibus et successoribus universis et singulis promittens idem dominus comes me Bernardo Rubei notario publico Tholosæ pro prædictis omnibus et singulis hominibus et feminis in dicto castro et barriis et ejus pertinentiis habitantibus et etiam habitaturis et pro omnibus eorum successoribus et hæredibus et aliis quorum interest vel interesse potest, vel intererit vel interesse poterit solemniter stipulanti et recipienti pro dictis hominibus omnia et singula supra dicta tenere observare et complere perpetuo pro se et successoribus et hæredibus et non contra facere vel dicere per se nec per interpositam personam. Imo promisit pro se et successoribus suis et hæredibus universis me notario prædicto pro prædictis omnibus et singulis hominibus et femini stipulanti esse guirens de omnibus hominibus et feminis qui contra prædicta venirent quod absit facto vel verbo obligans idem dominus comes pro omnibus et singulis supra dictis perpetuo habendis tenendis servandis et complendis omnia bona sua mobilia et immobilia et jura præsentia et futura renuntians scilicet et consulte præfatus dictus dominus comes liberaliter et benigne certificatus de jure suo omni privilegio militis et omni legi et constitutioni editæ vel edendæ in favorem sui et omni consuetudini et statuto terræ vel principis vel regis, et specialiter illi legi quæ dicit donationem extra quingintos aureos sine insinuatione non valere et legi ducenti quod veniens contra pactum vel prohibitionem non ad rem ipsam sed ad complendum pactum sive promissionem sed ad judicis..... et omni juri divino et humano canonico et civili positivo seu consuetudinario publico et privato, scripto et non scripto facto et facturo et omni privilegio speciali et generali et benefficio legum et omnibus aliis exceptionibus et defensionibus quæ possint objici vel apponi contra prædicta vel aliquod de prædictis vel contra hoc publicum instrumentum vel factum in eo contentum ullo modo in toto nec in parte

faciens et concedens idem dominus comes dictis hominibus et feminis
præsentibus et futuris tot donationes singulariter pro se et separatim
quod possent ascendere nunc vel etiam in futurum extra summam
quingintorum aureorum et in quantum in ipso comite erat idem dominus comes apud se prædicta insinuavit et deliberatione perhibita
presentem scripturam publicam de omnibus singulis ut supra dictis
presentibus Bernardo de Vessino et Galhardo de Lugato scindicis
economis seu procuratoribus universitatis castri de Malovicino, et Joanne
Gaverdani et Bernado Fabri et Vitali de Castro et Ilerio de Femadicio
consulibus ejusdem loci pro se et universitate et singulis de universitate
unanimiter et concorditer prædicta omniæ volentibus petentibus et
majori parte hominum in dicto castro nunc permanentium ad hoc specialiter in unum congregata in ecclesia de Malovicino et præmissis
omnibus consentientes et volentes mandavit per me notorium infra
scriptum fieri et in formam publicam instrumentum quibus omnibus
et singulis supra dictis idem dominus comes habita cautela quæ debet
in talibus adhiberi suam authoritatem interposuit et decretum renuntians super prædictis omni juri per quod contra prædicta posse
venire vel aliquod de prædictis posset venire vel aliquod de prædictis
volens et concedens idem dominus comes quod prædictas renuntiatio-
nes tantum operentur et tantam efficaciam habeant et præjudicent ac
si omnes casus legum pro ipso domino comite facientium essent specialiter enumerati vel expressi.

Item promisit idem dominus comes me notario infra scripto pro
dictis hominibus in dicto castro et barriis et pertinentiis habitantibus
et habitaturis solemniter stipulanti quod idem dominus comes servabit perpetuo omnes alias bonas consuetudines et laudabiles usus utiles
dictis hominibus quas et quos hactenus in dicto castro et barriis et
pertinentiis olim observati vel observatæ fuerunt et quod contra consuetudines et usus prædictos non veniet ipse dominus comes vel ejus
successores aliquo tempore ullo modo, Præterea ad majoris roboris firmitatem et securitatem omnium et singulorum prædictorum habendam
idem dominus comes gratis et libere ad sancta Dei Evangelia manu
dextra a se tacta juravit omnia et singula supra dicta tenere, servare
complere et non contra facere vel venire dicto vel facto per se vel successores vel hæredes suos vel per aliquam interpositam personam in
toto nec in parte palàm vel occultè, promittens sub virtute prædicti
juramenti se servaturum perpetuo omnia supra dicta pro ut melius
sigillatim sunt scripta et dicta et uti melius dici scribi et intelligi
possint ad utiliorem et saniorem intellectum prædictorum hominum

et mulierum prædicti castri præsentium et futurorum in toto vel in parte aliqua ingenio seu modo. Acta fuerunt hæc et concessa tertio die exitus mensis aprilis regnante Philippo rege Francorum, Bertrando Tholosano episcopo, anno millesimo ducentesimo septuagesimo sexto ab incarnationis Domini. Hujus rei sunt textes reverendus pater in Christo dominus Amaneus divina gratia Archiepiscopus Auxitanus, Amaneus de Pomiriis canonicus onorensis, Ramondus Garros canonicus Aquensis, Ramondus de Solmo (?) major capellanus Sanctæ Mariæ de Aux, Ramondus Andrea capellanus Malivicini, Ramondus Durandi de Ponte Veteri jurisperitus, Martius Bajasti mercator, Arnaldus Guilhemi mercator civis Tholosæ, Arnaldus de Gura et Galhardus Fortinus milites, Galhardus de Mauros domicellus et Arnauldus Guilhelmi de Turret miles et Bernadus Rubei publicus Tholosæ notarius qui cartam istam scripsit. Damigue, signé.

Le présent extraict a esté tiré par moy nor⁴ Royal heredre de la ville de Mauvezin soubné comme titre ancien de la communauté dud. Mauvezin. Tiré d'une peau de parchemin marquée en... endroit au comans¹ et a la fin. Et led. extrait a été vidimé en présence....

(La note du notaire s'arrête là.)

COUTUMES DE CÉRAN [1].

(Vicomté de Fezensaguet.)

Au nom de la Sainte Trinitat, cause conegude sie que Monseigne lou comte, comme viscomte hara enregistra la presente carto, sera authorisado per est et per sous successous.

Item que las coustumes, dignitats, authoritats, prerogatives, priviletges, libertats, esmoulumens, drets de justices dados per lous Douseils de Grazan, de Percin et de Franx couseignous deu dit loc, de punt en punt en est seran gouardats, et en ets mentenguts, en pero que deu leu proprio se son affranquits per Mousseigne lou comte comme viscomte, aüe jurat et proumes laïssa en leur tenoment toutes tres haünous, authoritats, dignitais et autres esmouluments, comme dit es de terra, sang, tienne taverne, mazel, padouénques, plassas, coumandoments, mandoments, prescrips, sauf la haute justice tant souloment que seran tenguts d'exerça au nom deu dit Monseigne lou comte; las esmendes, gatges et pechos se partiran, sauf confisq et de toutes autres haunous et emoluments lous dits consuls dam lou conseil et consentiment deüs habitans nou pouïran a plen dispousa, en tout ou en partido, eres bende et aliena deu tout ni he à leur plases et volontat tant per ets que leur ordens à l'avenir, selon leur besong et necissitat emproquo se soun affranquits.

Item tout homme, mouilhe, maïnatge, demourcrant franqs et libres de sa habitation, sauf en sa ques de la justicio.

Item seran tenguts de paga lous fieux, rentes et aütes drets à Mousseigne lou counte et autres à qui s'apartenq selon lou tenomént de recounechenssos, et que seran tenguts en bonnes cartos et coumo es dit en la carto des dits seignous.

Item à faute de paga Moussegne lou comte et at'autes nou pouiran gatgea lous habitans que dam lou baïlé deu loc, et sera tengut lou dit baïle de gatgea dam lou salari acoustumat ques dine per cap; et pot prene per lous fieux touts mobles portes et finestres et herroments, sauf lous de laray; et au haure nou pouira gatgea lous barquis, enclusi, martels ni carbon; ni au barbe lou bassin, estugts, ni en gouents.

Item las padouenques, plassas, emoluments subs redits dam los haunous seran des dits consuls lou tout noble et gentil sen ne he aute recounechensso que la presente carte et priviletge, et à taü à quado mutation de comte, estant operats emperque se son affranquits.

Item seran tenguts lous dits consuls au nom de toute la communautat de presta segroment fidelitat au dit s^r comte comme viscomte à mutation : si prometen et juren d'este bous et loyaux subjets dou dit seignour comte comme viscomte et de sous successous; este ennemits de sous enemits, recebe sous officies à toutos hauros et tant neit que de jour, obrir las portes, ana au devant de Mousseigne lou comte, lou serbi de bon co embers touts et contro touts, saub contre lou Rey, que Dieu mentengue, emplegua leurs moyens, membres et corps et bitos prometen, en cas de guerre, et Mousseigne lou comte jure et promet lous ana gouarda et conseilla countro touts, em pero si besoin, cy causant leur necessitat, remette en aute man leus aunous et emolumens en tout et en partido per Mousseigne lou comte leurs es octroyat en libertat empero que nou sio mes en man de sous enemits; et sera tengut d'en he houmatge de segroment de fidelitat entre las mas de qui lous consuls meteran sas haunous en touts en partido.

Item tout homme ou fame que jurera ou blasphemera lou nom de Dieu ou de la S. Trinitat, de la sacrade et herouse May de noste seigne Jésus-Christ, deus sants et santes de Paradis peü prume cop sera gatgeat; per lou secound gatgeat et mes en preson; per lous tres, mes en justicio et punit corporeloment.

Item tout homme et henne deu dit loc dieu aüji lou divin servici touts lous dimenches et hestos commendados et segui la poussession; para lous daüans de las maïsous quan per lous counsuls leur sera mandat.

Item cependent que lou divin servici se dira, las tavernes seran barrades, lous consuls seran tenguts de manda lou baïle empero que que de touts Dieu sio Laüsat.

Item tout homme sera tengut d'assista lous consuls au cric deu Rey, et estan aperats en faction de justicio, et arribo Mousseigne lou comte et lous majors, et à louberturo et barra la porte.

Item tout homme deu loc aperat au conseil si dieu trouba; que si apres este mandat per lous consuls et per lou baïle nou s'y bol trouba, aquel dieu este rejetat et banit, si fait per tres beguades.

Item tout homme ou henne nou dieu rompe ni courroumpe les hounts, ni baigna ni lecha mette lou bestia deguen.

Item tout homme et henne es tengut de mesura en bonnes mesures de blat et de vin; tengue bonnes roumanes et loy au pes de car, d'oli et autes causes necessarios; qué si es troubat ou proubat ero que Ḥesso fausso mesuro sera gatgeat peü prume cop à dito deus consuls, et la mesure confisquat; et apres si s'y tourno aquet ou aquero sera punit corporeloment.

Item tout homme ou henne qui sio troubat ou proubat que pane blat, garbo hen ou paillo, vin, bereigne, echerment, laglan, castagnes, notz, peros, poumos et autes fruts, las herbes deus cazaux si es de jour sera gatgeat en cinq sols; se pano de neit sera punit corporeloment.

Item tout homme ou henne que aperera autre laïron, ladre, mazet, traïdou, bougre, puden, sera gatgeat per lous dits consuls en cinq sos bouns (1), et reparera aquet opprobi sauf verification (1).

Item qui aperera une henne ou hille puto ou paillardo et courre-disso at dieu prouba, si n'a probo lou dieü repara l'honnour au grat deü marit, ou deus proches ordens, em pero lous dits consuls gatgeat lou maü parlomen, cinq sos bous.

Item si l'homme baillo combat à aute sera punit corporeloment.

Item per sange tietze paguara cinquante gros de tres sos peu (2), et justicio en heïto sieguen lou mal heit.

Item tout homme que boutara sous boucous, bacquos en las padouenques sera gatgeat.

Item las padouenques deu dit loc se troton, prume la grane padouenque taille et confronte dam et camin per garet que ba deü loc de Lalanne enssa vers Flourenço, passant dret larriou de Margaron et dam camin dé baran deü dit camin en de bengue au dit loc de Ceran et dam un barat que las dites padouenques et terres, debaro à Larriquau em bas au camin que ben audit loc de Ceran.

Item aute padouenque que confronte lou camin de Puycasquier et lous embarats deu dit loc dit lou grand plassa.

Item aute plassa à las hounts que confronte dame larrieu et camin per ana à Lectoure et Flourence.

Item aute que terre que confronte dans lou Gers.

(1) Le sol boun ou bon valait 1 sou 6 deniers, les 5 valaient donc 7 sous 6 deniers ou 37 centimes 1|2.

(2) Le gros (d'or) valait ordinairement un sol bon ou 1 sol 6 deniers; quelquefois il valait 20 deniers, et ici il en vaut 36 ou 3 sous ou 15 centimes; ainsi les 50 gros de 3 sous valent 7 fr. 50 centimes.

Item aute pece de terre que confronte de St Martin de Gouts.

Item tout homme ou henne deu dit loc nou dieu ana contre las dites coutumes; si es jurat et promets de tengue tous autes articles coustumes escrips en la carte deu dit loc, dattados l'an M.CC.LXXII. Dados et octroyados per lous dits seignous. Empero de toutes eros causes subreditos per Mousseigne lou comte comme viscomte de Fezensaguet, et per lous dits consuls hasen per tous lous habitans, et tous hasen tant per hetz que hordens à l'advendour soub lous drets d'aultruy en jurat sur lous sants auangelis de leur man drette toucats, lou tout observa de punt en punt en non controbengue à las presentes.

En presenses de noble Odet de Larroche, senechal; Antoni d'Arbis de Poupas; Jean Guilhem de Monlezun et de Montastruc; Roc de Goulard et Mousseu Estiene, preste; Antoni Taste, preste; et Mouret Ransan, habitans deü dit loc, et deny mousseu Raymond De Fau, preste, que ci-escrient, retengude la presente carte de leur boulentat lou X de mars M.CCC.LXXXXV dens lou dit loc de Ceran, et dens la Gleize deu dit loc.

TRANSACTION ENTRE LES SEIGNEURS ET HABITANTS

DE CASTELNAU-D'ARBIEU (1).

(Vicomté de Fezensaguet.)

Jean de Golard homme d'armes seigneur et baron de Lomagne et de Ste-Livrade, conseiller et chambellan, ou gentilhomme des seigneurs Roy et Reine de Navarre, comte d'Armagnac de même senechal et gouverneur du pays d'Armagnac en deça la Garonne, a tous et en general qui verront ces presentes lettres salut, faisons savoir et par la presante teneur attestons aujourd'hui quatorsieme du mois de mars de l'année mil cinq cens trente cinq qu'il a été produit devant nous, ou nôtre lieutenant dans nôtre cour de presidial, les coutumes du lieu de Castelnau d'Arbieu, a la requisition de Mᵉ Hugues Raffi bachelier es droits, et Guidon Memond sindics du dit lieu, les dites coutumes en trois peaux de parchemin decrites par mᵉ Pierre Rabin signées sans etre biffées ny rayées ny en aucun endroit suspectées, comme nous lavons vu et touché, et düe collation faite par le dit notaire bas ecrit du double sive copie dicele, et nous ordonnons et commendons expédiér aux dits sindics les coutumes, dont la teneur suit et est telle.

Au nom de Dieu ainsi soit il. Sachent tous ceux qui verront et entendront cet instrument public, et avec le compromis qui suit entre nobles hommes Vital de Mongailhard seigneur d'Esclignac, Vital de Montaut seigneur Dom en partie; Raimond de Manas seigneur des Bordils, demoiselle Raymonde de Barthe, et Arnaude de Sales habitantes de Castelnau d'Arbieu, comme dans l'arbitrage sive amiable composition par les parties sous ecrites et accordées, seur toutes questions, demendes, objections et contraverses dapresent, ou qui étoint ou pourroint etre a lavenir entre nobles hommes Galin de Montaut

---

(1) Communiquée par M. Mothe, notaire à Castelnau-d'Arbieu. — Cette transaction porte la cote suivante : « *Extrait de sentence arbitrale en françois pour Castelnau-d'Arbieu, du 14 jeanvier 1312, faisant mention des coutumes du dit lieu du 8 novembre 1263. Expédiée à Lectoure d'autorité du senechal d'Armagnac le 12 jeanvier 1586, et traduite en françois par le sieur Xaintrailles, feudiste de Montauban, le cinq du mois d'avril 1789, qui a couté cent livres avec une autre en latin conforme au parchemin qui sert de texte original à la communauté.* » — Le texte latin de la transaction est perdu, ainsi que l'original de la traduction faite par Xaintrailles. Il ne reste plus qu'une copie de cette traduction.

dame Blanche sa femme, et Arbieu de Franqs damoiseau coseigneurs dud. Castelnau dune part, et entre tous les hommes et chacun en particulier du dit chateau et l'universalité du dit lieu d'autre part seur le retablissement edification reparations et batisses des maisons du dit chateau, et seur les quels articles par la dite universalité par les dits arbitres mis et inséré cy-dessous comme tout a été dit dans chaque instrument du compromis par moi no^{re} sous ecrit toute la teneur contient tout ce qui suit en cette maniere.

Sachent tous ceux qui verront le present instrument et noble homme Galin de Montault seigneur d'Acremont et Blanche pour sa femme de sa volonté et de l'expres consentement de son dit mari ici present de l'autorité et licence au même accordée et atribuée, et Arbieu de Franqs damoiseau coseigneur du dit Castelnau d'Arbieu pour lui ses heritiers et successurs à lavenir dune part, et Vital de Rabin habitant de Lectoure, Arnaud de Barthe, Garcie Arnaud de Rabin clerc, Bernard de Verdenhan habitans de Castelnau procureurs et sindics de l'universalité dudit Castetnau d'Arbieu pour et dans lequel instrument de la dite procuration ou sindicat retenu par moi no^{re} contenant la teneur a raison de quoi il est fait mention afin que les procureurs ou sindics de la dite universalité au dit nom agissent et deffendent librement gratuitement et selon leur bon gré ensemble et d'acord, compromettent et sacordent entre honorables hommes Vital de Montgaillard seigneur Desclignac, Vital de Montault seigneur en partie Dom, Raymond de Manas seigneurs de La Bordits damoiseau, Arnaud de Sales habitant de Fleurance et Raymond de Barthe habitant de Castelnau ici presens a raison d'arbitres ou amiables personnes afin de compromettre librement seur toutes les questions et debats entre les dites parties sur la refaction et edification des maisons de Castelnau ou autres, et seur les questions de discorde qui étoint ou qui pourroint etre entre les dites parties, sur les quels articles ci bas ecrits par les sindics ou procureurs au dit nom, les arbitres ou amiables personnes procederont jour ferié ou non ferié tenant leurs sceances en tous lieux et chaque heure en presence ou absence des parties d'une seule, l'ordre judiciaire observé comme les dits arbitres verront etre mieux a faire, promettant les dites parties pour elles et au nom que procedent cent marcs d'argent applicables la moitié a la partie adherante et l'autre moitié au seigneur viconte de Fezensaguet payables par la partie non adherante, et moi no^{re} sous ecrit comme personne publique recevant et stipulant au nom dudit seigneur viconte absent venir aprocher de jour en jour d'heure en heure au lieu et

lieux assignés par les dits arbitres ou amiables personnes, et tenir
accomplir homologuer et inviolablement observer leur sentance n'y
venir contre par soy n'y personne interposée en tout ny en partie,
ainsi lont juré seur les Saints Evangiles pour les quelles choses tenir
et observer les dits nobles compromettans et les dits procureurs ou
sindics au dit nom tous leurs biens meubles et immubles présents et
avenir aux peines et obligations de droit, toutes lesquelles choses et
compromis sentence definive et amiable composition auront leur valeur d'ici a la fête de St Vincens Martir et autrement autant de temps
qu'il plaira aux arbitres les proroger, la teneur de la vraye procuration ou sindicat suit en ces termes.

Sachent tous que par le present instrument vu et entendu en presence de moi notaire et temoins basnomés au lieu de Castetnau et dans
l'eglise du dit lieu, constitué en personne Fortanie de Fite, Bernard
Denros, Arnaud de Cazeneuve, Arnaud Montozin consuls ainsi qu'ils
l'ont dit du dit lieu pour eux et au nom de leur consulat, et toute
l'universalité du dit lieu, et Guillaume Delille, Pierre Bergond, Guillaume Daréent, Raymond de l'Arbieze, Dominique de Larearosse,
Guillaume de Dauant, Guillaume de Fite, Jean Bastreon, Pierre Denros, Raimond de Barthe, Guillaume Danzas, Dominique de Lartigole,
Bernard de Tulier, Raimond de Sales, Geraud de Bezian, et Bernard
D'Arquier personnellement assemblés dans l'eglise du dit Castetnau
au son de la cloche comme il est de coutume, faisant la plus grande
partie de la dite communauté et tant pour eux que pour leurs absens,
ont constitué pour leur legitimes speciaux et generaux procureurs
sindics economes acteurs deffensenrs et negociateurs, Vital de Rabin
de la ville de Lectoure, Arnaud de Barthe, Bernard de Verdenhan habitans du dit Castetnau, et Garcian Arnaud de Rabin cler de Fleurance,
ici presens, a raison des causes meües et a mouvoir par la dite communauté contre certaines personnes du dit lieu devant tout delegués
ordinaires ou extraordinaires ou subdelegues ecclesiastiques ou secu-
liers arbitres ou autre, de quelque condition ou dignité qu'ils soyent,
donnant et concedant plaine et libre puissance et spéciale commission
aux dits procureurs ou sindics et autres que ce soit d'agir, defendre,
recevoir, repliquer, dupliquer, tripliquer, transiger, pacifier, com-
prometre demender des depens, en payer produire tous les articles
et libelles ou libelles faux ou vraix, jurer en leur ame et soumetre
tout autre serment quelconque, ouir sentence ou sentences en appeler
poursuivre les applications ou interlocutoires, substituer, les destituer
avant le procès jugé et avant et après toutes choses faire lesdits pro-

cureurs ou sindics ce qu'ils verront etre mieux a faire et comme lesdits constituans ou universalité susdites fairoint s'ils y étoint presens
prometant sous l'obligation et hipoteque de tous leurs biens presens
et avenir meubles et immeubles moi nor* sous ecrit comme personne
publique stipulant et recevant pour et au nom de ceux qui ont interet
ou puissent y en [avoir ou l'avenir, et de payer avec toutes clauses ce
qui sera du. Relevant les dits procureurs ou sindics et substituants ou
substitués de même de tout fardeau apres les avoir satisfaits et prin-
cipeaux debiteurs presentement constitués veulent manifester avec
fermeté toutes les obligations a tous ceux qui ont interet et qui pourroint y en avoir par cest instrument public, voulant aussi les dits
constituans que suivant cest instrument toutes choses soint faites en
forme publique, a été fait a Castelnau D'arbieu le quatrieme de l'entrée du mois de decembre de l'année apres l'incarnation du seigneur
mil trois cens douze réignant Philippe roy de France, Gaston viconte
de Fezensaguet, Guillaume eveque de Lectoure presens Vital de Montault damoiseau Me Guillaume de Mansonville prêtre, Dominique
D'artigue-darie, Me Pierre Raymond Alaux nor* d'Arcamont et moi
Pierre de Rabin nor* public de Lectoure et Fezensaguet, qui ay ecrit
signé cest acte de mon seing accoutumé, cest acte fut fait a Castelnau
D'arbieu le troisieme jour de l'entrée du mois de decembre en l'année
prononçons par notre presente sentence arbitrale que les dits cosseigneurs en recompance du dit domage pour satisfaction, donnent et
soint tenus de donner a tous les hommes en general et en particulier
habitans du dit chateau et ses appartenances a savoir tous les bois
verds et secs presentement existant seur terre dans la Barthe au bois
appelé d'Aurenque pour faire de la tuile pour couvrir et edifler les
maisons du dit lieu, de même nous disons et prononçons seur le dit
article que les dits cosseigneurs donnent et soyent tenus de donner a
raison de premisse a savoir en amende et satisfaction du dit domage
le bois vert et sec de toute condition provenant seur la terre actuellement existante dans la Barthe ou bois appelé de la peyrere pour faire
avant les ordonances tuile pour la reparation et edification des maisons dudit Castelnau, et que les dits cosseigneurs ny leur successeurs
ne fassent aucune deffence dans aucun temps a lavenir dans ledit bois
de la Peyrere mais toujours deffendre tous les hommes en general du
dit chateau et ses appartenances mais au contraire qu'il demure aux
dits habitans et a l'universalité en commun a perpetuité comme il est
convenu et par ladite universalité de la maniere cy dessus les dits
sindics et procureurs au dit nom. Et les dits cosseigneurs et leurs

successeurs a raison du dit domage et autres ne demenderont ny nexi-
geront pour raison du dit domage rien a perpetuité les quitent et
rendent libres. Plus seur le troisieme article dont la teneur est telle
demendent et supplient les plasses dans le dit chateau et faux-bourg
de même les jardins leur etre données et rendues de mêmes et en la
même maniere qu'eux ou leurs predecesseurs habitans du dit chateau
leur avoint été données et concedées par noble homme le seigneur
Arbieu de Labatut autre fois guerrier seigneur du dit Castetnau par
instrument public fait par la main de Me Pierre Cabiran autre fois
no^{re} de Lectoure et tout autrement qu'est porté par le dit instrument
de donnation et concession le maintenir en plein, l'approuver et comfirmer a perpetuité avec instrument public sous le seau du juge-mage
senechal et viguairie de Toulouse, seur quoi nous dits arbitres de
notre autorité et a raison du dit compromis disons que les cosseigneurs
susdits donnent et concedent et soit tenus de donner et conceder aux
hommes habitans du dit chateau et leurs appartenances les places cy
desseus dites dans le dit chateau et faux-bourg et les jardins de la
même maniere et en la même forme que le tout fut donné et concedé
a eux et leurs predecesseurs par noble homme seigneur Arbieu de
Labatut autrefois guerrier seigneur du dit Castetnau au moyen de
l'instrument public detenu par Me Pierre Cabiran no^{re} de Lectoure et
comme est plus en plein porté par le dit instrument qu'ils approuvent
mil trois cens douze réignant Philippe roy de France, Gaston viconte
de Fezensaguet, Guillaume evêque de Lectoure presens Guillaume de
Deuant, Dominique de Lartigole, Me Guillaume de Mansonville prêtre,
Bernard de Tactieres, Bernard Davora dit Favas, et moi Pierre de Rabin
no^{re} public de Lectoure et Fezensaguet qui ay ecrit et signé cest acte de
mon seing accoutumé, apres laquelle année jour et mois ci dessus, les
dits arbitres ou amiables experts apres avoir vu oui et bien examiné
la pation des dits cosseigneurs de Castetnau D'arbieu a raison de la
construction reparation des batimens et habitations du dit Castetnau
D'arbieu qu'ils demendoint etre faite par les hommes et universalité
du dit lieu, et de même voir avec attention les articles de reponse
des dits sindics et universalité, comme aussi toutes et chacunes les
demendes exceptions allegations et deffenses ci dessus proposées et que
lesdites parties voudroint dire et proposer seur les dites questions et
articles cy dessus, apres bon conseil par voye de paix et concorde et
amiable composition; et lesdits arbitres seur les requisitions et amiable composition; deffense et determination et arbitrage de la façon qui
suit dirent prononcerent et firent savoir apres avoir invoqué le nom

de Dieu par au nom du Pere du Fils et du St Esprit. Ainsin soit-il.

En premier lieu nous Vital de Montgaillard Raymond de Manas damoiseau, Arnaud de Sales et Raymond de Barthe habitans de Castelnau, arbitres elus ensemble par les parties ci dessus, seur les dites questions, nous disons, prononçons faisons savoir et determinons par notre sentence arbitrale et authorité par lesdites parties concedée et attribuée dans led. compromis, que fidelité amour, charité paix et concorde soit a perpetuité entre lesdits cosseigneurs et leurs successeurs du dit Castelnau D'arbieu et tous les hommes en general et en particulier du dit lieu de plus disons, publions, prononçons et determinons seur; tous et chacuns en particulier des articles comme il suit. Seur le premier article qui est tel qu'il suit, en premier lieu supplient et requierent les conseuls et l'universalité du dit Castelnau D'arbieu pour eux et leur successeurs a perpetuité qu'avant qu'ils construisent edifient et habitent le dit lieu, qu'il y ait paix et concorde entre les cosseigneurs dudit lieu avec tous leurs enemis capitaux, sur quoi nous disons suivant nos dits pouvoirs que les dits cosseigneurs et leurs successeurs soint en paix et concorde avec tous leurs enemis capitaux et autres, et se procurent et fassent procurer des forces contre tous ceux qui maintenant paróissoint et paroitroint a l'avenir nonobstant les hommes et universalité du dit lieu qui seront tenus de batir et edifier au dit lieu. Plus seur le second article dont la teneur est demendent et supplient que leurs maisons et edifices du dit lieu et au dehors, qui a l'occasion des dits cosseigneurs ou par eux ont été incendiées soit obligés de les reparér desament et au moyen que les dits cosseigneurs nourrissent les dits hommes, seur quoi nous disons et comfirment a perpetuité avec l'instrument public et seau du seigneur viconte de Fezensaguet fortifiée et comfirmé le cas arrivant par lui et comme dans l'instrument susdit avec le seau du senechal et viguairie de Toulouse auquel seau ils soint obligés de sen tenir de la même maniere et en tout temps. La vraye teneur du dit instrument concedé par le dit seigneur Arbieu aux habitans dudit chateau suit de cette maniere. Connue soit la chose que Arbieu de Labatut seigneur de Castelnau D'arbieu pour lui et pour touts ses freres et pour touts ses successeurs du dit chateau qui en seront seigneurs donna et donnoint agreablement et par donnation durable et non revocable a tous les habitans en general du dit Castetnau presens et avenir le dit chateau et faux-bourg que de ce moment a trois ans et en s'empressent de continuer le fassent habiter de telle maniere que les dits habitans en general l'habitent franc de donner rien, que personne des leurs ne donne ni ne soit teneu de rien donner en aucun temps n'y d'aucune maniere quete n'y aucune chose pour n'y a raison quete audit Arbieu ny a ses freres ny a ses ses successeurs seigneurs du dit Castetnau, et apres ledit Arbieu pour lui et les siens cy dessus dits donna et octroya en franchise et en coutume a tous les habitans en general cy dessus dits et leur dit tenes; voila l'emplacemens que voulons etre pris au dit chateau et faire la maison au dit chateau et au faux-bourg du dit chateau pour faire la borde, et terre pour faire la jardin, et une emi-née de terre pour faire la pred, et une cetterée de terre pour faire la vigne ou ce qu'il leur plaira, et l'emplassement de la maison doit avoir et contenir ving-quatre arrazées de long et douse arrazées de larges; et l'emplassement de la borde autant de chaque habitant doit payer tous les ans au dit seigneur Arbieu et a ses heritiers a la fête de St Martin sis deniers morlas d'oublie pour l'emplassement de la mai-son et quatre deniers de censive pour l'emplassement de la borde et sis deniers morlas pour la cetterée de la vigne et quatre deniers du jardin et quatre deniers du pred sans acapte que pour ny a raison des dites pos-sessions ne sointtenus en faire en aucun temps, le donna et octroya le dit Arbieu aux dits habitans et a chacun des leurs a itant de ses terres qu'il avoit et devoit avoir aux appartenances dudit chateau. C'est a savoir du dit chateau au dessus et en bas les appartenances de Quinsac cultes et hermes et qu'ils ne puissent les cultiver sans payer lagrée du blé qui naitra bien et loyalement sans plus, et chacun des dits habitans tenant feu au dit chateau soit tenu de donner au dit seigneur Arbieu demi emenée avoine chaque année et chaque habitant du dit chateau ayant une paire de bœuf ou autres betes aratoires qu'il le prete une journée de l'année oune des dites betes sil nen a pas davantage tant seulement, le dit seigneur doit donner a manger a celui qui les suivra ou la suivra ce jour la qu'il les pretera et ce sera suffisent, le dit seigneur donne et octroye plain pouvoir aux dits habitans tous et en general de tenir au dit lieu dedans et dehors trente brebis meres a partage, et de leurs propres toutes celles qu'ils pourront avoir; et co-chons a eux propres tous ceux qu'ils pourront avoir et tenir aisement et entre ses propres, et d'autrui entre douze et d'autrui sy de ses pro-pres n'en avoit, au quel betail et a l'autre des dits habitans et de celui des dits habitans donne octroye le dit Arbieu franche entrée et sortie pacage herbage eaux et feuilles herbes et autr fruits par toute et en toute sa terre et seigneurie qu'il a et que les dits seigneur devoit avoir dans ses appartenances et les appartenances du dit chateau; sans faire aucun dommage ainsy convenu, le dit seigneur donne et octroye plain pouvoir a tous les habitans en general de vendre, d'empignorer, aliener, de donner et en autre maniere qu'il voudra a qu'il voudra et lui plairra excepte a seigneur majeur et a personne religieuse les fiefs et honneurs et a chacun de ceux du dit chateau etant actuelement ou avant reservé ses honneurs seur tout librement ne le contrarier faire ny penser ny autre de lui ny pour lui ny rien faire en aucune maniere, et si aucun des dits habitants du dit chateau veut partir et aller en autre lieu qu'il le fasse quand il voudra, et le dit seigneur du dit chateau doit lui et toutes ses choses accompagner et guider d'allée et d'avenue a bonne foi de son pouvoir pendant la durée dune lieu quelle part qu'il veuille aller, le dit seigneur donna dit-il au dit chateau a prendre du dit chateau entre le lieu del Formiguié et entre la pleine d'Auzan, et entre le puits de Pomarede et entre Lafont Mansan, et entre a la coume Margaron et entre leglise de Quinsac, et entre le ruisseau de Cobiroc et entre la dite pleine d'Auzan, et de toutes les choses sus ecrites par le dit seigneur données et promises et octroyées, ledit seigneur Arbieu a juré sur les Saints Evangiles tenir et observer et ny contre venir pour lui et pour tous ses successeurs seigneurs du dit chateau, ce cy fut fait le troisieme jour de l'entrée de novembre regnant Henry roy des Anglais, Arnaud Odon viconte de Lomagne et Gerard evêque de Lectoure en lannée de lincarn   de notre Seigneur mil deux cents soixante-trois, presans Tho   pera du dit lieu, Guillaume Sens de Bordonhan, Laurens de la   argve, Pierre Cabiran notaires publics de Lectoure. Plus seur le quatrieme article dont la teneur est telle demendent Pierre Luzian, Bernard de Verdenhan, Raymond de Verdenhan, des portes dans le dit lieu utiles et necessaires et d'en tenir les clefs a perpetuité pour les remetre, seur quoy nous dits arbitres de notre autorité attribuée dans ledit compromis disons que les dits cosseigneurs soint tenus de faire ou faire faire un portail competant au faubourg du dit lieu pres leglise du dit lieu a leurs depens, et sy tout autre portail ou portes dans ledit lieu ou faubourg les dits cosseigneurs ou l'universalité du dit lieu trouvent etre necessaires d'etre faits et construits ladite universalité les faira faire a ses depens, avec cette convention que les gages du garde du dit lieu et de l'universalité pendant trois années seront par lesdits cosseigneurs et l'universalité employés le cas arrivant pour ayder a la construction des dites portes, et la dite universalité et tous en general auront et tiendront a perpetuité les clefs des dites portes ou ceux qui seront pour ladite universalité. Plus seur le cinquieme article dont la teneur est demandent que le dit lieu ou sa juridiction soit a l'avenir divisée entre les cosseigneurs du dit lieu ou par indivis a perpetuité et regie par un juge que les dits cosseigneurs crééront le quel exercera la juridiction au nom desdits cosseigneurs, lequel juge lors du changement des conseuls dudit lieu jurera de bien et fidelement exercer sa charge, les deffendre des injures et les conduire dans le pouvoir qui lui sera attribué sur quoy nous dits arbitres en vertu de notre pouvoir disons et prononçons que le dit lieu ou population dapresent et avenir sera divizée ou jouie par indivis a perpetuité et regie par un juge digne de foy, créé par lesdits cosseigneurs, et exercera la juridiction et son devoir au nom desdits cosseigneurs, ledit juge lors de sa creation ou de son changement jurera entre les mains desdits cosseigneurs en presence des conseuls du dit lieu de bien et fidelement exercer sa charge de juge, et eviter qu'il soit fait injure et violance, les deffendre et garder dans la juridiction a lui attribuée, le quel juge regira et tiendra sa cour au nom des dits cosseigneurs recevra les plaintes et toutes choses justes et resonnables comme dit est, et connoitra les dites plaintes avec sa cour du dit lieu. Plus nous disons et prononçons seur le dit article que si par hazard les dits cosseigneurs ou leurs successeurs venoint à deplacer le dit juge que les dits cosseigneurs ou leurs successeurs pourront en nomer un aure de la même maniere et en même forme cy desseus expliquée. Plus seur le sizieme article dont la teneur est telle demendent quil soit libre a tous les hommes de tenir et posseder terres et autres possessions s'ils en tiennent ou veulent en tenir eux et leurs successeurs a l'avenir le cas arrivant outre la portion ou mezure qu'il paye et les services et autres devoirs de la dite terre comme il est accoutumé de faire selon le plus ou le moins, sur quoi nous disons et prononçons de notre autorité et pouvoir que si dans les terres prés vignes bois ou autres possessions de quelqu'autre condition restante que lesdits hommes tiennent des dits cosseigneurs a agréér ou autre ou predecesseurs ou leurs successeurs ou tous ceux qui possederont pour eux ou les dits hommes mentionnés ensemble ou par indivis arpentées dans les dites possessions qu'il soit arrivé d'autre coté que le dit arpentement ou mezure cy dessus dite d'une eminée ou au dessous, le possesseur de la dite eminée ou autre ci-dessus arpentée jusques à l'eminée ou au dessous puisse de sa propre autorité les posseder sans aucuns obligations que tel detenpteur ne soit tenu de donner ny payer aux dits seigneurs ny leurs successeurs d'aucune maniere ny en aucun temps reservé. Cependant les services et autres devoirs de la dite possession payables aux dits cosseigneurs comme il

est accoutumé selon le plus ou le moins, sy cependant il y a plus
d'une eminée d'arpentée dans lesdites possessions les hommes cy dessus qui jouissent tous ces conditions ou qu'il arrive que son voisin
soit detempteur du surplus de la dite eminée le dit detempteur sera
tenu de payer aux dits cosseigneurs ou leurs successeurs les services
et devoirs de la dite possession a la connoissance des consuls du dit
lieu. Plus seur le septieme article dont la teneur est, demendent que
les cosseigneurs donnent a nouveau fief aux hommes du dit lieu une
concade de terre pour reduire en bois ou autre chose selon leur volonté pour douze deniers morlas de censive, sur quoy nous disons a
raison de notre arbitrage et pouvoir a nous concedé que les dits cosseigneurs donnent gratis et soit tenus de donner a nouveau fief ou
emphitheoze suivant les coutumes du dit lieu pour faire des bois ou
tout autre chose une ceterée de terre des quelles ils tiennent des dits
cosseigneurs a Layries exepte arbres pautes des quelles ils tiennent
en fief ou agrier ou d'autre maniere dans les appartenances du dit
lieu, huit concades terre ou autres possessions de telle condition soit
ensemble comptées sans aucune somme dargent comme les dits seigneurs ou leurs successeurs au dit nom ont donné les ceterées terre
ny payer daucune maniere ny en aucun tems six deniers morlas doublie ou services que ledit donnat et sont tenus donner chaque année
a la fete de la Toussaints au dit lieu de Castelnau aux dits cosseigneurs
et leurs successeurs de plus nous disons et prononçons par notre present arbitrage a raison du present article que lesdits cosseigneurs
donnent gratis a tous en general les hommes du dit lieu ou leurs
appartenances aux dits cosseigneurs a fief ou lagrier de leurs appartenances, ou d'autre maniere dans les appartenances du dit lieu quatre concades de terre ou autre possession sous telle condition quelles
restent ensemble suivant les coutumes du dit chateau de telle maniere
la demy ceterée de ce qu'ils tiennent desdits cosseigneurs en agrier
pour en faire un bois ou tout autre chose selon leur volonté ou ils
voudront exepte albarete plantée, trois deniers morlas doublie payables aux dits seigneurs audit chateau annuelement a la fête de la
Toussaints sans qu'ils soint tenus payer aucune somme d'argent aux
dits cosseigneurs ny a leurs successeurs daucune maniere ny en aucun
tems pour droit d'entrée de la demy ceterée de plus disons prononçons
et determinons par notre arbitrage que les dits cosseigneurs donnent
gratis et soint tenus de donner en fief ou emphiteoze suivant les dites
coutumes un livralat de terre a savoir de celles qu'ils tiennent des dits
cosseigneurs a lagrier a savoir a tous generalement les hommes du dit

lieu ou ses appartenances de même aux habitants qui tiennent et possedent desdits seigneurs deus concades terre ou autre possession dans les appartenances du dit lieu en fief ou agrier comme il leur plairra accordant baton planté a l'exeption pour faire bois ou autrement pour faire a perpetuité leur volonté sans autre somme dargent laquelle somme les dits cosseigneurs ny leurs successeurs en leur nom pour entrée du dit livralat terre ne seront tenus de donner ny payer en aucun tems a lavenir que trois pites morlas doublie ou sensive laquelle somme les dits cosseigneurs pour le dit livralat terre seront tenus de donner et payer annuellement audit chateau a la fête de la Toussaints. Plus seur le huitieme article dont la teneur est telle demendent les chemins publics etre faits et assignés de vingt razes emplement et pour toutes les appartenances dudit lieu et les padoines communs comme ils furent concedés, seur quoy nous disons et prononçons suivant notre pouvoir que les dits cosseigneurs pour eux et leurs successeurs donnent a tous les hommes en general dudit lieu pour eux et leurs successeurs tous et chacuns les chemins publics et tous les padoines communs a savoir de ving razées amples uzitées et arpentées et de même qu'ils les donnent et approuvent pour eux et tous ceux qui seront a lavenir a perpetuité. Plus seur le neuvieme article dont la teneur suit, de même demendent que les dits cosseigneurs leurs successeurs ou leur juge a raison de toutes les ventes permutations et impignorations des terres et autres possessions du dit lieu et ses appartenances soint tenus de leur accorder pour la requisition des ventes a raison d'un an et un jour tout dol et fraude cessant et telle cession faite par le juge du dit lieu soit et demure a perpetuité, seur quoy nous disons prononçons par notre present arbitrage et autorité a nous atribuée dans le dit compromis que les dits cosseigneurs et leurs successeurs de toutes les ventes permutations et impignorations des terres et autres possessions du dit lieu et ses appartenances faites de suite et incontinent sans aucun delay leurs droits et devoirs rezervés sans dol ny fraude ils les approuvent et comfirment lors de la presentations de ladite vente a moins que les dits cosseigneurs ne vouleussent retenir a eux lesdites possessions vendues et qu'ils soyent tenus le faire dans lespace d'un an et un jour, et que cela soit fait par les cosseigneurs et non par leur juge. Plus seur le dixieme article dont la teneur est telle, demendent que si par hazard il etoint necessaire aux dits cosseigneurs ou autres des leurs davoir des bœufs, vaches, cochons, moutons, gelines, oyes ou semblables chairs pour manger ils le leurs achaitent au meilleur prix qu'ils pourront laccorder et qu'ils les satis-

fassent de suite, nous disons par notre arbitrage et pouvoir donné
dans le compromis que les dits cosseigneurs ny autre des leurs ny
leurs successeurs pour eux ny par autrui en leur nom ne pourront
prendre a raison de force aucun bœuf, vache, cochon, mouton, gelines,
oyes ny semblables viandes aucunes personnes du dit lieu et leurs
appartenances en aucun tems pour manger a raison de la necessité
de leur maison que de suite les dits cosseigneurs ou autres pour eux
en leur propre nom aillent aux conseuls et leur disent que les dits
grosses viandes sont necessaires aux dits cosseigneurs ou un deux
pour manger et a raison de leur maison, et dise aux consuls qu'ils
soint tenus de suite les envoyer audit chateau, et si les conseuls se ne-
gligent de le faire que les dits cosseigneurs ou un deux ou autre a
leur nom puissent prendre les dites viandes de leur autorité, prendre
en defaut les dits conseuls de quel etat qu'ils soient, exepté des dites
grosses viandes les bœufs aratoires, vaches, cochons et moutons s'ils
avoint eté achetés pour le salage ou pour faire des noces, sy elles leurs
sont necessaires, et au meilleur prix qu'ils pourront s'accorder entre
eux et s'ils ne peuvent pas s'accorder selon la connoissance et estimation du boucher ou deux prud'homes du dit lieu et les payent de suite
sans delay ou un bon gage double ou la totalité valant la moitié ou
bonne caution le dit gage le retire du detempteur ou le dit gage ou
gages vendre ou aliener iceux comme on verra a faire au lieu de Fleurance ou Lectoure ou ailleurs, disons par notre arbitrage que les dits
cosseigneurs ny leurs successeurs ny personne pour eux ne peuvent
prendre les dits conseuls pour aller chercher ny prendre en leur nom
de la viande ny autres choses mais peuvent l'avoir deux comme il est
dit au present dixieme article, de plus nous disons prononçons par
notre present arbitrage et autorité portée au dit compromis que tous
en general habitans du dit lieu et appartenances et fassent feu seront
tenus pour eux et leurs heritiers et successeurs universels a perpetuité
seront tenus de donner et payer chaque année a la fête de Toussaints
une paire de gelines convenables aux dits cosseigneurs et leurs successeurs. Plus seur le onzieme article dont la teneur est telle, demendent que nul bois ne soyent point deffendus par les dits cosseigneurs
ny par leurs gardes a savoir seulement le Pleyssac, Sarracon, Labarthe
de las Nauzeres, Lagarrigue de Grizombelle et le bois Descanagard, et
que le garde qui sera etabli pour cela soit reçu comme ceux commis a
la garde des bois de Mauvezin du seigneur vicomte de Fezensaguet,
seur quoy nous disons prononçons par notre arbitrage et autorité
portée par le compromis que nul bois des dits cosseigneurs et leurs

successeurs ne sont deffendus mais seulement ceux cy dessus nomes
a savoir Lepleysac, le Saccaron, Labarthe de las Nauzeres, Lagarrigue
de Grizombele, et les autres bois en general cy dessus les dits cosseigneurs et generalement tous les hommes dudit lieu et ses appartenances demeurent perpetuelement en deffence, et que les gardes
commis par les dits cosseigneurs aux bois cy desseus nomes et expli-
ques soyent dignes de foy, et reçoivent pour droit damende de la même
maniere que les gardes du bois de Mauvezin du seigneur vicomte de
Fezensaguet cy dessus dit comme il est duzage, et que nul autre de la
famille desdits cosseigneurs commis dans les dits bois n'ayent damen-
des sinon le garde cy dessus exepte dans ledit bois de Lepleyssac,
qu'aucun animal ne demure sans garde dans les dites forets ny ailleurs
de la famille des dits cosseigneurs, la ou ils manqueroint qu'ils ne
soynt pas presumé deux percevoir l'amende a moins qu'ils ne
soynt pas bien gardes. Plus seur le douzieme article dont la teneur
est telle, demendent qu'aucun des cosseigneurs dudit lieu pour eux ou
pour leur famille ou leurs animaux ne portent aucune condamnation
aux habitans ou hommes dudit lieu ou leurs appartenances pour les
terres, pres, bois, vignes, jardins, ne prennent paille ny foin sans
leur volonté, et s'il arrivoit un delinquant de cette maniere qu'il soit
puny et amendable, sur quoy nous disons et prononçons en vertu du
dit compromis que nul cosseigneur ny leurs successurs pour eux ou
pour leur famille ny a leur nom ny leurs animeaux n'ayent aucun
domage d'aucune maniere des habitans dudit lieu ny appartenances
dans les terres pres bois vignes et jardins ou autres possessions de
quelle condition quelles soient et ne soient presumes prendre du foin
ny paille sans leur volonté mais nous disons seur le dit article que
toute la famille des dits cosseigneurs avec leur ferme existante savoir
le boulsier, berger, porcher, vaquier, anier et tout autre etat affermer
exercer s'ils sont trouvés en faute ou condamnes en aucune maniere a
raison des possessions des dits habitants qu'ils les mettent comme
leurs voisins a lamende et les punissent de même, de plus nous disons
et prononçons qu'aucun de la famille des dits cosseigneurs par lui ou
aucun autre a leur nom puisau ne soient presumes porter grapes de
raisins desdits hommes du dit chateau et leurs appartenances a leurs
maisons propres s'il en a ny au cabaret ny au chateau ou chateaux
des dits cosseigneurs pour eux ny pour autrui, que s'il arrivoit quon
le fit a quelcun ou a son voisin qu'il soit puni et condamné a lamende
sinon qu'il ne fut ou etre a faire autrement par les dits cosseigneurs
ou l'un d'eux. Plus seur le treizieme article dont la teneur est telle,

demendent que les dits cosseigneurs leurs heritiers et successeurs soyent tenus de deffendre au dehors et au dedans les dits hommes et leurs biens du dit lieu et ses appartenances, seur quoy nous disons et prononçons par notre present arbitrage que les dits cosseigneurs leurs successeurs deffendent et gardent de bonne foy par leur force et puissance tous les hommes en general dudit lieu et appartenances et leurs biens en dedans et en dehors, et leur famille detaile injure et violence qui pourroit leur etre faite. Plus seur le quatorzieme article dont la teneur est telle, demandent qu'aucun des hommes du dit lieu n'aille ou ne soit tenu de sortir des appartenances du dit lieu avec les cosseigneurs portant des armes contre leurs enemis, seur quoy nous disons et prononçons suivant notre pouvoir qu'aucun des habitans du dit lieu et appartenances ne marche ny ne sera teneu de suivre avec des armes ou autre choses les dits cosseigneurs ny leurs successeurs hors les appartenances dudit lieu a moins que les dits cosseigneurs ou leurs successeurs ne feussent d'acord pour aller secourir emsemble quelqu'un de leurs amis ou qu'un des cosseigneurs ne soit du party contraire a l'autre cosseigneur. Plus seur le quinzieme article dont la teneur est telle demandent que les dits cosseigneurs leur donnent et accordent a perpetuité toutes les carrieres et peyréeres qu'ils ont dans les appartenances du dit lieu pour faire batir leurs maisons et autres batisses dont ils auront besoin, sur quoy nous disons et prononçons par notre arbitrage et pouvoir a nous accordé dans le dit compromis que les dits cosseigneurs donnent et accordent a perpetuité comme ils y sont tenus a tous les hommes dudit lieu et habitans des appartenances pour eux leurs heritiers et successeurs toutes les dites carrieres ou peyréeres qu'ils ont aux appartenances du dit lieu pour batir ou construire leurs maisons et autres batisses pour leur service, en payant cependant les domages, et ils ne peuvent vendre ny aliener d'aucune maniere a aucun etranger les dites pierres tirées des dites carrieres sans la volonté des dits cosseigneurs ou leurs successeurs. Plus seur le seizieme article dont la teneur est telle, demendent que les cosseigneurs ou leur juge reçoivent et comfirment dans leurs fonctions les conseuls, et les gardes du dit lieu seur la presentation ou nomination des conseuls precedans du dit lieu et puissent avec le conseil des jurats etablir, ordoner et imposer lamende seur les delinquants seur le gardien du dit lieu comme il sera juste; seur quoy nous disons et prononçons par notre arbitrage et pouvoir que les cosseigneurs leurs heritiers et successeurs ou leur juge, reçoivent et comfirment de suite les consuls et gardes du dit lieu seur la presentation ou nomination des consuls

precedants, lesquels consuls et gardes preteront serment entre les
mains des dits cosseigneurs ou de celles de leur juge prometant de se
bien comporter et avec fidelité dans les fonctions de leur consulat et
de garde, et d'observer tous les devoirs et droits des dits cosseigneurs
leurs successeurs et universalité du dit lieu, et les consuls étant ainsy
reçus et reconus par les dits coseigneurs ou leur juge peuvent etablir
ordonner ensemble avec les dits cosseigneurs ou leur juge avec le
conseil de leurs jurats et imposer amende seur les delinquants seur le
garde du dit lieu comme il sera resonable. Plus seur le dix septieme
article dont la teneur est telle, demandet que tous les articles en general cy dessus mentionnes soint alloués comfirmes et approuves par
vous seigneur Galin dame Blanche votre femme et vos enfants, et par
vous seigneur Guillaume Arnaud et Arbieu et vos freres avec instrument public et serment seur les Saints Evangiles de Dieu sous le seau
du senechal et viguier de Toulouse de notre seigneur roy de France
de la maniere et forme dont on pourra lecrire et le comprandre pour
l'utilité des hommes du dit lieu sans charger leur substance, sur quoy
nous disons prononçons publions de notre autorité accordée dans le
dit compromis que les dits seigneurs, à savoir Galin de Montaut et
Blanche par son épouse, et Arbieu de Francs damoiseu pour eux et
leurs heritiers et successeurs universels louent approuvent et comfirment et soint tenus de louer approuver et comfirmer toutes les choses
cy contenues dans le presant instrument dites prononcées et même
publiées seur les dits articles et contenues dans les mêmes avec linstrument public a jamais irrevocable par serment corporel par les dits
cosseigneurs et ladite dame pour eux mêmes et au noms de cy dessus
de la même maniere et forme qui pourront etre mieux ecrites et intelligibles pour l'utilité même des cosseigneurs leurs successeurs et de
toute l'universalité du dit lieu et ses successeurs avec la même substance sous les seaux et sous celui du seigneur viconte de Fezensaguet
cy dessus nommé et avec tous autres seaux savoir du senechal et vi-
guerie de Toulouse de notre seigneur roy de France, et qu'en aucun
temps ni maniere ils ne soient tenus de sceler qu'avec les seuls seaux
cy dessus només.

Plus nous disons prononçons publions par notre dit arbitrage et
autorité a nous accordée dans le dit compromis a raison des batimens edification reparation du dit lieu et des maisons que les dits
cosseigneurs demandoint etre faites par tous les hommes en general et en particulier dudit lieu, que les dits hommes en general et
en particulier du dit lieu et ses appartenances habitant les places dans

le dit chateau ou fauxbourg soit par eux mêmes ou leurs predessessurs
elles leur seront assignées par les dits coseigneurs pour y batir et
construire et qu'ils fermeront le dit chateau et fauxbourg d'une ferme-
teure plus suffisante et comode aux dits cosseigneurs et universalité
du dit lieu ou de celle qui nous paroitra plus propre pour fermer et
qu'ils facent cela et soient tenus de le faire du jour et datte du present
instrument jusqu'au careme prochain et du dit careme a un an en
continuant le complete sous peine de cinquante sols morlas pour les
susdits cosseigneurs. De plus disons prononçons et publions par notre
presente sentence et amiable composition que les dits cosseigneurs et
ladite dame Blanche par pour eux tous leurs heritiers et successeurs,
et les dits procureurs sindics au nom de leur dite procuration de la
dite universalité successeurs et heritiers reciproquement a perpetuité
abandonnent et soint satisfaits de toutes demandes objections contro-
verses restitutions et amendes que les dites parties comprometentes
pour elles et au nom que dessus en general pouvoient ou devaint
demander et exiger entre elles en aucun temps ny daucune maniere
jusques au jour datte du present instrument, et specialement de cette
restitution satisfaction et amende que les dits procureurs ou sindics
audit nom pouvoient demander et exiger a raison et a l'occasion d'incendie dudit lieu et maison et specialement de toutes et un chacuns
les demandes objections restitutions satisfactions et amendes que les
dits cosseigneurs pour eux et au nom cy dessus pouvoient ou devoient
demander et exiger aux dits sindics au dit nom en aucun temps ny
en aucune maniere par eux ny par autrui en leur nom a raison et a
l'occasion du retard des batiments et construction dudit lieu et maisons, et les depens a raison du retard des batimens constructions
du dit lieu et maisons faits par les parties ou par elles de tous les
quels ils les quittent gratis et de leur propre volonté non seduits ny
subornes ny par violence ny par ruze ny par crainte, mais de leur
propre gré, et deliberé certifié par leur serment comme ils se le disent
mutuellement pour acceptation et semblable stipulation se rendirent
absous se quiterent et se firent remise a perpetuité convention expresse entre elles de plus a l'avenir ne faire aucune demande par eux
ny par autre personne interposée generalement de toutes en general
et en particulier demandes questions objections et demendes qu'une
partie pouvoit ou devoit faire a lautre de ces choses cy dessus ou autres jusqu'au jour de la datte du present instrument a raison et a
l'occasion et specialement de toutes et chacunes les demandes questions amandes satisfactions que l'une a l'autre des parties ou ensemble

pouvoient ou devoyent se faire demender et exiger d'aucune maniere
en aucun temps a lavenir a raison et a loccasion des choses cy dessus
dites et expliquées jusques au jour de la datte du present instrument,
a savoir les dits cosseigneurs pour eux et en leur nom et au nom cy
dessus, les sindics ou procureurs au nom du dit sindical a raison a
l'occasion et pour cause du retardement du dit chateau batimens maisons et les sindics pour eux et au nom que dessus aux dits cosseigneurs
pour eux et au nom que dessus a raison pour cause et occasion d'incendie du dit chateau et maisons du même lieu; promctant encore les
dites parties comprometantes pour elles et au nom que dessus, savoir
lesdits cosseigneurs pour eux leurs heritiers et successeurs universels
et lesdits sindics ou procureurs pour et au nom de leur sindicat et de
la dite universalité par ferme et solennele stipulation de se porter
bonne et ferme garantie deux et de toutes personnes qui ou quelles
desdites questions voudroient en connoitre a raison de restitution ou
satisfaction ou tout autre contreverse cy dessus dites ou de quelqu'autre
cy dessus qu'ils fairoient demenderoient ou avertiroient d'aucune maniere en aucun temps a lavenir en tout ou en partie ou autrement
par eux ou par autres ou autres deux en leur nom ny consentir quon
contrevienne sous aucune renontiation droit sous l'obligation de tous
leurs biens meubles et immubles presens et avenir de ladite universalité et en vertu du present serment et peine contenue audit compromis
dans laquelle dite sentence arbitrale et amiable composition par nous
arbitres ou amiables compositeurs sus dits, ou de notre dite prononciation publiée nous retenons et nous protestons et prolongeons le jour
du dit compromis ou continuons comme il nous a été accordé la faculté
et atribue les parties comprometantes dans ledit compromis de proroger le jour du dit compromis ou le continuer autant de tems qu'il
nous plairra a notre volonté comme dans un autre compromis cy
dessus contenu plus en plein, c'est pourquoy de notre autorité et pouvoir cy dessus nous prorogeons ou continuons le jour du dit compromis pour determiner de finir declarer les obscurités doutes dans les
terminesons sil en restoint a prononcer ou cy dessus non determinées
obscures ou non declarées ou de même sy par hazard il se leve dans
la suite quelques autres questions entre les dites parties, savoir d'ici a
cinq années a comencer du jour de la datte du present instrument les
dites années completes et revolues, le quel delay ou prorogation et
autres en general et particulier dit determiné declaré prononcé et publié par les dits arbitres ou amiables compositeurs seur toutes les
questions et autres arrivées depuis sy par hazard il arrivoit entre les

dites parties compromelantes pour eux et au nom que dessus d'une
seule voix et d'acord et de leur autorité licence et pleine puissance
d'aucune maniere donnerent et accorderent determiner deffendre declarer les dits doutes difficultés et determination sy par cas il en restoit quelqu'une dans le present ecrit ou prononciatiou, et même dire
prononcer et publier seur les autres questions sy par hazard il arrivoit
entre les dites parties cy dessus que quelqu'une échut et du jour de
la dite prorogation promelent les dites parties pour elles et au nom
que dessus tout ce qui a été declaré definy ou determiné seur les
dites obscurites et dans les determinations et de même dit prononcé
publié seur les autres questions sy par hazard il se levoit entre les
parties quelque chose par les arbitres ou amiables compositeurs seront fermement crues et tenus davoir a remplir homologuer et obeir
de la maniere et en la forme qu'est porté par ledit compromis cy
dessus contenu et plus emplement contenu et ne venir contre en tout
ou en partie ou autrement ny consentir qu'on contrevienne d'aucune
maniere en aucun tems avenir par soy ny par personne interposée
sous la peine et en vertu du present serment contenu dans ledit compromis toutes les susdites choses et contenues au present instrument
ont été par nous dits arbitres et amiables compositeurs dites et prononcées ou publiées seur les dites questions et articles, disons pro-
nònçons de même publions par notre arbitrage sentence et amiable
composition dun commun accord et unanimement ordonons ce qui a
été dit publié et même prononcé par les dites parties presentes quelles
et chacune delles sont connues appartenir a quelqu'une pour elles
et au nom que dessus les tiennent l'acomplissent et que d'abord et incontinent et a perpetuité ils l'observent pour elles et a leur nom et
soint tenus d'accomplir et homologuer a perpetuité a ladite condition
savoir pour elles tous leurs heritiers et successeurs et que lesdits procureurs sindics pour et au nom de leur sindicat et universalité enon-
cée soyent tenus d'observer pour ce qui les compete comme ils en ont
la connoissance et ny contrevenir ny consentir qu'on contrevienne en
tout ny en partie ny par eux ny par autre personne interposée d'aucune maniere en aucun tems pour aucune raison de fait ny de droit a
lavenir, et jurent et soit tenus de jurer incontinent leurs mains droites
mises seur les Saints Evangiles par eux et au nom que dessus sous le
pouvoir du present serment, et sous le serment de la punition con-
teneue dans le dit compromis, et la même les dites parties de leur
gratuite et bonne volonté non par force ny par ruzé pour elles et au
noms que dessus des dits cosseigneurs savoir pour eux tous leurs he-

ritiers et successeurs, et les dits procureurs ou sindics pour et au nom
de leur sindicat et de toute ladite universalité louerent hommologue-
rent approuverent et ratifierent toutes les choses sus ecrites contenues
dans le present instrument dites prononcées et même publiées seur
les dites questions et articles, et toutes les autres qui furent determinées defines et prononcées seur les autres questions.

Sy par hazard il s'elevoit quelque chose entre les dites parties et
même dautres choses non declarées seur les dites obscurités sy par hazard il restoit quelque chose d'obscure et non declaré dans ce qui a été
prononcé cy dessus ou dans ce que contient le menu, et de toutes les autres choses cy dessus enoncées prononcées, determinées ou declarées les
dites parties serment preté seur les Saints Evangiles pour elles et au
nom que dessus savoir les dits cosseigneurs pour eux tous leurs heritiers
et successeurs, et les dits procureurs ou sindics pour et au nom de leur
sindicat de luniversalité susdite et autres des dits constitués de tenir
accomplir homologuer observer et ne sopposer ou venir ny consentir
qu'on contrevienne en tout ny en partie ny par eux ny par autre personne interposée par aucune raison ou motif de fait et de droit en
aucun tems ny d'aucune maniere a lavenir ainsy l'ont juré sous la
foy du dit serment et peine contenue au dit compromis se prometent
mutuellement les dites parties par une promesse solemnelle faite
entre elles tout ce qui est ecrit cy dessus par nous arbitres ou amiables compositeurs dites prononcées declarées et determinées etant
comfirmées et assurées, et de le tenir accomplir et observer inviolablement et ne consentir qu'on y contrevienne en tout ny en partie par
eux ny par autre personne interposée d'aucune maniere en aucun
tems a lavenir savoir les dits cosseigneurs sous lobligation et hipoteque de tous leurs biens meubles et inmubles presents et avenir
ailleurs de même les dits procureurs ou sindics sous tous les biens
meubles et inmubles presents et avenir ailleurs de la dite universalité
hipotequent et obligent, et en vertu du dit serment peine contenue
audit compromis, renonçant les dites parties pour elles et pour tous
cy dessus seur toutes les promesses seues et consultées en vertu du
present serment que les exeptions dols fraudes circonventions et de-
ceptions conditions non due, condition pour cause, cause donnée,
cause non suivie, condition dans le fait ou action et paroles prescrites
et autres droits dits, que les conventions et ordonances a cause de la
difformité de la convention et a cause de la fraude de ceux qui l'ont
faite et reglée ou interceptée puissent etre revoquées ou annul-
lées et generalement par tout droit canonique et civil fait ou a faire

ou par privilege a introduire par un conseil prix ou a prendre accordé
ou a accorder par les rois quelconques ou princes ou autres superieurs
par le quel ou les quels ils puissent contrevenir en quelque chose ou
saider ou annuller quelque chose de ce qui a été dit, ou de même
revoquer et specialement cette generale renonciation ne nuit pas au
droit deja dit, renonçant a moins qu'on ne renonce a son droit touchant de faire mention expresse a pris que cette prononciation fut dite
par les dits arbitres ou amiables compositeurs, leur dite sentence et
amiable composition de la maniere susdite, les dites parties pour
elles et pour tous cy dessus l'approuverent, et les dits arbitres requierent moy notaire sous ecrit comme des promesses cy dessus ecrites
pour les dits arbitres ou amiables compositeurs prononcées ou même
publiées seur les dites questions et articles sus dits faire de même
deux instruments publics de la même teneur comme bien, et fermement l'on pourroit faire avec le conseil des sages comme ils pourroit
etre ecrits ou mieux intelligibles pour l'utilité des dits cosseigneurs
et leurs successeurs et l'universalité des hommes du dit lieu et leurs
successeurs, la substance non changée avec toutes les clauses raisons
droits et faits canoniques et civils, voulant davantage les dites parties
pour elles et au nom cy dessus etre reconues que les generales renonciations et speciales et specialement incerées cy dessus vaillent, et de
même sortent a plain et entier effet, et sy tous les cas clauses renonciations, loix et decrets au corps et droits canonique et civil conteneu
aux quels ils auroient du renoncer ou avec les quels ils pourroient
saider, ou qu'il y eut quelque chose de ce qui a été dit a annuller
dans le present instrument contenu expressement et même nommé
des quels deux instruments un, je donneray et rendray aux dits cosseigneurs, et l'autre audit sindic au nom de la dite universalité. Et
toutes ces choses furent faites a Castelnau d'Arbieu savoir le quatorsieme jour de la sortie du mois de jeanvier l'an de l'incarnation du
Seigneur mil trois cents douse regnant Philippe roy de France,
Gaston viconte de Fezensaguet, Guilhaume eveque de Lectoure en
presence et temoins Arnaud de Laterrasse, Arnaud de Gohas, Guillaume Arnaud de Francs, Arnaud de Francs damoiseaux, Jean Dupuy,
Geraud Deygue clercs, Me Guillaume de Mansonville pretre, Pierre
Mazélié specialement appelles et priés pour cela et plusieurs autres, et
moy Pierre de Rabin clerc n^{re} de Lectoure et Fezensaguet qui ay
rendu public cette chartre ou acte avec un autre de la même teneur et
ley ecrit et redigé en forme publique seur trois peaux unies et jointes
a la requisition des dites parties et dans le temoignage de toutes les

promesses j'ay apposé mon seing accoutumé, savoir trois peaux jointes au presant instrument comme il est dit, la premiere jounction qui commence a compter premierement a la ligne huitante sixieme *et honor* et finit dans la même *tengud*. La seconde jounction a compter de la dite partie qui commence a la cent soixante troisieme ligne, *eorundem*, et dans la même fin par les dits cosseigneurs et dans les autres par lesdits sindics au nom de la dite universalité il consiste (?) des rayeures de la premiere ou il est ecrit contre la fin, de la seconde ou il est dit qu'il commencera aux uns ou aux autres, de la troisieme ou il est dit maintenant suit le contenu de ces mêmes choses, de la quatrieme ou il est dit a perpetuité avant de construire, de la cinquieme ou il est ecrit qu'on doit faire les choses necessaires, de la sixieme ou il est dit, qu'il soit trouvé dans les mêmes possessions, de la septieme ou il est dit de recevoir ce que lacheteur donne, de la huitieme ou il est dit ou pour faire les noces comme il est necessaire, de la neuvieme ou il est dit dimpignorer, et de la dixieme ou il ecrit, de l'hipoteque, et de la onzieme ou il est ecrit ces choses, et de la treizieme ou il est écrit cosseigneurs. Et a la fin des dites coutumes est le seing autentique du notaire dans leur foy nos presentes lettres ont été fortifiées par le seau de notre cour, avons ordoné quelles fussent accordées par notre no^{re} sous ecrit, donné a Lectoure le douzieme jour du mois de jeanvier lan du seigneur mil cinq cents trente six. Bacquier conseiller signé, de Planches no^{re} signé.

COUTUMES DE SOLOMIAC [1]

(Jugerie de Verdun.)

Incipiunt consuetudines Solemniaci.

A quo et quibus, nomine Regis, datæ sunt consuetudines.

In nomine sanctæ et individuæ Trinitatis, Patris et Filii et Spiritûs Sancti : Amen. Pateat universis præsentis paginæ seriem inspecturis, ac etiam audituris quòd nobilis et potens vir dominus Bernardus, dominus de Solemniaco, miles domini Franciæ et Navarræ regis, ejusque seneschallus tolosanus et albiensis, vice et nomine dicti domini nostri regis, habità pleniori deliberatione super his, cum judicibus, procuratoribus et aliis officialibus et juratis regiis villæ et seneschalliæ tolosanæ dedit et concessit habitantibus et in posterum habitaturis novæ Bastidæ de Solemniaco, suprà Gimonà, dictæ seneschalliæ tolosanæ et pertinentiis ac districtis dictæ Bastidæ libertates, franchisias ac consuetudines quæ sequuntur :

Articulus I. — *Nobilitas villæ Solemniaci, et ejus exemptio à quocumque vectigali.*

Videlicet quòd per dictum dominum nostrum regem, vel successores suos, non fiet in dictà bastidà, seu villà, tallia, albergata, quista, nec recipiet ibi mutuum, nisi gratis sibi mutuare voluerint habitantes in eàdem, nisi generalitas in aliis villis domini nostri Regis, ejusdem patriæ eadem faciet.

Art. II.— *Licet habitatoribus villæ, pertinentiarum et districti, vendere omnia sua bona peculiaria, personis etiam prohibitis, salvo tamen dominorum jure.*

Item quòd habitantes dictæ villæ pertinentias, et districtus ejusdem, et in posterum habitaturi possint vendere et alienare omnia bona sua mobilia et immobilia cui voluerint, excepto quòd immobilia non possint alienare ecclesiasticis, religiosis personnis, nec militibus, nisi salvo jure dominorum à quibus res in feudum tenebunt.

(1) Communiquées par M. l'abbé Bénac, curé de Ste-Gemme.— L'acte de paréage de Solomiac est imprimé dans le tome VI de l'*Histoire de la Gascogne* de l'abbé Monlezun.

Art. III.—*Quilibet habitator villæ poterit filias suas maritare ubi et cui voluerit, aut etiam filios promovere ad clericatum.*

Item quòd habitantes dictæ villæ possint filias suas libere et ubi voluerint maritare, et filios suos ad clericatûs ordinem facere promoveri.

Art. IV. — *Ne quis habitantium dictæ villæ capiatur dùm velit stare juri.*

Item quòd dominus noster rex, vel bajulus, non capiet habitantem dictæ villæ, nec vim inferet, aut saysiet bona sua dùm tamen velit et fide jubeat stare juri; nisi pro murtro, vel morte hominis, aut plagâ mortiferâ, vel mutilatione membri, vel alio crimine, quo corpus suum, vel bona sua, debeant domino nostro Regi esse incursa; vel nisi pro forefactis in dominum nostrum regem, vel in gentes suas commissis. Quod si dictus bajulus contra hoc fecerit, ad emendandum capto, aut damnum passo, expensas et damna, ad cognitionem summariam judicis dictæ villæ teneatur.

Art. V. — *Nullus dictæ villæ habitator citabitur aut mandabitur extra villam, nisi pro facto vel querela regis.*

Item quòd, ad conquestionem seu clamorem alterius non mandabitur nec citabitur aliquis habitator dictæ villæ per gentes dicti domini nostri regis, extrà honorem dictæ villæ et ejus pertinentiarum, pro his quæ facta fuerint in dictà villà et honore et pertinentiis ejus, nisi pro facto proprio ejusdem domini nostri regis, seu querelà.

Art. VI.— *Non solvet clamorem nec contumaciam habitator extrà villam citatus.*

Item quòd aliquis habitans dictæ villæ non solvet clamorem nec contumaciam extrà dictam villam ad clamorem alterius, nisi per expensas parti, si fuerit devictus, et nisi prout est in aliis Bastidis consuetum.

Art. VII. — *Pœnæ pro personis, aut bestiis talantibus per hortos vel alienas possessiones prohibitas.*

Item quòd aliquis homo, vel femina, si de die intraverit hortos aut prata, vel vineas alterius, sine mandato aut voluntate illius cujus fuerint, postquam de mandato curiæ dicti loci, in dictà Bastità, quolibet anno defensum fuerit, solvat duodecim denarios tolosanos consulibus dictæ villæ, ad eorum cognitionem, si habeat undè solvere possit, vel ad arbitrium bajuli et consulum puniatur; et quod pro qualibet bestiâ grossa quæ ibidem talans inventa fuerit, solvatur unus denarius tolosanus consulibus supra dictis, et, emenda, damnum passo, ut fuerit rationis.

Art. VIII. — *De talagio quadrupedum mediæ speciei.*

Item pro porco et sue, si intraverit, unus denarius turonensis, et pro mutone, ove, capra aut hirco, vel quolibet alio pecore, solvat dominus bestiæ unum denarium turonensem.

Art. IX.— *De ingressu avium domesticarum.*

Item si anser vel alia avis similis inventa fuerit, unum obolum turonensem pro qualibet; et nihilominus dominus cujus fuerit bestia vel avis, damnum tenebitur emendare; denarios vero quos pro hujusmodi emendis messegariæ consules receperint, aut habuerint, mittent in utilitatem dictæ villæ, utpote in reparationem pontium, itinerum et viarum.

Art. X. — *Mitius agendum cum extraneis defensi nesciis.*

Alienigenæ vero transeuntes, qui dictum defensum non noverint pœnas non subeant ante dictas, sed aliter mitius agendo cum eis, puniantur ad cognitionem bajuli et consulum prædictorum.

Art. XI. — *Graviores pœnæ iis qui de nocte loca defensa ingressi fuerint, attentis circumstantiis infligantur.*

Item quicumque de nocte intraverit hortos vineas aut prata alterius sine mandato aut voluntate illius cujus fuerint, et cum panno, vel sacco, vel caputio, cremio aut alio expleto fructus extraxerit, pro justitia in viginti solidos tolosanos domino nostro regi et ejus parierio, in dicta Bastita, ultra damni dati extimationem, sit incursus; et si tantum manibus (aut) alio explecto extraxerit pro justitia in duobus solidis tolosanis domino nostro regi et ejus parierio sit incursus, et damnum in super emendabit.

Art. XII.— *Ad libitum consulum eligantur et mutentur messegarii qui jurent fideliter sua officia adimplere.*

Item quod per consules dictæ villæ instituentur sufficientes messegarii seu custodes fructuum, qui erunt homines bonæ famæ, quos messegarios consules pro voto poterunt mutare; qui in manibus bajuli et consulum ipsorum jurent suum officium fideliter exercere et quatenùs domino nostro regi et ejus parierio et dictis consulibus pertinet, talam facientes revelare et nemini parcere, prece, vel pretio, odio vel timore.

Art. XIII *Potestas consulum pro tuitione et securitate villæ servandis.*

Item quod consules dictæ villæ unà gentibus vel officialibus domini nostri regis dictæ bastidæ possint custodire villam cum armis de die et de nocte, et facere capi et arestari delinquentes et malefactores, et eos reponere in carcere dictæ bastitæ pro suis demeritis puniendos.

Art. XIV. — *Quomodo sunt puniendi qui falso metuntur.*

Item quicumque in dicta villa tenuerit falsum pondus, falsam mensuram, falsam canam, vel alnam falsam, domino nostro regi et ejus pariero in sexaginta solidos tolosanos puniatur.

Art. XV. — *Quales debeant esse carnes vendendæ, quæ lucra carnificum, quæ pœnæ contra ipsos delinquentes.*

Item carnifices qui carnes vendiderint in dicta villa bonas carnes et sanas vendant; quæ si bonæ vel sanæ non fuerint, carnes pauperibus per bajulum et consules erogentur, et illis qui emerint pretium refundatur et lucrentur carnifices in unoquoque solido unum denarium currentis monetæ, et quicumque carnifex in hoc mandatum prædictum excesserit, in quinque solidos tolosanos domino sit incursus.

Art. XVI. — *Juramentum carnificum et quibus pertineat carnes inspicere.*

Et quod jurent dicti carnifices, semel in anno, in vigilia paschæ Domini, quod bonas carnes et sanas vendent, nec eas pungent aut vento inflabunt, et quod à festo sancti Joannis Baptistæ usque ad festum sancti Michaelis septembris, dictas carnes in macellis ultra duas dies non tenebunt sub pœna prædicta; et ultra hoc quod consules dictæ villæ, vel alii per ipsos instituti, cognoscant et cognoscere possint si dictæ carnes erunt bonæ et sufficientes aut infectæ et per dictas duas dies in dictis macellis poterunt detineri, quæ, si bonæ non fuerint sed infectæ, quod a dictis macellis ejiciantur omnino.

Art. XVII. — *Cujus juris sit macellos tenere et emolumenta percipere, quorumque sit pondus carnium vendibile taxare.*

Item quòd Dominus noster rex et ejus parierius poterunt tenere, et per se vel per alios tenebuntur, macellos et bancos macellorum in plateâ seu placiis communibus dictæ villæ, aut alibi in domibus dictæ villæ, et carnifices de banco in bancum semel in anno mutare; et quod ipsi carnifices carnes vendent ad certum pondus, seu libram, vel aliter ad forum per consules, vel alios per eos deputatos, prætaxatum, si, et dum bajulo et consulibus dictæ villæ videbitur faciendum, ad majorem utilitatem habitantium dictæ villæ; et, si quod emolumentum ex dictis macellis provenerit, seu poterit provenire. quòd dominus noster Rex et ejus parierius illud percipiant atque levent.

Art. XVIII. — *Quod licet pistoribus lucrari.*

Item quicumque pistor, seu pistorissa, vel quicumque alius panem faciens ad vendendum in villa prædicta, lucretur in unoquoque sextario frumenti vel alterius bladi (*duos denarios*) tolosanos et furfur tantummodo et hoc secundum majus vel minus; et si lucratus fuerit ampliùs, totus panis capietur, et per bajulum et consules pauperibus tribuatur.

Art. XIX. — *Ne res comestibiles ad vendendum in villam dum asportantur revenditoribus, nisi in platea, post meridiem et signo dato, vendantur.*

Item res comestibiles, ex quo ad dictam villam asportantur ad vendendum et erunt infra pariagium dictæ villæ, non vendantur revenditoribus donec priùs ad plateam fuerint asportatæ et post horam meridiei, cum campana, vel tuba, in dicta platea publice fuerit propulsatum, dùm tamen hoc ex parte regis domini nostri et sui parierii et bajuli et consulum defensum fuerit et clamatum: et qui contra hoc fecerit, in duodecim denarios tolosanos dominio sit incursus; aliis vero vendi possint impunè.

Art. XX. — *Comestibilia sequentia eximuntur à leuda.*

Item quicumque res comestibiles ad dictam villam asportaverit volatilia, silvestria, bestiaria, poma, piras, ficus, nuces, cepas, allia, caules, porro et consimilia, et alia hortalicia, rapas, aut alioscumque fructus comestibiles non det leudam.

Art. XXI. — *Nullus habitans villæ debet leudam pro his quæ vendit aut emit in ea et pertinentiis, modo sit in pariagio.*

Item quod nullus habitans dictæ villæ et ejus pertinentiarum det leudam de aliqua re quam vendat vel emat, in dicta villa et ejus pertinentiis die fori, vel alio in foro, vel extra, infra dictum pariagium tantum.

Art. XXII. — *Jurent consules dictæ villæ servare fidelitatem domino regi et ejus parierio, et quod sui muneris erit, bene adimplere.*

Sanè consules dictæ villæ et universitatis jurabunt fideliter defendere et servare corpus domini nostri regis, membra et jura et sui parierii dictæ bastitæ; et quod dicti consules in officio consulatûs quamdiù erunt, in dicto officio fideliter excequentur; et quod munus vel servitium ratione officii ab aliquo recipient per se vel per alium, nisi id quod de jure, vel arresto regio, est concessum cuilibet in officio existenti.

Art. XXIII. — *De juramento præstando in præsentia consulum à communitate dictæ villæ.*

Communitas siquidem dictæ villæ in præsentia consulum jurabit domino nostro regi et ejus parierio de mandato eorum, bonum consilium et fidele præstare pro posse suo, dum tamen fuerit requisita, salvo etiam jure in omnibus dicti domini regis.

Art. XXIV. — *Sint firma et authentica instrumenta à notariis regiis habita.*

Item instrumenta facta à publicis notariis, à domino nostro rege, vel antecessoribus suis, vel a seneschallis suis creatis et creandis habeant illam firmitatem quam publica instrumenta.

Art. XXV. — *Valida erunt testamenta habitatorum, licet cum omnimodo legum solemnitate facta non fuerint.*

Item testamenta facta ab habitatoribus dictæ villæ in præsentia testium fide dignorum valeant, licet non fuerint facta secundùm solemnitatem legum, dùm tamen liberi non fraudentur suà legitimà portione.

Art. XXVI. — *De jure regis et ejus parierii in casu desherentiæ, seu defectus legitimi hæredis, et de observandis in ipso casu.*

Item si quis descesserit sine hærede legitimo, et testamentum non fecerit, consules dictæ villæ, de mandato gentium domini nostri et ejus parierii, bona ejus immobilia per annum et diem custodiant, descriptis tamen, per bajulum domini regis et dicti parierii, bonis hominis prædicti; et si interim non venerit hæres qui hæredare debeat, Domino nostro regi et ejus parierio redeant bona ad eorum voluntatem faciendam, satisfacto primitus de ipsis bonis creditoribus suis; et quod dominus rex et ejus parierius extrà manum suam bona prædicta infra annum et diem ponere teneantur sub eisdem obliis et pactionibus et deveriis quibus prædecessor tenebat.

Art. XXVII. — *Decernantur emenda pro debito confessato, non soluto et etiam pro negato, si probatur.*

Item omne debitum confessatum, si cognitum, si clamor fuerit factus, de duodecim denariis tolasanis et superius, nisi infra quindecim dies persolvatur, debitor solvat domino nostro regi et ejus parierio duodecim denarios tolosanos pro clamore; si vero negetur debitum, qui victus fuerit in duodecim denarios tolosanos puniatur; de debito duodecim denariorum, et inferiùs, summarie sine clamore auditur et terminetur.

Art. XXVIII. — *Emenda in maledicos et contumeliosos.*

Item si quis verba injuriosa, opprobriosa vel contumeliosa dixerit, nisi super hoc per injuriatum fiat questio, domino nostro regi et ejus parierio, non teneatur ad emendam; si vero facta fuerit per injuriatum quæstio, teneatur domino regi et ejus parierio ad duodecim denarios tholosanos; qui victus fuerit pro clamore et pro existimatione injuriæ domino regi et ejus parierio nihil solvat.

Art. XXIX. — *De conventionibus matrimonii, nuptiali augmento super dotem, aliisque maritalibus lucris.*

Item si quis aliquam ducat in uxorem et cum ea mille solidos acceperit pro dote, ipse det ipsi uxori suæ propter nuptias quingentos solidos et hoc secundum majus et minus, nisi aliud pactum intervenerit inter eos; et si maritus supervixerit, nec de uxore infantem habeat, tota vita sua tenebit dictam dotem exceptis vestibus nuptialibus quas statim reddet hæredibus ipsius uxoris et lectum talem qualis erit, si extet; et post mortem mariti parentes uxoris vel hæredes dotem illam pecuniariter recuperabunt, nisi in perpetuum dederit marito; sed si infantem habeat ipsa mulier et supervixerit marito, ipsa recuperabit dotem suam et donationem propter nuptias, prius præstita cautione idonea de dicta donatione restituenda; quâ muliere mortuâ, infantes quos à marito habuerit, seu eorum hæredes, donationem propter nuptias rehabebunt, vel ipse quem maritus in suo testamento duxerit ordinandum.

Art. XXX. — *Pœnæ contra gladii evaginatores sive vulnerent, sive tantum percutiant, sive non.*

Item si quis gladium extraxerit malitiosè contra aliquem, licet non percutiat, domino nostro regi et ejus parierio in viginti solidos tolesanos condamnetur; si verò percusserit ita quod sanguis exeat, in triginta solidos tolosanos vel amplius si dominio vel judici loci placuerit, inspecta tamen qualitate delicti et conditionibus personarum, condemnentur; et nihilominus ad cognitionem summariam judicis satisfaciat mutilato; si vero percussus pro ictu moriatur, qui ictum fecerit secundum justiciam in corpore et in bonis puniatur.

Art. XXXI. — *De bonis dominio per commissum redeuntibus creditoribus satisfiat.*

Item si bona alicujus habitatoris dictæ villæ domino nostro regi et ejus parierio venerint in commissum, de bonis ipsius si sufficiant ejus creditoribus satisfiat, et residuum dominio applicetur.

Art. XXXII. — *Consules una cum bajulo habeant cognitionem criminalium.*

Item consules dicti loci, qui nunc sunt et qui pro tempore fuerint, habeant una cum bajulo dictæ villæ cognitionem causarum criminalium dictæ villæ et ejus pertinentiarum, sicut habent consules aliarum villarum bonarum seneschalliæ tholosanæ.

Art. XXXIII. — *Pœnæ contra adulteros.*

Item quod si aliquis in adulterio deprehensus fuerit, currat per villam, ut in aliis villis domini nostri regis fieri consuevit, aut solvat quilibet dominio nostro regi et ejus parierio, aut eorum mandato sexaginta solidos tholasanos, et quod maluerit optionem habeat eligendi, ità tamen quod capiatur nudus cum nuda, vel vestibus, braxis depositis, cum vestita per aliquem de curia domini nostri regis et dicti parierii, præsentibus cum eo duobus consulibus vel aliis duobus probis plebis hominibus dictæ villæ, vel pluribus undecumque sint fide dignis.

Art. XXXIV. — *Solvat fidejussor pro debitore non solvente.*

Item si quis pro alio fidejusserit, si principalis debitor solvendo non fuerit, idem qui fide jusserit satisfaciat, si habeat unde solvat.

Art. XXXV. — *Omnimoda libertas extraneis sarcinas perpetuo in villa ponendi.*

Item quicumque in dicta villa venire voluerint, seu habitare et mansionem facere, sit libitum sicut alii habitatores, si sine præjudicio regis fieri possit.

Art. XXXVI. — *Qui census debeantur pro domibus, plateis et ayralibus.*

Præterea in domo qualibet, platea seu ayrali, dictæ villæ, longua de sexaginta rasis, seu quindecim cannis, et ampla de viginti rasis, vel quinque cannis habebit dominus noster rex et ejus parierius annuatim in festo omnium sanctorum tres denarios tholosanos censuales, et hoc secundum magis et minus.

Art. XXXVII. — *Jus furni ad quem pertinent, quoque debeatur profurnagio.*

Item furni dictæ villæ et ejus pertinentiarum erunt domini nostri regis et ejus parierii et quicumque ibi panem decoqui voluerit, decimum octavum panem pro furnagio dare teneatur; hoc addito quod quilibet habitans larem ferens in dicta villa et ejus pertinentiis, et in bordis, seu mansis, possit habere et tenere suis expensis furnum suum proprium pro pane suo proprio decoquendo sine fraude, et pro jure sui furnagii solvat annuatim in festo omnium sanctorum domino nostro regi et ejus parierio tres denarios tholosanos.

Art. XXXVIII. — *Si domini furnos non teneant, aut illos competenter, nihilominus habitans quilibet larem forens solvat tres denarios prædictos.*

Et nihilominus si contigerit dominum regem et ejus parierium dimittere dictos furnos et eos nolle facere calefieri condecenter quod in illo casu quilibet habitans dictæ villæ possit in suo proprio furno panes suos et suorum vicinorum habitantium dictæ villæ decoquere, dum tamen quilibet habitans larem forens solvat domino nostro regi et dicto parierio pro jure furnagii dictos tres denarios tolosanos annuatim in festo supra nominato.

Art. XXXIX. — *Pauperes vero qui in furnis banalibus et alienis panes decoqui non fuerint, nihil solvere teneantur.*

Pauperes vero larem-forentes, qui panem de toto anno in furnis domini regis et sui parierii nec alienis decoqui non fuerint, non aliquid de placentulis, hortocruatis et caseatis pro furnagio solvere teneantur.

Art. XL. — *De mercato et leudis detur pro quolibet animali superioris speciei unus denarius turonensis, si vendatur in foro et die fori.*

Item mercatum fiet in dicta villa die Martis qualibet septimana; et de quolibet bove vendito in foro et die fori, et non in alio, vel vacca, roncino, equà, mulo, mula, asino et asina, pelle vulpis, dabitur ab extraneo qui emerit pro leuda de quolibet prædictorum unus denarius turonensis.

Art. XLI.—*Detur unus obolus turonensis pro quadrupedibus modicæ speciei.*

Item de porco, sue, mutone, ove, hirco, capra, exceptis tactantibus, unus obolus turonensis de quolibet prædictorum.

Art. XLII. — *Leuda pro ollis.*

Item de una salmata ollarum unus denarius turonensis.

Art. XLIII.— *Quæ pro lanis, coriis et pellibus debentur.*

Item de una salmata lanarum et coriorum et pellium ponderante quatuor quintalia, unus denarius tolosanus, et de duobus quintalibus unus denarius turonensis, et de uno quintali prædictorum unus obolus turonensis, et inferius nihil.

Art. XLIV.— *Nulla pro pannis laneis et lineis debetur.*

Item de pannis laneis, cisis, emptis ad opus vestium, nec de pannis lineis, nec de aliis rebus non expressatis nihil dabitur pro leuda.

Art. XLV. — *Quæ solvetur pro tentorio mercium.*

Item quicumque extraneus in die fori tentorium quarumcumque mercium tenebit, det pro leuda unum denarium turonensem.

Art. XLVI. — *Quæ pro feno venali de foris asportato.*

Item pro salmata feni de foris asportata, ab extraneis, in die foris dabitur pro leuda dabitur unus denarius turonensis, si exposuerint venalem eamdem.

Art. XLVII. — *Quæ pro salmata salis de foris asportata.*

Item pro salmata salis de foris asportata, si venalis exponatur in die fori unus denarius turonensis.

Art. XLVIII. — *Pro qualibet salmata bladi, vini aut salis ab extraneo emptore, foras extracta debetur leuda unius denarii turonensis.*

Item quicumque extraneus in die fori in dicta villa emerit bladum, vinum aut sal et à dicta villa extraxerit, dabit pro leuda unum denarium turonensem pro qualibet salmata prædictorum, et pro media salmata unum obolum turonensem

Art. XLIX. — *Leuda ceræ, et quæ adhuc pro sale si agatur tantum de onere unius hominis.*

Item pro una salmata vel uno quintali ceræ, unum denarium tolosanum, et pro medio quintali unum turonensem, et pro minori pondere nihil; et pro onere unius hominis de sale unum obolum turonensem; et inferius, nihil de quolibet prædictorum.

Art. L. — *Sciphorum vitreorum leuda.*

Iten de uno onere scyphorum vitreorum, unum denarium turonensem ab extraneo.

Art. LI. — *Quænam scutelarum et grasallarum.*

Item pro uno onere scutelarum et grasaliarum, unum denarium turonensem in die fori, et non in alio.

Art. LII. — *Mercatores transeuntes, licet in die fori, et suas mercimonias non exponentes, nihil solvant pro pedagio seu leuda.*

Alii autem mercatores et homines transeuntes per dictam villam cum mercaturis seu mercimoniis, die fori vel alio, nisi eas venales in die fori, in villa exposuerint, nihil tenebuntur dare pro pedagio, sive leuda.

Art. LIII. — *Emenda duodecim denariorum contra exeuntes de villa et paragio in fraudem leudæ.*

Item, si quis leudam debens, à villa seu à foro, et extra parcagium exiverit et recesserit, et leudam non solverit, si cum mercibus illis fuerit deprehensus, solvat duodecim denarios tolosanos pro emenda.

Art. LIV. — *Emendæ contra percussores in die fori vel in foro.*

Item qui in foro vel in die fori, cum pugno vel palma aliquem percusserit, si quærimonia facta fuerit, in quinque solidos tholosanos dominio solvendis puniatur; et si gladii extractio aut sanguinis effusio intervenerit, tunc solvat ut in aliis articulis superius est expressum de his expressum facientibus mentionem.

Art. LV. — *Possit bajulus post quindecim dies solvendo assignatos pignorare debitorem non satisfacientem, et post quindecim alios dies creditor possit rendere pignora nisi debitor solverit.*

Item si bajulus dictæ villæ pignoret aliquem post quindecim dies assignatos debitori ad solvendum, ille cujus erit debitum per alios

quindecim dies custodiat pignora; quibus elapsis vendat ea si volueri
ad inquantum, prius citato debitore ad videndum venditionem pigno-
rum aut quod solvat; et si pretium pignoris venditi excedat debitum
suum, residuum habitum de dicto pignore teneatur reddere debitori;
emptor vero, dicti pignoris ipsum pignus, infra octo dies proximos,
pro eodem pretio teneatur reddere debitori, si redimere voluerit, solvendo primitus ipsi emptori suum capitale et unum denarium tolosa-
sanum pro quolibet solido pro suo labore.

Art. LVI. — *Jurent bajulus, hujusque curiæ notarius, sua officia fideliter excequi.*

Item bajulus et notarius curiæ bajuli dictæ villæ in principio suæ
bajuliæ et notariæ, in manibus judicis jurabunt, in præsentia consulum, quod suum officium fideliter facient et munus vel servitium pro
suo officio, vel ratione sui officii, non capient, et unicuique jus suum
pro posse suo reddent, et usus bonos et consuetudines villæ scriptas et
approbatas, salvo jure domini nostri regis et sui parierii, custodient
et deffendent.

Art. LVII.— *Fiat à curia habitantium annuatim, crastinâ omnium sanctorum, electio consulum, super numero eligendorum dup!ici, à veteribus præsentato.*

Item quod in dicta villa consules creabuntur annuafim in crastinum festi omnium sanctorum; et si tunc creati vel instituti non fuerint, duret potestas ipsorum consulum donec alii ibidem fuerint instituti; ita tamen quod nomina consulum instituendorum in duplo
reddentur curiæ in scriptis per consules veteres, sicque curia possit
eligere magis idoneos usque ad numerum in consulatu consuetum.

Art. LVIII.— *Confectio, reparatio et inspectio viarum, ad consules, iis juncto bajulo, pertineat.*

Item consules dictæ villæ, et qui pro tempore fuerint, unà cum bajulo dictæ villæ, potestatem habeant vias publicas et privatas, introitus
et exitus constituendi et assignandi, et vias antiquas seu itinera,
mutandi et alibi constituendi causa abreviationis et meliorationis
dictæ villæ, ac mala passagia reparandi.

Art. LIX.—*Habeant pariter potestatem dicti consulis statuendi super his omnibus quæ ad sanum aerem, munditiam et conservationem, et bonum quôdcunque regimen in dicta villa spectant.*

Item quod dicti consules habeant potestatem de aquis pluvialibus, stillicidiis, fenestris, foraminibus et aliis consimilibus ad bonum regimen dictæ villæ necessariis et pertinentibus, ordinandi et cognoscendi prout eis et magistris juratis operum dictæ villæ melius videbitur faciendum.

Art. LX. — *Pignorent consules pro messegariis et talliis levandis.*

Item quod consules possint pro suis messegariis et talliis levandis per se et suos messegarios pignorare.

Art. LXI. — *Quisque possit moderatè uxorem et familiam suam corrigere.*

Item si quis uxorem suam vel aliquem de familia sua causa correctionis percusserit aut vulneraverit domino nihil solvat, dum tamen corrigibilem non excedat.

Art. LXII. — *Puniatur qui projecerit fœtida in villa.*

Item si quis in dicta villa projecerit fœtida, sive morticina, aut alia abhorrenda, ad cognitionem bajuli et consulum puniatur

Art. LXIII. — *Sint duæ nundinæ in villa, et quilibet mercator det pro quocumque trossello pannorum unum denarium tolosanum et pro pluribus duos.*

Item nundinæ sint in dicta villa bis in anno, scilicet in festo Nativitatis beatæ Mariæ et in festo sancti Amantii, et quilibet mercator extraneus habens trossellum vel trossellos plures in dictis nundinis, pro introitu et exitu et pro leuda det duos denarios tolosanos, et de trossello unico pannorum et aliarum mercimoniarum unum denarium tolosanum; de aliis vero rebus quæ ad dictas nundinas fuerint asportatæ, dabitur pro leuda, pro qualibet, sicut superius in die fori continetur.

Art. LXIV. — *Specialiter eximuntur à leudis villæ habitantes.*

Item quod homines dictæ villæ sint liberi à dictis leudis ut superius est expressum.

Art. LXV. — *In quibus casibus incarcerati debent solvere personagia; quanti pro hoc teneantur; et facultas eis concessa, suis sumptibus aut amicorum vivendi.*

Item quod nullus qui in carcere dictæ villæ detentus fuerit et per sententiam vel aliter fuerit absolutus aliquid dare pro personagio teneatur; si vero ante tempus sententia fuerit liberatus, præstet cautiones si eas habuerit, vel, si non habeat, juratoriam cautionem de personagio persolvendo si per sententiam fuerit condemnatus; si vera in hoc casu personagium solvere teneatur et fuerit nobilis, solvat duodecim denarios tolosanos; et si captus de suis bonis propriis, aut amicorum suorum vivere voluerit et lectum suum habere, pro suis expensis, nec pro lecto nihil solvat.

Art. LXVI. — *Emenda pro simplici sanguinis effusione.*

Item de simplici sanguinis effusione de nasibus vel de ore solvat qui fecerit effundi duos solidos sex denarios tolosanos; et si cum unguibus sanguis exiverit, nihil solvat.

Art. LXVII.—*Si post proclamationem competentem rei vendendæ, creditores super eâ hypothecam habentes non opposuerint, dummodò sit laudata à Domino et a seipso possessa, emptor de sua emptione maneat securus.*

Item emptores bonorum sitorum in dicta bastida et ejus pertinentiis sint securi perpetuo adversus creditores quibus bona ipsa fuerint hypothecata, dum tamen venditio rerum, ipsorum quatenus, de quindecim in quindecim diebus, per præconem communem dictæ villæ cum tuba publice fuerit publicata, et creditores venditoris, si quos habuerit, fuerint evocati; et dicta venditio, post dictas proclamationes vel per dominum feudi ipsius rei venditæ fuerit laudata, et possessio vacua in emptorem transierit, salvo tamen jure domini nostri regis.

Art. LXVIII. — *Ceduntur extra villam sexdecim arpenta ad usum communem habitantium quæ teneant perpetuo libere.*

Item quod consules et universitas dictæ villæ habeant et possint habere et tenere perpetuo libere, extra villam, infra paragium dictæ villæ et in locis congruis quatuor padouenta, pro quibus tradentur sexdecim arpenta, et hoc in locis in quibus dicti consules ipsa padouenta duxerint eligenda.

Art. LXIX. — *Molendinarii reddant in farina idem pondus quod receperint in blado, et illis pistoribusque ac carnificibus assignent et tradant consules pondera modi et formæ tolosæ consuetis.*

Item quod blada tradentur molendinariis ad molendum sub certo pondere et quod ipsi molendinarii ad id pondus farinas reddant, et quod consules dictæ villæ molendinariis, et pistoribus et carnificibus qui fuerint in dicta villa assignabunt et tradent et assignare et tradere poterunt pondus modo et formâ quibus sit in Tolosâ, seu fieri consuevit.

Art. LXX. — *De plateis concessis ad ædificium quod debeat esse mediarium inter constructorem et hærum fundi, pariter de terris ad plantandum vineas sub conditione plantationis mediariæ, vendæ non solventur.*

Item quod si aliquæ plateæ concederentur ad medium bastimentum seu terræ ad plantandum vineas ad medium plantum, quod inde vendæ occasione dictæ concessionis vel divisionis faciendæ non solvantur.

Art. LXXI. — *De permutationibus vendæ non solvantur nisi de eo quo una terra excesserit, si fuerint tornæ prœtium alterius.*

Item quod de permutationibus faciendis de possessionibus inestimatis, dictæ Bastitæ et ejus pertinentiarum, non dentur vendæ nisi traderentur estimatæ, vel essent ibi tornæ, nam terræ in eo casu de estimatione et tornis tantum vendæ solvantur.

Art. LXXII. — *Possint consules in domo, seu domibus villæ communibusfacere et tenere tabulas mercatiles et eas locare, ac etiam in ipsis domibus, portulibus, turribus gareytam ponere.*

Item si contigerit pro tempore consules dictæ villæ domum seu domos in plateis communibus dictæ villæ ædificare, quod ipsi possint ibi facere et tenere tabulas, sive loca ad vendendum merces et alia, et ipsas tabulas locare et emolumenta inde provenientia percipere et exponere in reparatione ipsius domûs seu domorum et in aliis utilitatibus et necessitatibus dictæ villæ; et ibi seu in portallibus et turribus villæ prædictæ si fieri contingat, et in quolibet eorumdem gareytam reu gareytatorem libere ponere et tenere.

Art. LXXIII. — *Facultas consulibus et Universitati concessa circumdandi villam fossatis et vallis et turres ædificandi quotiescumque pro suâ luitione et honore regio videbitur faciendum.*

Item quod consules et universitas dictæ villæ, quando eis videbitur pro honore regio et securitate prædictæ villæ, possint dictam villam, et in eâ, et circumcirca cum fossata, seu vallata, portalia, muros et turres construere et ædificare sine omni pretio seu emenda quam dominio dare non teneantur, salvo jure habitantium, et in ipsis fossatis seu vallatis, aquam retinere et congregare, et piscariam facere, et pisces tenere et nutrire, et de ipsis facere omnimodam voluntatem.

Art. LXXIV. — *Quod idem possint in villa ædificare et tenere libere in perpetuum duo nosocomia.*

Item quod consules et universitas dictæ villæ possint construere et

perpetuo tenere libere in dicta villa, in locis in quibus eis videbitur
faciendum duas domos pietatis quamlibet continentem unam cassale-
nam terræ, in quibus pauperes christi recipiantur et fiant opere pietatis et misericordiæ ad honorem Domini nostri J.-Christi et beatæ
virginis gloriosæ Mariæ, matris suæ, et beati Jacobi apostoli, et omnium aliorum sanctorum Dei, absque financia aliquali.

Art. LXXV.— *Consules Solemniaci poterunt, sub beneplacito vicinorum nobilium, jurisdictionem habentium, cognoscere de quibuscumque delictis in eorum terris emergentibus, quando agetur de
utilitate dictæ villæ.*

Item quòd consules villæ prædictæ qui sunt et qui pro tempore
fuerint, de voluntate nobilium circumvicinorum dictæ bastidæ, jurisdictionem habentium in terris suis, pro utilitate dictæ villæ possint
de omnibus criminibus, delictis, et quia si delictis in ipsis terris
emergentibus, tam civilibus quam criminalibus, in victa villa cognoscere et judicare, incursionibus tamen et aliis emolumentis inde prove-
nientibus ad ipsos nobiles pertinentibus ipsis nobilibus.

Art. LXXVI. — *Infeudabunt possessiones villæ et pariagii rex et
abbas sub obliis et aliis juribus consuetis.*

Item quod dictus dominus seneschallus et ejus successores, per se
vel specialiter deputatum ab eis nomine domini regis et dictus abbas
Gimontis, seu ejus sindicus, vel in eo casu in quo non possent, quod
bajulus communis dictæ bastitæ, nomine domini regis, et dicti monasterii Gimontis, mediatim et ad communem utilitatem et de eorumdem
bonis plateas domorum, casalatos, casalerios, arpenta et alias possessiones dictæ villæ et pareagii ejusdem concedant ad amphyteosim et
infeudabunt ab oblias consuetas; et venditiones et alienationes, quas
de his fieri contigerit, laudabunt et approbabunt, et parte Domini
nostri regis et dicti monasterii, et quod concessiones, infeudationes et
laudamenta sic facta valeant et obtineant roboris firmitatem.

Art. LXXVII. — *Sit semper in villa bajulus communis pro rege et
abbate.*

Item quod in dicta bastita sit semper bajulus communis pro domino
nostro rege et dicto monasterio Gimontis.

Art. LXXVIII. — *Fiant præconisationes in villa ex parte regis et
abbati bajuli et consulum negotiis pure regiis exceptis.*

Item quod omnes præconisationes, mandata et ordinationes quæ
fient in dicta villa, præconisentur et fiant ex parte Domini nostri re-

gis et dicti monasterii seu abbatis ejusdem monasterii de Gimonte, et bajuli et consulum dictæ villæ, negotiis propriis, regiis dumtaxat exceptis.

Art. LXXIX. — *Ad libitum consulum congregetur concilium.*

Item quod consules dictæ villæ, unà cum suis conciliariis et aliis probis viris dictæ villæ, quibus eis videbitur, pro habendis conciliis et negotiis dictæ villæ utiliter tractandis quando et quoties voluerint, ipsum manè, se valeant congregare.

Art. LXXX. — *In reperticatione, si ultrà primam mensuram quis emphytiola inveniatur occupare non ei à dominis aufferatur excedens, sed pro pluri persolvat oblias debitas consuetas.*

Item quòd si contigerit plateas et alias possessiones pareagli et pertinentiarum dictæ villæ pro tempore reperticari, et plus ultra primas perticam seu pagellam, ibi inventum fuerit, quod illud plus non possit afferri ab emphytheota per dominos à quibus ipse res tenebit; sed quòd emphytheota pro illo pluri persolvant oblias debitas et consuetas in dicta villa.

Art. LXXXI. — *Teneant vicini et habitantes villæ omnes suas possessiones ubicumque sint, solvendo oblias et deveria dominis à quibus tenent, quomodò tenebant ante fundationem.*

Item quod quilibet vicinus et juratus ac habitans dictæ bastitæ possit tenere omnia bona sua, terras et possessiones ad eos pertinentes ubicumquè sint, prout faciebat tempore fundationis dictæ bastitæ, solvendo oblias, et alia jura et deveria dominis à quibus tenentur.

Art. LXXXII. — *Quæ solvendæ sint pro salario præconis.*

Item quòd præco communis dictæ villæ de præconisationibus hæreditatum recipiat unum denarium tolosanum, et de rebus minutis mobilibus et de tabernis unum denarium turonensem tantum.

Art. LXXXIII. — *Quod exigibile est ab incantatore pro serviliis sui officii.*

Item quod inquantator, seu venditor communis dictæ villæ, de rebus quas vendet ad inquantum usque ad summam viginti solidorum tolosanorum recipiat unum denarium tolosanum sive sint mobilia vel immobilia; usque ad summam quinquaginta librarum duos denarios tolosanos; et de quinquaginta libris usque ad centum libras quatuor denarios tolosanos; et de quinquaginta libris usque ad centum libras quatuor denarios tolosanos; et de centum libris turonensibus sex denarios tolosanos; et ultra nihil plus quantumcumque valeant res venditæ seu affeudatæ.

Art. LXXXIV. — *Quod debetur notario curiæ bajuli pro suis scriptis.*

Item quod notarius curiæ bajuli dictæ villæ recipiat pro unoquoque clamore scribendo et cancellando, unum denarium tolosanum, et si debitum confiteatur vel negetur simpliciter, pro confessione vel negatione scribenda, ac prima comparitione unum denarium tolosanum et nihil plus; si vero petatur libellus et fiat processus, et partes remittantur coram judice, solvat quælibet pars unum denarium tolosanum pro omnibus istis.

Art. LXXXV. — *Quod verò notario debetur si testes producantur pro certificando debito.*

Item si negetur debitum et testes producantur, habeat de quolibet teste, audito et examinato in scriptis et non verbo, unum denarium tolosanum, et de cognitione bajuli, si scribatur duos denarios tolosanos à qualibet parte.

Art. LXXXVI. — *Quod illi solvi debet pro littera citationis.*

Item de littera citationis aut alia quacumque à curia bajuli emanata unum denarium tolosanum, et nihil pro sigillo, nisi alia littera insereretur in ea, et tunc habeat duos denarios tolosanos.

Art. LXXXVII. – *Quod ille percipere potest pro cautione scribenda.*

Item de cautione scribenda coram bajulo et ejus curia duos denarios tolosanos de causa civili, et, si sit criminalis, tres.

Art. LXXXVIII. — *Nihil solvatur pro contumacia nec ab habitante, nec ab extraneo.*

Item quod nullus habitans nec extraneus solvat contumaciam, nisi expensas parti et notario pro scriptura et pro viagio servientium.

Art. LXXXIX. — *Dominus rex habebit id dicta villa pedites et equites qui semper sint in sua manu et de regimine seneschalliæ tolosanæ.*

Item habebit dominus rex in dicta villa exercitum et cavalgatam, ut in aliis villis suis dictæ seneschalliæ, et quod semper sit de mensa sua propria et de seneschallia tolosana, et regimine dictæ seneschalliæ.

Conclusio et Authenticitas præcedentium.

Prædicta autem dictus Dominus seneschallus concessit nomine domini nostri regis, salvo, in aliis, jure regio et alio quolibet alieno.

Acta fuerunt hæc Tolosæ in aleya hospitii regii, in quo dictus dominus seneschallus moratur, die vigesima secunda Julii, et ab incarnatione Domini millesimo trecentesimo vigesimo septimo, regnante domino Carolo Dei gratiâ Franciæ et Navarræ rege illustri; in præsentia et testimonio nobilium ac prudentum et discretorum virorum dominorum Stephani-Alberti, licenciati in legibus, judicis ordinarii Tolosæ; Raymundi Mascaronis judicis criminalium, patronique causarum fiscalium in senescallia tolosana; Marmandi de Pratis domicelli, vicarii Tolosæ; Hugonis de Carrolo legum doctoris; Geraldi de Sabanacho, thesaurarii tolosæ; Germani de Fuxo, procuratoris generalis in dicta seneschallia dicti domini regis; Othonis de Terrida, domicelli, vicecomitis Gimoesii, et magistrorum Petri de Pinibus, Jacobi Bertrandi, notariorum domini regis, et Guilhelmi de Fraxino, juris periti, et quorumdam aliorum, et Raimundi Stephani, criminum curiæ dicti domini seneschalli ac Tolosæ, et authoritate regia totius dictæ seneschalliæ publici notarii; qui ad præceptum dicti domini seneschalli et ad requisitionem Joannis Vanta, burgensis, jurati et consulis dictæ bastitæ, volentis de prædictis unum vel plura retineri publica instrumenta, hanc chartam libertatum et consuetudinum recipit.

Nova ampliatio privilegiorum habitantibus Solemniaci concessa ad instar similium in favorem burgentium Triæ in ripparia concessorum.

Postque, anno et regnante quibus suprà, dictus dominus seneschallus tolosanus et albiensis, habita pleniori deliberatione, concilio et tractatu cum judicibus et aliis officialibus et juratis regiis, visis et attentis consuetudinibus concessis consulibus, Burgensibus et juratis novæ bastitæ de Tria in vipparia, inter cetera continentibus quod banchi seu macelli pro carnibus scindendis, et totum proveniens emolumentum ex eisdem sint et esse debeant perpetuo et pertineant ad consules et universitatem dictæ Bastitæ de Tria; quod consulibus, burgensibus et juratis novæ Bastitæ de Solomiaco in ipsius pali fixione ac fundatione promissum extiterat, quòd consuetudines et libertates de Triâ concederentur, de expresso assensu reverendi in Christo patris domini Bernardi de Giera abbatis monasterii Gimontis, ad hoc, ut ibi dictum fuit, pro parte dictum monasterium tangente consentientis et ita volentis fieri; nomine domini regis, ipsius voluntate retenta, concessit quæ sequuntur dictis consulibus et universitati de Solemniaco præsentibus et futuris, licet absentibus, mihi supra et infra scripto notario, tanquam personæ publicæ, pro eis stipulanti.

Art. XC. — *Concedetur universitati villæ medietas emolumenti macellorum modo carnificinas suis sumptibus construant et teneant reparatas.*

Videlicet quod medietas banchorum, seu macellorum pro carnibus scindendis, qui nunc in dicta bastita sunt, aut qui, pro tempore fuerint, et totius emolumenti ex ipsis provenientis, cum hoc quod ipsi consules et Universitas construant, et constructas, suis propriis sumptibus, perpetuo teneant, domos in quibus dicti banchi seu macelli erunt, et construerint, et constructos tenere debeant (alia medietate in solidum et integranter domino regi et dicto monasterio remanente) sit et perpetuo remaneat et in solidum consulibus et Universitati dictæ Bastitæ, et ad commodum et utilitatem ipsius universitatis suprà dictæ.

Art. XCI. — *Pariter medietatem tabularum ad usum mercatorum obtineat universitas in domo communi et platea majori; emolumentum cæterarum veniat ad habitantes quorum ante fores positæ sunt.*

Item quod totum emolumentum quod provenire poterit qualitercumque bono modo de tabulis, aut aliis instrumentis seu locis vendabilibus pro merceriis et aliis mercimoniis existentibus in domo communi, seu subtus dictam domum communem et circumcirca in platea majori communi dictæ bastitæ, intra ambulanos dictam plateam *circuentes*, tabulis ipsorum ambulanorum ad utilitatem eorum habentium ipsos ambulanos, et tabulis ibidem ratione platearum circumcirca dictam majorem plateam eisdem infeudatarum exceptis et exclusis, sit deinceps et perpetuo remaneat consulibus et universitati prædictis et ad utilitatem dictæ universitatis.

Art. XCII. — *Universitas et etiam habitantes quilibet in particulari possint ad libitum erigere ædificia clausuras et quæcumque fortalitia, et consules, excepto tempore belli, habeant custodiam et claves portarum bastidæ et turrium.*

Item quod ipsi consules et universitas et singulares personæ dictæ universitatis valeant, et eis licitum sit de muris, turribus, pinaculis et fossatis claudere villam, et ibi et alibi ubiquè infra pertinentias dictæ bastitæ, alia facere fortalitia et ædificia et clausuras, si et quando eis et eorum singulis videbitur expedire; et quod consules, præterquam temporibus guerrarum teneant et tenere et custodire valeant claves portarum forsatiliæ, ambitus murorum, seu alius clausuræ dictæ bastitæ, nomine universitatis supra dictæ.

Art. XCIII. — *Jus stagnorum, piscariorum et columbariorum faciendorum in proprio fundo, vere habitantibus dictæ bastitæ conceditur.*

Item quod quilibet burgensis seu dictæ bastidæ verè habitans ac proprium ibi habens hospitium possit facere et sibi liceat, ubique in pertinentiis, seu infra pertinentias dictæ bastitæ, in suo proprio fundo, stagna, piscaria et columbaria prout sibi videbitur expedire.

Art. XCIV. — *Iisdem liceat piscari in fluminibus Gimonæ, Sarampionis et de Larrats, tempore tamen, retibus et modis quæ à bajulo et consulibus præscribentur.*

Item quod liceat burgensibus piscare in fluminibus Gimonæ, Sarranpionis et de Larrats, illis temporibus, et de illis piscium generibus, et cum illis retibus et modo et forma quibus bajulus et consules dictæ bastitæ arbitrabuntur, si et prout expedierit ad communem utilitatem dictæ bastitæ.

Art. XCV. — *Impertitur habitantibus facultas depacendi sua animalia in tota senescallia tolosana in locis non defensis, modo non causent damnum, in quo casu, pechæ et damni dati tenebuntur.*

Item quod habitatores dictæ bastitæ ubique per seneschalliam tolosanam et ejus ressortum, locis defensis exceptis, possint sua animalia pastentare, dum tamen talam non faciant, et quod, in eo casu, quo talam facient, solvant pecham et emendam damni passo, et cum hoc non impediantur in prædictis.

Art. XCVI. — *Verè habitantes dictæ villæ et ibi communes tallias, seu quistas contribuentes non teneantur pro fundis alibi possessis de talliis, seu collectis nisi in causis realibus.*

Item quod burgenses dictæ bastitæ verè habitantes in eâ sine fraude, et tallias seu quittas communes solventes et contribuentes pro bonis quæ habuerint extra juridictionem dictæ bastitæ, non teneantur solvere tallias nec collectas, nisi pro causis, seu casibus dumtaxat realibus.

Confirmatio à domino seneschallo ultimorum articulorum, specialiter medii emolumenti ab universitate solemniaci de macellis, et totius de tabulis mercantium percipiendi.

Quibus omnibus et singulis superiùs proximè concessis per dictum dominum seneschallum et specialiter quod dicti consules et universitas deinceps habeant et recipiant medietatem emolumenti bancorum et macellorum, cum hoc quòd dicti consules et universitas construant et construere teneantur, et constructas tenere suis propriis sumptibus domos in quibus erunt dicti banchi, seu macelli, necnon etiam emolumentum quod provenire poterit in seu de domo communi, seu subtùs eam de tabulis et instrumentis, sive locis pro tenendis mercimoniis recipiant et sua ad utilitatem dictæ universitatis faciant.

Dictus dominus Abbas, cum præmissa fuerint per me infrà scriptum notarium publicum pleniùs declarata expressè consentiit pro se et toto suo conventu, quantum ad suum spectabat, et spectare et pertinere poterat monasterium, et quantùm in eo erat liber, aliter concessit consulibus et universitati prædictis, me suprà et infra scripto notario stipulante pro eisdem.

Testes, tempus, locus et notarius posteriùs prædictorum.

Acta fuerunt hæc illa, videlicet quæ concessit dictus dominus seneschallus pro villa Murum, in itinere publico, dum iret in Franciam die antè penultima octobris, in præsentia et testimonio dominorum Stephani Alberti, ordinarii Tolosæ; Raimundi Mascaronis, patroni causarum fiscalium appellantium senescalliæ tolosanæ; Joannis Servientis Villælongæ judicis, Joannis Petri Bovi de Florentia, procuratoris regii generalis in dictà seneschalliâ, et Bertrandi d'Embals, domicelli; et plurium aliorum.

Et illa quæ dictus dominus Abbas approbavit et etiam concessit apud Tolosam die penultima octobris in præsentia et testimonio domini Arnaldi de Giera rectoris de Malovicino Fezensaguelli, magistrorum Petri de Pinibus, procuratoris regii incursus hæresis, in dicta seneschallia, et Arnaldi de Noguereda notarii regii et plurium aliorum, et Raymundi Stephani publici domini regis notarii, qui de omnibus et singulis est testis, et in eis præsens fuit, et de illis publica retinuit instrumenta.

Collatio authentica Chartæ consuetudinum prædictarum cum instrumento primario, quam Chartam transcripsimus, quæque remanet in archivo Solemniaci.

Ego enim Petrus Bosc, notarius juratus et substitutus dicti magistri Raymundi Stephani præsens instrumentum de matricula seu nota dicti magistri Stephani non cancellata facti aut rei substantia in aliquo non mutata sumpsi, abstraxi et scripsi, et supra nonagesimam tertiam lineam quasi in fine, « communis pro domino nostro rege et dicto monasterio Gimontis » inter lineam transcripsi. Ego verò Raymundus Stephani notarius publicus prædictus, facta prius diligenti collatione de hac Charta duplicata cum meo protocollo, hæc me scripsi in testimonium præmissorum signum meum apponens.

Finis consuetudinum Solemniaci.

COUTUMES DE LA SAUVETAT [1]

(Comté de Gaure.)

In nomine Patris, et Filii, et Spiritùs Sancti. Amen. Notum sit à tots aquestes, qui aquere present carta veyran, ne augiran legir, qu'el religios senhor N. Auger, Abbat de Condom pel se, e pel Combent, e pel sos successores del mesis loc; e el noble senhor En Garsie del Castet de la Saubetat de lor bon grat, e pel lo franca e agradable voluntat per si mesis, e pel lors successors, an donadas e autreiadas a totas las personas habitans en lodit Castet, en la dita viela de la Saubetat, franquessas e libertatz, e costumas, e pel lors mesis a lors successors, so es assaber que :

I. No sia feyta en ladita viela de la Saubetat daissy abant questa, ne talha, ne aubergada, ne quels mezis senhors, ne lor loctenent prost nols prenera, si no quo id de lor agradable voluntat la velessen prestar.

II. Item que los habitans del dit loc qui aras son, ne pelavenant i seran puscan vendre e alienar totz lors bes mobles e no mobles a cui quels plaira; exceptat e retengut quels bes no mobles no puscan vendre ne alienar a Glezia, ne a personas religiosas, ne a caveers, ne a augun altre home que sie maihor, ne plus poderos que aquel senhor de cui aquel fius mau, empero que sian saubz los dictz als senhors de cui aquels fius mauvian.

III. Item que totz los habitans de l'avant diit loc puscan maridar lors filhas francament on quels plaira, e lors filhs estre ordenats a tot offici de clergios.

IV. Item quels prediits senhors, ne lor loctenent no prenguen algun habitant el dit loc, ne forsa no i feran, ne los bes ne lo sasiran, encantaran, ferma d'estar a dret, si no pel murtre, o pel mort d'ome, o pel plaga mortal, o pel autre crime, per que son cors e sos bes deuan estre encorreguts als prediits senhors.

V. Item que pel la mort, ne per question d'autruy, sino pel propi feyt dels mesis senhors, los avant dicts senhors, ne lor Loctenent, no

---

(1) Copiées dans les *Mémoires sur le Diocèse de Condom*, conservés aux archives municipales de Condom.

mandaran, ne citaran, algun habitant del dit loc, sobra aqueras cau
sas que seran feitas el predit loc, e sober las possessios del mesis loc.

VI. Item que (*si*) augus habitant del prediit loc moria sens que no
fessa testament, e que no agossa aqui heretz presens, que lor loctenent,
el cossellh del mezis loc fasse escrieure los bes ses daquet mort, e que
id lor comanden a dos prud'homes deu mesis loc, que los garden fizelment un an e un dia; e si dens aquet terme aparesca hereter, que
deiha heretar alsdits bes, quels mesis bes sian a lui bailhats e arren-
datz entegrement; en autra maneyra los bes mobles sian bailatz als
mesis senhors, e totz los autres bes no mobles, que dels mezis senhors
tiera feuzalment, per far lor voluntat : els autres mes no mobles que
d'autres senhors tendré a fieus, que sian arrenutz a lor per far lor voluntat, pagadz e soltz prumerament los deutes deldit defunt, qui seran
clers e manifestos, segont l'usadge e la costuma d'Ageners, no espe-
rada la fin del dit an e dia.

VII. Item quels testamens feits pel habitans del mesis loc en testimoni de dus homes dignes de cresenza, aion valor e fermetat, id sia
causa quels testamens no sian feyts segon solempnitat de leys, dabque
los mezis filhs dals mesis testayres no i sian defraudats en lors leyals
portios, o que lo capelan del mesis loc, o autre ecclesial persona, sia
apelada els predits testamens, si atener i pot ses perilh perfaitable-
ment.

VIII. Item, que negus habitans al dit loc no sia tengutz ni costretz
si mesis porgar ni defendre per sai de batalha, no sia costretz a batalha
fazedora per degun home que sia accusatz ne apelatz; si no que mezis
se volha, e si recebe no vol l'accusat o l'apelat no sia apel al venant,
mas que l'apelant o l'accusant sil vol probe lo crim pel testimonis
abondors, o pel altre probation segunt formas de dreyt.

IX. Item quels habitans el dit loc puscan crompar e receber a fieus,
o en don, de cascuna persona volens bener e aflieusar, o dar sas causas
no moblas, saubs los drets als senhors de cui mauvan.

X. Item, que de tota vendition ques fassa el dit loc, de fieus, o de-
rétat, e dalor, quel crompador pague vendas al senhor de cui mau, de
cada sos un dinés; e si los fiuaters del mezis loc no pagaran als senhors de lors fieus lors servicis a los dias assignats seyt dias avant o
oeyt apres, qu'en pague la fiuater tres sos tres dinés de morlans per
dias o per son servissi.

XI. Item, si alselha, ne altres maleficis, recortz eran feytz el dit loc,
ne en sas aparteneuses, quel loctenent desdits senhors, ab lo cossellh
det medis loc, no fassa inquisition, e sil feyt se troba que pels mesis

senhors, e per lor loctenent, e pel dit cosselh, sia feyta emenda ad aquet qui la cal aure pers apel la costuma d'Ageners.

XII. Item quel loctenent pels dits senhors devon jurar el comessament de lor Baylia devant los prud'homes del mesis loc, que id se porteran leïalement en lor offici, e arendran a cascun segunt lor poder, e segunt las costumas lauzadas e aproadas del mesis loc, e servaran los establimens rasonables del mesis loc.

XIII. Item que los Cossols deldit loc sian mudatz cada an en la festa de Pascha, e aqui mesets e altres esteys e meteys e megues pausats dels habitans del mezis loc, e sian elieits e pausats pel aquets qui seran estats en lan deuant de cosselh ab lo loctenent pel elsdits senhors, e qui esliescan que's qui miel conoysseran profaytables a la utilitat del loc, e si algun qu'esieit fos contrastava que no volos prener lo cosselhadge, que sia punitz en detz sos de morlaas, que sian meyts a profeyt del loc a coneguda del cossel; losquoals cossels juren al loctenent pelsdits senhors, e al poblo del mesis loc, que e ben e fizelment serviran losdits senhors en lors dreyturias, e governeran lo poble del mezis loc fizelmens, e pel lor poder fielment tendran lo cosselhadge; e eldits cossels que aian poder de reparare fons e pons, e carreras, e vias publicas, e de culhir ab lo loctenent, o dab lor mesadge, pel sols e pel liures, dab cosselh de lors juratz e de detz d'autres habitans del mezis loc, que pel reparacion de las dictas causas seran feytas, e ques feran pels altres comunials negocis necessaris, e retornans a la communiau utilitat deldit loc, e que cascun que sera de cosselh, que aïan de la viela cadas detz sos de morlans.

XIV. Item, que legessa ne femns tendra deuant son ostau en la carrera, porque sia mandat e defendut, e lo cosselh ne traga dus dines morlans cada die de que ne ant tengut cum aci tengos dab los bailes de lo mezis senhors; e que tot hom laïc qui eldit loc, ni els apartenemens, aura arrendas ne possessios, e de sos successors de nom, per arrason d'aqueras causas o despensas, e a messios, e a talhas que seran feytas peldit cosselh a proficyt e a utilitat deldit loc en aissi cum li aultre habitans del mesis loc, pel sols e pel libras, e que las ditas lors causas e possessios sian sarradas e defendudas pels predits senhors e pel cosselh, e pel tot lo comuniau del mesis loc, en aissi cum las autras causas dels autres habitans dels mesis loc, e si aissi cum dit es no volian pagar, quel baile dels mesis senhors lors ne penherie à la requeste deldit cosselh.

XV. Item, los clergs e las autras personas privilegiadas, sian tengutz a far aqui mesis d'aqueras heretats e possessios, e que ed auran, sino que las aian per successio d'eretatge, de lasquals no devan ren, sino per lor propria voluntat.

XVI. Item, que tota causa que lis aport deforas a vendre pres que sian dedens las Dexs (?) que nul home ne l'ause vener, ne comprar, entro que sia a la carrera publica deldit loc : e si algun fazia contra aisso, lo comprar, el vener, ne sian punitz en cada dotze dines morlaas, qui sian partits entre losdits senhors, el cosselh, foro que fossa hom estran qui no sabossa la costuma deldit loc.

XVII. Item, que tot hom qui altre ferire, o cirare, ab palma o ab punh, o ab pes, iradement, en tres sols tres dines ne sia punitz, si clamor ne era feyta, e que fassa emenda al ferit a la coneissensa dels senhors e del cosselh; e si ab fust o ab peyra era ferit, en era feyte clamor, lo ferens qu'en sia punit en ladite ley; e si tray cotet cinq sols, e sin fier detz sos, e si plaga leyal lavia feyto, e y a clamor ons (?), lo ferens pague la ley alsdits senhors LXV sos de morlans, e fassa esmenda al plagat a l'esgart delsdits senhors, sino que agos feyt son cors deffendent o desciertalment; empero si descientalment en sia feyta clamor, que pagua lasditas leys.

XVIII. Item, si algun hom ancisia un autre, en era trobat coupable de mort, e pel home fixe conegut, que per jutgement de la cort ne sia punitz, e sos bes qu'en sian encors alsdits senhors, empero pagatz sos deutes prumerament.

XIX. Item, si algun hom disia mal a autre, ne vilanies, iradement, e qu'en fos feyta clamor, qu'en sia punitz en tres sos quoate dines, e fassa emenda al malmenat.

XX. Item, que tos hom qui trencara lo ban als senhors, ne toldra gatge a lor balle, quel penheresse per cause convenguda o judjada en la cort, qu'en sia punitz als senhors en detz sos, e quel fassa esmenda a coneguda de la cort.

XXI. Item que tos hom, o femne, que fos pres en adulteri, que sia punitz cascun en sixante sos de morlans, si pagar o podon, e daqui en jus a coneguda dels senhors e del cosselh, e que mas carossa la viela.

XXII. Item, que tot hom qui panere la valor de dus sos, o daqui en jus, de dia o de nueida, corre la viela dab lo furt pendent en col, e que sia punitz alsdits senhors en tres sos quoatre dines, e quel fuert sia arrenut a daquet qui sera estat, exeptat furt de fructs. E qui panara causa valens de cinq sos, o daqui en jus, la prima betz sia senhalatatz e que pague la ley alsdits senhors LXV sos de morlans; empero si trobaba hom segnalat, que sia punit a coneguda de la cort e pel jutjament. E si augus hom era pendut per judjament, que sia punit alsdits senhors en cent sols, s'il s'en a bal, pagadz sos deutes prumerament, el remanent que sia de sos heretz.

XXIII. Item, si augus hom entrava de dias en ort, o en las vinhas, ni els prats d'autrui, e qu'en prengue fruts, o fen, o palha, ab graa e senes graa, valens dotze dines, daqui en jus, senes voluntad daquet de cui seria, porque sia deffendut la una vedz qu'en sia punitz alsdits senhors, e el cosselh, en vingt dines, e qu'en sie lo ters dels senhors predits, e las dues parts deldit cosselh, e quels meten a profeyt deldit loc, e tot quans quels dits cosselhs auran d'aisso, devon pausar el communiau profeyt deldit loc e reparacion de carreras de pont e de fontz e de sentas causas; e si oltra dotze dines valia aquo que pres aure, que sia punitz alsdits senhors en tres sos quoatre dines. E si augus intrava de nueyt en vinha, o en ort, ni en prat, o en bladar, e se prenia fruct, o fen, o palha ab gran o ses gran, qu'en sia punitz alsdits senhors en cinq sos de morlaas, e que esmende lo dampnatge a cui fait l'auria, de laqualla peina aiha sa part lo messegue segont que sera establit pel cosselh.

XXIV. Item, qui falz pees, o falsa mesura, o falsa cana tendra, e proat sia pel los senhors, o pel lo ballie, o pel cosselh, que sia punitz als senhors LXV sos de lei, et LXI sos del cones (?) del cosselh en sus que sia del cosselh.

XXV. Item, pel clamor feyt per deute, o pel combent, o pel altra constractament, s'il deutor ac autreia en presencia de lor cort senes tota negation, es este i ener qu'en sia tengutz als senhors en tres sos e quoate dines de lei, e que lor loctenent fasse pagar a lui so qui l'aure autreyat au cresedor.

XXVI. Item pel tota simpla clamor de qui pleyt se sia enseguit, si apres la sentencia donada sia la requeritz aquel contra cui sera dada la sentencia sia punitz aldits senhors en tres sos quoate dines.

XXVII. Item, aquel que sara falhit a dia assignat a lui pel el bayle del loc, sia punit a la part adversas en tegudas despensar e als senhors en tres sos quoate dines de ley.

XVIII. Item que losdits senhors ne devan prene lei, ne gadge, entro qu'aihan feyt complir la causa judyada a la part qui auran vencu son pleyt.

XXIX. Item de tot clamor feyte dequi pleyt s'enseguira, s'il demandai defalhia enproa son entention, que sia punitz als senhors en tres sos quoate dines, a la part adversa que sia punitz en legudas despensas.

XXX. Item si home estram pausa aldiit loc saumada de saü en

vende, quera quen den alsdits senhors una palma : e de somada de vaissera de terra e de fuste, un vaisset de cascuna.

XXXI. Item lors forns del mesis loc sian delsdits senhors, exceptat altant que cascus vesiis del mesis loc pusca far forn dans son ostau pel coser son propi pan. E si augun hom ne cosia a son besin, qu'en sia punitz pel cada vedz que a fare en tres sos tres dines alsdits senhors.

XXXII. Item los maseres del mesis loc sian tengutz de dar alsdits senhors una cama de cada porc e troya qu'en vendan al mazet : e de cada buou e vaque un dine.

XXXIII. Item, quelsdits mazeres no vendan aldit mazet carns meseras, ne d'auelha, ne de troyha, ne de boc, ne aultres carns de mala mort el mazet communial; e si en contra aisso facian, que fossan punitz als senhors aquel qui a fare en tres sos quoate dines, e aqueras aitals carns que sian trovadas, que sian dades els cans, o que sian osses. Elsditz mazeres no devon vender carns bonas ne frescas, sino el mazet communial : si no que a fassen de noeytz, exceptadas carns saubadges, e d'anhedz, e de qu'en sian punitz aquel qui a fare en tres sos quoate dines.

XXXIV. Item, los estrumens feyts pel notaris del mesis loc, que aihan valor e fermetat, que comunials estrumens e cartas deben aber.

XXXV. Item, que an volut e autregat los predits senhors, que si augun cas nauet venia eldit loc, que no se podossa judyar, ne decesir, ne declarar pel las costumas dessusditas, que sia julyat e conegut pel los senhors, e pel cosselh, e pel la cort deldit castet, segunt dret, segon razo leyalment.

Els dits senhors pel lor e pel lors successors, qui donades e autreyadas lasditas franquesas e libertatz e costumas als habitans e a lors successors deldit loc, els an prumes e autreyat pel lor e pel totz los lors sober totz lors bes, que tot aissi cum dit es ac tendran, els ac garderan ferme e stable per tot temps sen venir en contre.

Actum, requisitum et concessum fuit hoc quinto die in introitus madii. Testes sunt Petrus de Bordas, Willelmus de Galart, consules Condomii, Johannes Costa, Sancius de Marmont, Sancius Garcias d'Aquatincta, et ego Vitalis de Quintano, publicus notarius Condomii, qui hanc cartam scripsi, et in publicam formam redegi, et signum meum apposui, anno Domini Mº CCº LXXº primo : regnante Alfonso comite Tolosano, Augerio abbate Condomii.

Quam cartam ad requisitionem et instantiam Geraldi Dampels, sindici universitatis castri de Salvitate, ego Willelmus Becconis, de mandato mihi facto et autoritate mihi data per Bernardum de Polenhaco, Johannem de Cucudmonte, Bernardum de Bordis, Garsian Fabri, Fortanerium de Corbino, consules de Condomio, de papyris dicti notarii defuncti de verbo ad verbum abstraxi et presentem cartam refeci et scripsi ex carta super hoc facta per dictum notarium defunctum tradita et ostensa consulibus per dictum sindicum, in principio, secundæ, tertiæ et quartæ, quintæ et sextæ linearum ejusdem carta esset corrosa et deleta pro ut per inspectionem ejusdem cartæ apparebat : et quod dicti consules ad petitionem dicti sindici dictam cartam esse reficiendàm. Actum fuit hoc apud Condomium die Martis ante festum beati Laurentii. Testes sunt magister Willelmus, magister Artaudus Fortanerii de Polinhaco, senior; Geraldus de Nalhaco, Galterius de Martino, Geraldus Dargentere, et ego Willelmus Becconis, notarius Condomii supradictus, qui præsentem cartam signo meo signavi in testimonium præmissorum, anno domini M^o CC^o LXXX° VII, regnante domino Philippo rege Franciæ; Edwardo rege Angliæ, duce Aquitaniæ; Augerio, abbate Condomii. Signum meum est tale.

(Copie du paraphe du notaire.)

COUTUMES DE NOGARO [1]

(Comté d'Armagnac.)

In Nomine Domini. Noverint omnes præsentes et futuri seu etiam hoc presens publicum instrumentum inspecturi, quod die decima octava mensis januarii anno ab incarnatione Domini millesimo quadringentesimo octuagesimo primo apud villam Nogarolii et intus cappellam sancti Sebastiani in eclesia collegiata Sancti Nicolai coram me notario publico et secretario domini nostri domini comitis Armaignaci, Johanne Castineto habitatore villæ Aignani et coram testibus infra nominatis comparaverunt et personnaliter extiterunt providy et honnesti viri magister Nicolaus Davito, Jacobus Viaut, Raymondus de Fauria, Michael de Monasteriis, consules dictæ villæ et cum tres magistri Nicolaus Baradato, Bernardus de Fitano, Raymondus de Bedato, bacalaurey, magistri Hugo de Rolley, Joannes de Baradato, Guillemmus Coubety notarii, Petrus de Castillano, Joannes de Bosco, Joannes de Fargia senior, Joannes de Fargia junior, Joannes de Fita, Joannes de Carbonne, Joannes Nerot, Sanctius de Cramailho, Petrus de sancto Albino, Petrus du Fort, Bernardus de Bartha, Guillelmus de Auriano, Arnaldus de Labadie, Petrus de Noguerys, Petrus de Elaus, Joannes de sancto Petro, Bertrandus du Fort, Petrus de Solo, et Bertrandus de Fabro, omnes habitatores et dictæ villæ, representantes meliorem et saniorem partem omnium habitatorum, qui quidem consules in præsentia dictorum habitatorum, cunctorum (?) concensu, et expressa deliberatione verba sua cum humilitate et respectu dirigentes ad illustrem et potentem principem dominum nostrum Petrum de Borbono comitem Clarmontis et de Marchia dominum de Bellojoco et de Armaignaco, rogaverunt eum et humiliter supplicaverunt ut cum ipsi consules et dicti habitatores semper fuerint fideles et obedientes dicto domino nostro et ejus prædecessoribus ipse dominus vellet recipere et acceptare juramentum fidelitatis, et hommagium, dictorum consulum et habitatorum et in eorum favorem et utilitatem laudare confor-

mare et approbare, et ratificare usus, consuetudines franchisas libertates, et privilegia concessa dictis habitatoribus, jampridem per dominum Joannem Dei gratia comitem Armaignaci, Fesenssaci, Ruthenæ,
Claremontis et sicut continentur scripta sunt dicta privilegia in pargameno existente in manibus dictorum consulum signatum et sigil-
latum sigillo dicti domini comitis, quo quidem pargameno de mandato
diti domini de Borbono remisso in meis manibus et lectis omnibus
quæ in ipso contenta sunt in presentia dicti domini omnia, attente aus-
cultantis tenor ipsius pargameni, in hoc presenti publici instrumento per me dictum notarium..... est ut sequitur.

Joannes Dei gratia comes Armaignaci, Fesensaci, Ruthenæ, Clermon-
tis, dominus de Riparia et aliorum locorum, notum facimus omnibus
tam præsentibus quam futuris seu etiam hac præsentes litteras patentes
visuris aut lecturis nos in prima figura vidisse certum et quoddam instrumentum seu patentes litteras, signo et sigillo illustris viri Bernardi
Tumepaler comitis Armaignaci signatas et sigillatas per quas litteras
multa privilegia concessa erant consulibus et habitatoribus villæ
Nogarolii cum concessu et pacto facto cum illustri et Reverendo patre
in Cristo Austindo archiepiscopo auscitano et fundatore eclesiæ et
collegii dictæ villæ, inter quæ privilegia singulariter datum et concessum est ipsis habitatoribus posse tenere possidere vendere, permutare et aliter alienare, omnes domos et terras quæ sunt in territorio
dictæ villæ nec pro ipsis domibus et terris aut propter venditionem
et permutationem earum teneantur dicti habitatores solvere dicto domino Tumepaler nec dicto Austindo feudum onerum, oblias vendas
nec aliud quoddam jus ita est per francum allodium omnia teneant
et possideant in territorio dictæ villæ. Et cum dicti consules humiliter
et per supplicationes petissent a nobis ut confirmaremus dicta privilegia et alterius ipsis habitatoribus concederemus alia multa quæ in
requesta per eos nobis presentata continentur.

Nos dictus comes cognita nobis fidelitate et obedientia dictorum
consulum et habitatorum cupientes eos magis astringere et obligare
ad fidelitatem servitii nostri et nostrorum successorum, dedimus et
concessimus, damus et concedimus dictis consulibus et habitatoribus
et omnibus eorum successoribus in futurum et in æternum. Primo
quod dicti consules et habitatores possint libere et sine contradictione aut impedimento tenere possidere et quoque legitimo modo
aquirere in nostro comitatu omnia bona mobilia et immobila ruraria
et nobilia, reservato tantum nobis jure debito secundum leges et
consuetudines.

Item quod possint tenere possidere et vendere et permutare et
aliter alienare omnia bona quæ habent et quæ sui successores in
futurum habebunt in dicto territorio dictæ villæ, nec pro ipsis
teneantur solvere feuda census obblia renda, nec aliqua quæcumque
jura aut deberia, reservato, nobis hommagio et juramento fidelitatis.

Item quod dicti consules et habitatores possint in dicto territorio
edificare et construere domos cum muris lapideis, piscaria, molen-
dinas, plapeos et colomerios sine prejudicio vicinorum.

Item quod possint construere unum furnum banerium, in una
parte dictæ villæ ad utilitatem Reipublicæ et Universitatis, reservato
nobis alio furno banerio in altera parte dictæ villæ, ut ipse ad nos
pertineat nec dicti consules et habitatores aliquid in eo possint
petere, teneantur tamen omnes habitatores in dictos furnos ad libitum et ad arbitrium portare panes ut in ipsis coquantur et non
alibi sine nostro concensu permissione.

Item quod possint construere unam aut plures auleas publicas
propter nunndinas et mercata, et in ipsis auleis intus aut extra dictam villam liceat dictis consulibus accipere de mercatoribus subsidium leve pro jure tublatorii, et tenatgrii (sic) et pro jure soqueti, de
blado, milheto, baillario, et quolibet grano quod venditur in dictis
auleis, ita tamen ut nullus gravetur sed omnia cum discretione fiant,
reservato nobis et nostris successoribus bis in anno accipere in dictis
auleis unum boucherium de omni sacco bladi milheti baillarei et
aliorum granorum quæ portata fuerint ad vendendum in dictis auleis,
nec liceat mercatoribus in alio loco villæ quam in dicta aulea diebus
nundinarum et mercatoribus vendere mercaturas.

Item quod possint in dictis auleis et alibi arrendare macellos et
subsidium recipere de omnibus bestiis venditis in ipsis macellis,
nec alibi permissum sit vendere carnes bestiarum in dita villa nec
in territorio taliter tamen ut carnifices teneantur facere bonas et sanas
carnes saltem in uno macello, et in quo libuerit dictis habitatoribus
quod si bonas carnes non fuerint sed malas dentur et errogentur
pauperibus.

Item quod possint etiam recipere subsidium de vino, oleo, candelia,
salsis, piscariis et talibus quæ vendentur in dicta villa et territorio
ita ut possint ad libitum et secundum necessitates et occurentias arrendare dictum subsidium, vini venditi, olei, candelarum, salsorum,
piscariorum et talium, nec permissum sit vendere vinum dictis habitatoribus, cum dictum arrendamentum factum fuerit, in prejn-

dicium dicti arrendamenti aut contra pacta et conventione factas cum consulibus et habitatoribus in dicto arrendamento.

Item quod non liceat intrare facere vinum in dictam villam nisi sit collectum in vineis dictorum habitatorum, aut si fecerint intrare vinum extraneum soli antea dictis consulibus ad utilitatem universitatis septem solidi morlani sex denarii pro omni dolio continente legitimum modum viginti quatuor urnarum mensuræ dictæ villæ.

Item quod ut melius dicti habitatores possint facere impensas propter universalitatem dictæ villæ, nonliceat a festo diei matini (?) hivernalis usque ad festum paschæ vendere vinum in dicta villa aut territorio nisi sit collectum in vineis dictorum habitatorum.

Item quod possint dicti consules et honnestiores habitatorum, non autem viles et mecanici, venari et piscari in nostro comitatu cum canibus et aliter ut permissum est per leges, reservatis tamen nostris silvis palpeis et piscariis, liceat nihilominus dictis mecanicis piscari.

Item quod possint de die et nocte cum armis si opus sit facere vigilias et excubias in dicta villa, et ipsam custodire cum officiariis nostris; possint etiam capere et arrestare delinquentes et male factores eosdemque ponere in carceribus dictæ villæ ut puniantur per officiarios nostros pro suis meritis.

Item quod dicti consules finito anno eorum consulatus possint eligere pro anno futuro cum concenssu et deliberatione dictorum habitatorum, vocatis ad hoc judice Armaignaci et procuratore, alios consules qui in manibus dicti judicis portabunt juramentum et jurabunt in eorum officio consulatus bene et fideliter se habere jura nostra et universitatis servare et custodire juxta posse, utilia procurare et inutilia pro viribus evitare, et sint quatuor consules et non ultra, liceat tamen minus facere si ita visum fuerit utile et necessarium universitati dictæ villæ.

Item quod dicti consules per se possint et sit eis licitum congregare dictos habitatores in domo publico aut alio loco, et toties quoties venire in locum deputatum per dictos consules dum tubam publicam audient ut faciant concilium expediens pro causis universitatis dictæ villæ et nostro honore et servitio.

Item quod possint tenere mercatum in dicta villa diebus veneris de quindecim in quindecim diebus, et duas nundinas in anno ad libitum dictorum dummodo non fiat prejudicium villis vicinis.

Item quod dicti consules cum dictis habitatoribus vocatis nostris officiariis possint facere ordinationes politicas ad utilitatem universitatis dum non sint contrariæ legibus aut juri publico, et imponere pœnas usque ad tres libras, quas quidem ordinationes teneantur omnes habitatores observare sub dictis pænis.

Item quod si quis in futurum voluerit agregari dictis habitatoribus et in dicta villa habitare teneatur petere et obtinere concensum dictorum consulum et habitatorum, attestatione prius facta et remissa ad dictos consules de bona vita et moribus, ut nullus malæ famæ aut criminosus recipiatur aut aggregetur dictis habitatoribus aut habitet in dicta villa.

Item ordinamus et statuimus quod cum dicti consules et habitatores congregati fuerint aut in domo publica ad faciendum consilium propter causas publicas aut in alio loco propter aliud quodque subjectus sit, inter eos observentur ordo seu in sedendo seu in eundo et ambulando seu in sentiendo et opiniones dando, et aliter quoque modo ut primi sint nobiles et clerici, deinde graduati et bachalaurey, et post reliqui omnes secundum gradum consulatus si consules fuerint aut secundum alium gradum si quem habuerint, teneant tamen et nobiles et bachalaurey primum gradum consulatus æqualiter non simul sed alternative. Et hæc omnia supra scripta privilegia et quæ dictis habitatoribus concessa sunt ante nos per dictum dominum Tumepaler comitem Armaignaci nos dictus Joannes comes dicti comitatus virtute juramenti per nos facti super librum missale, et quatuor sancta Dei evangelia promittimus custodire et servare et curare dictos consules et habitatores ipsis privilegiis pleno uti et frui omnia que forma rata et grata habere laudare confirmare et approbare et de novo eadem privilegia concedere si opus et necessarium sit ea tamen conditione ut dicti consules et habitatores teneantur facere et construere muros dictæ villæ aut de petra aut de terra ipsos reparare quantum fuerit necessarium.

Item repare portas et portalia et pontes, custodire dictam villam pro servitio nostro et nostrorum successorum in omni tempore pacis et belli.

Item reparare et vias et itinera privata et publica ita ut omnes possint per ea ambulare cum equis et curribus.

Item facere aut curare fossas in circuitu dictæ villæ ut nemo possit intrare in dictam villam nisi per portas.

Item reparare fontes, et eos in bono statu tenere ut aquæ sint bonæ et sanæ pro bono et utilitate universitatis, et hæc omnia fient expensis propriis dictorum habitatorum et non nostris. Mandamus tenore presentium litterarum seneschalo et judicis Armagnaci et omnibus nostris officiariis et subditis ut de præfatis privilegiis curent et vitentur suis viribus dictos consules et habitatores uti et frui plene et sine contradictione aut infractione, assumentes dictos consules et habitatores in nostram tutelam et protectionem. Datum Parisiis anno ab incarnatione Domini millesimo trecentesimo quadragesimo primo et die tertia mensis junii. Joannes sic signatus, et de mandato dicti domini Bruni (?) secretarius cum sigillo ceræ rubæ et armis dicti domini. Quas quidem litteras patentes in dicto pargameno cum ego dictus notarius dicti domini nostri perlegissem, dicti consules iterum rogaverunt et supplicaverunt dictum dominum nostrum Petrum de Borbono ut dominum de Armaignaco quod vellet, rata firma et grata habere dicta privilegia et ipsa laudare aprobare et confirmare cum non sint contraria legibus aut juri publico ne nullo modo ad prejudicium dicti domini, quem etiam supplicarunt ut acceptaret laudando et confirmando dicta privilegia juramentum fidelitatis et hommagium dictorum consulum et habitatorum, et de novo quantum opus sit ipsis consulibus et habitatoribus dare et concedere ipsa et eadem privilegia superius scripta, qui quidem dictus dominus auditis dictis privilegiis et humilibus suplicationibus dictorum consulum et cognita eorum fidelitate et obedientia erga dictum dominum et cupiens magis obbligare suos subditos singulariter dictos consules et habitatores placuit ut dicti consules prestarent juramentum fidelitatis et homagium quod dicto domino debent, ideoque statim dicti consules capuciis suis et zonis depositis genibus flexis manibus complexis et positis super librum missale quem dictus donïinus sedens ante altare sancti Sebastiani tenebat pro manibus suis juramentum tam pro eo quam pro dictis habitatoribus illis presentibus et eorum successoribus tactis santis evangeliis. Primo quod erunt semper dicto domino comiti boni viri obedientes et fideles vassali ei subditi personam vitam et membra ejusdem domini nostri servabunt custodient et defendent totis viribus. Utilia quoque procurabunt et inutilia evitabunt, et quod nunquam erunt in dicto facto voce vel consilio contra dictum dominum sed semper pro bono honore et servitio ipsius exponent vitas et bona sua et omnia denique facient quæ in juramento fidelitatis et homagiorum consuetum est scribere et promittere, postremo servabunt omnia quæ scripta sunt in dictis privilegiis concessis dictis habitatoribus per dictum dominum Joannem comitem. Et cum hoc ita factum fuisset dictus dominus Petrus de Borbono dominus de Armaignaco recepit dictos consules et habitatores ut suos veros homines vasalos et subditos, laudando aprobando et confirmando et quantum opus sit

concedendo dictis consulibus et habitatoribus omnia dicta **privilegia**
promisit denique liberaliter et super dictum librum missale et sancta
evangelia juravit quod erit eisdem consulibus et habitatoribus et
suis vassallis et subditis bonus verus fidelis et legalis dominus, eosdem consules et habitatores ab omni oppresione vi et violentia ab
ipso et ab omnibus aliis personis mundi pro viribus suis defendet
custodiet et servabit cæteraque faciet et complebit quæ bonus verus
fidelis et legalis dominus suo vassallo et subdito facere debet et tenetur, salvo jure ipsius domini nostri et alieno et in signum amoris
fœderis et obedientiæ dicti consules cum respectu et humilitate
obtulerunt et dederunt dicto domino nostro propter dictum hommagium unum palcacurium argenteorum, quæ dictus dominus cum bene-
volentia accepit, quibus omnibus et singulis ita peractis dicti consules
gratis et libere tam pro se quam pro dictis habitatoribus et eorum
successoribus in futurum dixerunt recognoverunt et in veritate confessi sunt propter dictum hommagium se tenere et tenere debere et
eorum prædecessores tenuisse a predicto domino nostro comite tam-
quam domini dicti comitatus Armaignaci presente et dictum juramentum fidelitatis et hommagium stipulante et acceptante tam pro
se quam pro suis successoribus in fundum francum nobile et hono-
ratum sub dicto hommagio et fidelitatis juramento. Videlicet dictum
francum allodium in toto territorio villæ Nogarolii, dictum furnum
banericum, unam auleam publicam et comunem, cum jure soqueti, ta-
bularis sive tablatgii, et terratgii duocesima sella superius et inferius
dictæ villæ, jus subsidii de introitu vini extranei, etiam et olei,
candelarum, piscariorum, salsorum et talium, licentiam et potestatem arrendare tabernas in dicta villa et toto territorio, et postremo
duas silvas vocatas a Labarthe et a Labarthere cum legitimis confron-
tationibus et continentiis omnium dictorum bonorum de quibus
omnibus tam dominus noster dominus dictus comes quam dicti consules petierunt a me dicto notario hoc publicum instrumentum scribi
et retineri, quod cum eis ita concesserim vocati sunt testes ad hæc omnia
illic presentes videlicet nobiles viri Bernardus de Lauro, Jacobus
de Luppe, Bertrandus et (*sic*) Arblada Brassali, Joannes de Ferragut
Hector de Borrooilhano, Antonius de Monte Lugduno, Guilelmus de
sancto Arbino, et magistri Petrus de Montastruco, Joannes a Plaigna
et Bernardus de Bosc bachalaurey et conciliarii dicti domini.—Signé
Dupin avec parraphe. La presente expedition a etté tiréé mot a mot
du tresor du chateau de Nérac sur celle signée Dupin qui est aud.
tresor en la liasse première du chapitre des privileges et sous la cotte

L. 2. et ensuitte expediée aus sieurs consuls de Nogaro par le garde dud. tresor grefier du domaine d'Albret soussigné qui a remis aud. tresor son original sous la même cotte. Bartouilh signe.

COUTUMES D'EAUZE [1].

(Comté d'Armagnac.)

. . . .
. . . .

Senhor e deuant la cort e atenera a die e a dies quel senhor la si-
gnera a la cort e las cauzas jusyadas paguera e soos bees e sas cauzas
mostrera al senhor si len reque: e aquet qui la. . . . .
. . . .
deu fermar sufficientment si nos requert almens en la mezissa ma-
neyra. E si la demanda es de xx sos morl. o en jus no sen don libel
ni supplication. E de xx sos de morl. en sus de don libel. . . . .
. . . . el deffendent deu auer de sens carta. die de
copelh per ix dies si ac demana. E die dauocat per ix dies si non a.
E die dessesta per ix dies si nos domana guarent e si la demanda. . . .
. . . . moblas pot auer die de terra guarda per
tres dies si las causas son dens los dex de la biela e si son defora per
ix dies e apres asso pot auer die de guarent deuant resposta al pleyt
per ix dies el. . . . .
. . . . rentia ha loc segont dret lo qual guarent sis
tre auant per portar guarentia la deu fermar sufficientment e deu
jurar sober euangelis que la guarentia saperchon a luy e sapertiena
auant que la p. . . . .
. . . . guarentia fos feyta. E aquis mezis lo deu prene lo
pleyt tot sober si. E si no ferma e no jura ayssi cum dit es no deu
esser recebut en guarent mas lo prumer reu est tengut danar auant el
pleyt. E si aquest. . . . .
. . . . rent ferma la guarentia en nonnaua autre guarent
deu le hom dar autres ix dies per auer aquet guarent ab sagrament
que fassa que aquet les tengut de portar guarentia. E que no afe per

---

(1) Copiées par M. l'abbé Sentis sur l'expédition authentique qui se trouve maintenant aux archives de la préfecture du Gers. Le commencement de ces coutumes a
été détruit, il n'y a que quelques années, par le valet de ville d'Éauze qui coupa le
commencement du rouleau de parchemin pour recouvrir le tambour de son petit
garçon. La première page se compose des fragments recueillis et rapprochés par
M. Sentis.

malessa ni per alonguament del pleyt. E que ed........ el enten auer
aquet die e per la mezissa maneyra lo segont guarent deu jurar e fermar ayssi cum dessus es dit. E si aquent segont guarent nonuaua
autre guarent deu auer autres ix dies ab lo mezis sagrament que fes.
E si lo tem guarent bien deu jurar e fermar ayssi cum dessus e de qui
auant nos deu alonguar lo pleyt per razon dauer guarent.

Item...

....

....

en l'autruy mazon per lo senhor ni per la danna injuriar ni en-
begnonhir de noys ni de dies ni per home ni femma de son poder ni
per layronici ni per autre mal ni dampnatge far e si affare poi lo hom
prene dens lostal e redre al senhor sens tota pena, e si prene nol pode
quar se deffene e fuge sil auci de noytz dens lostal no es tengut de la
mort sol que hom aya cridat en lostal al layros de guiza quel bezis ac
auzissan e sils bezis no ac auen auzit ab sagrament que lo senhor o la
danna o aquet qui la mort o la plagua aura feyta fassa que cridat aue
e que en autra maneyra nol pode artic sia crezut e quiti.

Item que si nulh home entra en la mayson de habitador o bezin de
la biela deuza o de las pertinensas per causa o per coratge de dar
dampnatge e lo senhor o la danna de lostal o autre de lor companho
fere aqui o autra enjuria lo fare pagué e sia tengut de paguar lxv sols
de morlas al senhor las tres partz e als cosselhe la quarta part. E sia
tengut de esmendar lo dampnatge e la berguonha a aquet qui suffert
ac aure a la conoguda del bayle e del cosselhs.

Item bolem que en tot autre cas en que legue es per dret home au-
cire aquet qui laucirere sia escuza de mort e degssilh e de tota autra
pena si en tal cas la mort.

Item bolem que tot hom qui panera de xxx sols de morlas en sus o la
balor prengua mort si al senhor apperatz los cosselhs es bist. E si era
en duas beth o en tropas quel bayle apperatz los cosselhs poscas despensar si senhat no es segont queu sera bist. E si lo layron aue senhal
e es atent en layronissi o es proat que prenca justitia de mort e de
son cos si lo layronissi montaua de x sols de morlas en sus. E de x sols
morlas en sus quel fassa hom autre senhal agut cosselh ab la cost
sobredita.

Item qui entrera en lautruy mayson de noytz per panar si es atent
ab lo furt en la man o es proat que laya feyt ayssi cum dit es que sofrisca aquera mezissa pena cum si atent y era.

Item qui panera arbres domesthes e cartan fruyt sia punit segont

la qualitat des exces segont que sera bist al senhor apperatz los cosselhs.

Item bolem que lome e la femna qui sera atens en adulteri si en-
trams o la un de cor eran maridatz o molheratz corran la biela nus
entramps yssemps o paguia quascun lxv sol de morlas al senhor las
tres partz e a la biela la quarta part.

Item bolem e ordenam que tots hom que falsa sabenda o fals testimoni portera ciuil que pergua autestant cum aquet perdere contra cuy
aure portat fals testimoni o falsa sabenda e que fassa hom emendar
prumerament tot lo dampnatge e las messios que la partida aura feyt
per son fals testimoniatge de que sia crezut per son sagrament sens
tota autra proa e otra asso quel fassa hom corre la biela la lengua
trancada ab broca de fer e cridar per la biela que falsa sabenda e fals
testimoni aue portat e que sia yssilhat per tos temps de la biela deuza
e que mes no sia crezut en nulh testimoniatge e que paguia lxv sols
de morlas de leg los quals sian del senhor las tres partz e la quarta
de la biela e si no por far la dita emenda que sofrisca pena de son
cos a esguard del senhor apperatz los cosselhs e en tot feyt de crim de
mort o dals que sofrisca semlant pene que aquet sofrire contra cuy
aure portat son testimoniatge fals si per lo testimoniatge era punit.

Item que nulhs hom deuza o de las pertinensas de qualque crim sia
acuzat o aperat de batalha si nos bol nos batalhe exceptat si era acuzat de traycion de senhor e pot se escuzar que ed los cleyals e no es
tengut daquet feyt que hom laperat e apres pot desmentir aquet qui
laure aperat empero si sens meyan lo desmente el cas era atals que
batalha y cabos la batalha se deu far e si las partidas per boluntat de
bolen combate la batalha y es sil senhor ac bol prene e de tota la batalha conoguda las partidas poden far patz ab lxv sol morlas del quals
lo senhor aya las tres partz e la biela la quarta en quascun anant del
camp e ab las messios razonnablas que feytas auran e lo senhor no
fassa far lo camp entro que xx dies sian passatz de puys la batalha
sera jutyada e apres quan sera entratz el camp ab los canatz e ab las
armas o ab las armas si canatz no auen quel senhor aure de quada
partida si fazen patz los canatz els arnes e las messios que feytas aure
e si la batalha se faze lo senhor aure lo canat e las armas del beneut
e las messios que paguere al senhor e a lautra partida otra la pena del
cos e del bes quel beneut deure sofrir segont la maneyra del crim e si
laperat sescuzauo e es conogut que no sia tengut de batalha far pot se
clamar de la injuria que laperant laure dita e deu auer emmenda a
conoguda del senhor e de la cort si no que fos citat per feyt de batalha

e que fos tal persona que fos de luy combate e que la cauza per que aperana toques al aperant.

Item qui plagera home de plagua legual of fara brisament dos si la clamor nes feyta el senhor els cosselhs ac troben que pague lxv sols de morlas de ley al senhor las tres partz e la quarta a la biela e fassa emenda al plaguat e al qui a los podat el cost e las messios lo paguia auant quel senhor ni la biela prencan re de lor ley e si per auentura no paguaua ni pode paguar so que sere estimat conogut e jutyat que sia fustiguat e corre la biela e gita deuza e de las pertinensas entro que aya paguada la ley el dampnatge emendat.

Item bolem que de plagua que no es leyal e de sang tre e de batezon e de tota autra injuria qual que fos de feyt paguia lo qui la fara ⩔ sols de morlas al senhor e a la biela permeyas e emenda a la partida e si aquet que feyta laure nera condampnat per jutyament e no pode paguar la emenda de que sera estat condampnat e la ley al senhor e a la biela que deu eyssir per tostemps de la biela entro que aya paguat la emenda o feyta la sua boluntat a aquet a cuy sera estat condampnat e satisfeyta la injuria e las leys al senhor e la biela.

Item que nulhs hom ni nulha femna no sia auzar ne posca bene blat bin sal ne oli ne autra deueyrada que ab mesura o ab deueyrada que ab mesura o ab pees senhat deu senhal de la biela ni benda drap ni tela ab cana falsa e qui fara lo contrari paguera lxv sols morlas las tres pars al senhor et la quarta a la biela e si algus hom deuza scientment ten falsa mesura o no senhada del senhal de la biela o falsa liura o fals marc o autre fals pees o falsa cana o auna de que uzat benen o compran si al senhor apperatz los cosselhs es bist afar pot ensercar aqueras cauzas per inquisition e aquetz que trobera colpables pot e deu punir en lxv sols de morlas e fassa emenda la qual al senhor e als cosselhs sera bist de laqual pena lo senhor aura las tres pars e los cosselhs la quarta e que la falsa mesura e lo fals pees o falsa cana sian destruitz per bayle empero per asso no sia feyt prejudici por al por ni a la justici el dret que poyren auer.

Item que tota tala que sia feyta de nulha ren que al besiatge deuza espona cum es de foc mete de die o de noytz en mayson o en blat o en palha o en fen o hom tala binhas o blatz o augun bestiar aucigua o plaguia o alguna autra malafeyta fes o fes far escostissament quel senhor aperat lo cosselh ac serquia ab clam o sens clam e si trobaua per inquisicion qui ac aue feyt o feyt far aquet malesfici escostis quel senhor aperatz los cosselhs fassa la mala feyta esmandar el dople per lo malfeytor adaquet a cuy la mala feyta sera estada feyta si aquet qui

lo malefici aura feyt o feyt far ac pode emendar e es en loc quel senhor
lo posca constrenhe e si nos trobaua hom per inquisicion qui aure feyt
aquet malefici o feyt far o aquet qui feyt ac aure o feyt far no ac pode
emendar o noc era en loc que poguos ester constret cum dessus es dit
que tota biela emende la mession el dampnatge simplament no pas lo
doble empero si lo malfeytor era prees e per nom del malestici prene
per jutyament pena de son cos o eyssilh que en aquet cas la biela no
fos tenguda de far emenda e que las emendas sian feytas per las perro-
quias enbiron bezias en tal maneyra que la talha no posca montar
mas xx d. morlas per quascun foc segont que es contengui en la
costuma general de Fezensac.

Item ordenam que tots hom de xiiij ans e tota femna de xij ans e
de qui en sus ab son bon sen e ab sa bona memoria sas de sapensa de
son dret que no sia en poder de pay posca far son testament e sa darrera boluntat de sos bes mobles e no mobles ayssi cum lo playra exceptat que no pot dezeretar son filh ne sa filha els descendens de lor o
son pay o sa may de lor legitima que dret los da saub en aquet cas
que dret bol.

Item que tota femna que sera estada dotada per son pay o per autra
persona biuens aquetz del dot que lauran dat o assignat no posca dar
ni laysar si no a sos enfans si na de legal matrimoni sens boluntat
daquetz o daqueras qui dotada lauran. E si enfans aue en aquet cas
apres la mort daquetz qui dotada lauran se posca prene la quarta part
de son dot per far a sa boluntat e las tres pars que tornian als enfans e si sen deme que no aguos enfans de leyal matrimoni procreatz
que en aquet cas se posca prene e laysar a cuy lo playra la meytat de
tot son dot e lautra meytat que tornia a aquetz qui dotada lauren enteyrament sens tota diminucion e si per auentura more sens testament
que tot lo dot enteyrament torne a aquetz e a aqueras qui dotada
lauren segont lo mes o mens que mes y auren atau partida cum quascun y aure metut e de si per auentura los enfans que era aure layssat
moren sens enfants procreatz de leyal matrimoni o era aue agut son
dot dautre que no fos son pay ni sa may que tot la dot e las causas
quels enfans nauren agut tornen a aquetz qui dotada la aure e a sos
heretz.

Item bolem que sia costuma a Eusa e en sas pertinensas que si home
passaua daque segle sens testament e darrera boluntat que feyt no
aguos son enfant o sos enfans els descendens de lor deuen esser sos
heretes per engualhoras partidas e que los descendens de cada filh
naya autretant sens plus cum aguora lo pay si fos biu e si enfant no

y aue o descendens de lor sos autres parens entro al quart gra
e el quart gra. Empero sil mort sens testament aue fray e fillhs de
frays que benguan à la succession ayssi cum sils pays dels nebotz eran
bius. E si lo mort no ha frays el temps de sa mort que tots los fillhs
de la un fray ayan sens plus autretant cum lor pay aguora si fos biu.
Exceptat que en las causas no moblas quel mort si era passat daquest
segle ses testament aure per son linatge e no per sa conquesta no
poden ni deuen aquetz qui seran sos parens per autra partida e no
per aquera partida don las causas de son liatge aure ester sos heretes
ni succedir a luy auantz es son hereter aquet qui sera son parent daquera partida on aquetz bes sera bengutz e si no y aue parens el quart
gra partitz daquet liatge don las causas bieren lo plus prosmau parent quel mort aure dauta partida entro al quart gra deu esser son
hereter en quetz bes no mobles e en totz bes mobles e no mobles de
conquesta o de linatge sia hereter lo plus prosman per qual que part
sia plus prosman.

Item que si hom passaua daquest segle ses testament e ses descendens de luy o parent dens lo quart gra o daqui en sus totz sos bes
mobles e no mobles deuen esser del senhor deuza. E dels bes no mobles deu dar lo senhor fiuater dens 4 an a aquet de cuy sera tengutz
en flus. Els francs que deuon esser del senhor.

Item en aquet cas quan hom mor ses testament e ses parens que
totas sas causas moblas e no moblas feyt inventari daqueras per lo
senhor aperats los cosselhs si ester y bolen sian balhadas per lo senhor
a 4 bon home per 4 an e per 4 die apres sa fin. E si dins aquet temps
bie parent estrani del quart gra enjus e que son parentatge e sa ter-
neria proes sufficientment si mesties era deuen esser liuradas a luy
sens alonguament. E apres lo dit an e 4 die si torner o parent noy a
lo senhor maior deu auer e prene a sa man totas las ditas causas moblas e no moblas cum dessus es dit.

Item tota donacion feyta del pay a filh per causa de matrimoni feyt
o fazador quis se ha balor no pot esser ni deu per lo pay reuocada
saub a sos autres enfans lor legitima. E si la donacion feyta al filh era
tant pauca que no balossa legitima el pay en son darrer testament nol
leyssaua arren plus ni fare mencion de luy en lodit testament lo filh
pot demandar e deu auer dels bes del pay lo compliment de sa legitima e no plus en aquest cas ne pot anullar lo testament per preten-
cion. E sil pay passaua daquest segle sens que no fes testament lo filh
pot auer e deu sis bol sa part frayral ab los autres enfans de son pay
ab que torne arrer en partida so que lo sera estat donat.

Item pay ne pot ni deu ester hereter els bes de son fill o de sa filha que auren per succession de lor may o dels autres parens de la part de la may saub so que laure layssat en son testament. E si emancipat no era en donacion per cauza de mort ab boluntat del pay procedent sin era detat de far auans aquetz bes deuen tornar al plus pres parent torner que auren per razon de lor may si ni abe mas quel pay los tengua a sa bita. E si no ni abe que tornessar al pay o al plus pres parent de la part del pay si moren dens etat de far testament.

Item aquera mezissa costuma es de la may cum del pay en las cauzas que auren per succession de lor pay.

Item ordenam que mort lo marit ab testament e sens testament ab heret o sens heret pot demanar e deu retrubar sis bol la molher tot son dot dins lan apres la mort del marit dels bes del marit que dat o portat laure. E sas raubas e son lheyt nuptial e sas joyas en quera balor que las raubas el lheyt e la joyas auen quan era ac det e ac portet a son marit avantz de totz autres crezadors. E de tota autra persona a cuy los ditz bes no fossan expressament obliguatz auant que lo matrimoni se fes si no quel mort deguos autre deute e autre dot mes privilegiada empero la molher autras raubas sina layssia e arrena als hereters del dit son marit. E que pot retenir totas sas raubas ab que quite les heretes de rauba nupcial. E asso es en eleccion de la molher.

Item la molher deu auer messios de manyar e de beure e de bestir e de sos autres necessaris del bes del marit tant entro son dot complidament e son lhet e sas raubas lo sia estat rendu e paguat.

Item marit e molher e hom per lo poden far e estaplir espozalissi la un a lautre per engualheras partidas de certa somme de diers que guasanhia aquet que mes biura sober lautre segont quels playra feyt lo matrimoni e auant per razon del matrimoni fazedor enter lor.

Item si lo marit bien en paubressa lo senhor e son bayle o son bayle a la requesta de sa molher e de sos amix lo deuon far assignar la dot el bes del marit en maneyra que totas betz lo posca trobar saub e nos posca perda.

Item ordenam que si espozalissi es feyt e establit cum dessus es dit aquet espozalissi que feyt e establit sera pot demanar e deu crubar lo marit dels bes de la molher. E la molher del bes del marit que soberbiura. E lautre apres la mort daquet qui prumerament mora sens filh e sens filha que noy aya de lor. E si filhs ni filhas auen que tut fossan mendres de etat so es assaber lo mascle de xiiij ans. E la femna de xij ans si los enfans tut moren dens aquera etat apres la mort

deu marit e de la molher aquet qui la dony sere biu deu auer son espozalissi dels bes del autre e no en nulh cas autre.

Item si la molher mor prumerament quel marit sens heret que no
ayan de lor matrimoni o ab heret sil heret dens etat de far testament
mor auant quel marit lo marit guazanha lo lheyt e las raubas nupcials
e larca e lestlim e las autras joyas que dadas e portadas laure. E ed
deu la far sepelir e far las excequias del son propri. E tot lautre dot si
agut la del pay o de la may deu tornar al plus pres parent que era
aya o aqui en la molher aure ordenat segont la forma dessus ordenada
en larticle del testament. E si las causas dadas en dot son no moblas,
que sian redudas a des apres la mort de la mort de la molher culithz
prumer per lo marit los fruitz que labetz seren salvatz los drets de las
despensas e dels fruitz e dels melhuramens quel marit aure feyt. E
que deu auer los bes e cauzas lo marit a sa bita.

Item quel marit o son heret o son torne pot e deu crubar dels bes
de sa molher totas messios necessarias e utils que feyt y aya lo marit
en las cauzas de sa molher que ha per razon de son dot en autra maneyra.

Item bolem et autreyam que sia costuma que si hom a loguada sa
mayson per an o per ans o autre cert terme aquet qui la mayson aura
loguada al darrer die del terme que loguada laura deu bier ab la clau
de la mayson en la man deuant lo senhor qui loguada lay aura e arre
der la clau e sa mayson boyta. E si per auentura no ac faze e passaua
aquet die la mayzon es sua loguada per un an e per aquet mezis pretz
que lan darrer laure loguada si al senhor de la mayson plaze. E si al
senhor no plaze lo senhor la poyre loguar a autruy totas horas quel
plagues. El estatger serel tengut de paguar per tant de temps cum esta
y aure e per razon del pretz que prumerament laure loguada.

Item ordenam que lo senhor qui la mayson aure loguada posca
penherar son estatyant en aqueras causas suas que aure en sa mayson
per si mezis e sens senhor per son loguer. E per tant de loguer cum
paguat nol aure. E que molher per razon de son dot ni nulh crezador
ni alcuna autra persona si no que fos deute fiscal no do deu ni pot
enbarguar que lo senhor de la mayson nos pague deu loguer de las
cauzas que trobera en sa mayson daquet qui la mayson aure loguada.

Item que si lestatger daquet de cuy la mayson aura loguada fe obras
e messios en la mayson son boluntat del senhor lo senhor no es tengut de paguar ren si no quey fes obra necessaria prumerament requerit. E defalhent lo senhor de la mayson. E es bbra necessaria
crubir e barrar las paretz de foras. E per sostier si bolen cazen em-

pero si lestatger obra acreyssament dautre estatge o graes aquero
ne pot leuar lestatger sens dampnatge de la mayzon si lo senhor de
la mayson no ac bole estancar per tant de pretz quel des cum
maestes e bonas personas ac prezeren a bona fe.

Item si lestatger qui la mayson aure loguada faze dampnatge en la
mayson es tengut de emendar. E si no ac faze lo senhor lon pot penherar de las cauzas de lestatger que trobera en sa mayson per si mezis
o per lo senhor. E deu esser emendat dauant totas autras personas
cum dessus es dit el log· ·r de sa mayson a conoycenssa del senhor.

Item ordenam e autreyam que los habitants de la biela d'Euza e del
bayliatge poscan bene e comprar dar e enpenhar et alfiuar totas causas
francas e totas personas e de totas personas de quenha condition ques
sian éxceptat persona debedada de dret tota betz quels playra nils sera
bist. E que en aquestas bendas o fius nul torner noy posca ney deya
auer per razon de tornaria nin sia tengut de bie dauant senhor. E si
per auentura sens autre servici se bene la cauza franca non sia tengut
de bie dauant senhor cum dessus es dit empero si torner la bole artic
e ques bena que la deu auer dauant tot autre.

Item ordenam que totz hom de la biela d'Euza e de las pertinenssas
qui no paguera al senhor de cuy los fius tienna al terme que paguar
se deu sia tengut de paguar lo dit servici e xx d. morlas de ley otra
per los guals lo posca penherar o banir lo mezis fius. Exceptatz los
fiuaters del senhor que pagueran v sols morlas.

Item tot senhor de fius si no esta dins la biela d'Euza sia tengut de
mostrar a sos fiuates césta persona estant dens los baratz d'Euza a cuy
pague hom per nom de luy sos servicis. En autra maneyra no sia
hom tengut de paguar ley ne gatge a luy si alterme lo senhor perso-
nalment a Euza no era ni apres no sian tengutz de paguar entro quen
son request per luy o per son cest mandament. E la que requestz ne
seran son tengutz de paguar los servicis a luy o a aquet cuy ed bolere
dens viij dies dans la dita biela en cest loc. E si no afazen que pague
cascun la predita ley el seruici ayssi cum dit es.

Item quel senhor del fius en tot cas daja prene son seruici a son
fiuator e per tot loc on li presente dens la biela saubs toiz sos dretz, e
si no a faze lo fiuater daqui auant no es tengut de ley ni de guatge.

Item autreyam que tot senhor de fius deya e posca tie sa cort dens
Euza.

Item sia costuma que si lo fius se ben lo senhor del fius deija auer
deu sos 1 die per bendas. E deu auer son seruici quan lo comprador
sera bestit del fius. Las quals bendas deu paguar lo comprador, e sil

comprador no paguaua lo deue ayssi cum dit es lo senhor sen pot tornar sober lo fius e mete a sa man.

Item si lo senhor del fius mete ban en son fius per qualque cauza que a fes el fiuater sabe quel senhor aguos metut son ban deu lo presentar de fermar dret sober si e sober sos fius destar adret per deuant si e per deuant sa cort e si lo senhor asso nol prene, lo fiuater pot e deu uzar daqui auant de son fius sens que no es tengut del dit ban ni deu ester per aquet en ley ni en guatge e si en contra asso faze lo senhor del fiu x a xx d. de guatge.

Item tota benda de fius que sera feyta se deu presentar al senhor del fius e deu ester feyta per deuant luy. E lo senhor deu auer sas bendas e sos seruicis cum dessus es dit e deu ades sens tot constrast e sens tot alonguament autreyat al comprador la dita compra e len deu mete en pocession el no deu bestir. El senhor pot auer lodit fius per atant cum sera bendut si no quey aguos autre torner que bengues sufficientment que fos del linatge del bendedor ayssi cum dessus es dit e sil senhor bol artic los ditz fius que deu paguar ayssi cum lo comprador paguera e si per auentura las cauzas se benen e la pagua se faze a terme apres que lo senhor els tornes poguossan auer los mezis termes que aure lo comprador ab fermanssas sufficiens a la boluntat del benedor e al esguart dels cosselhs en autra maneyra la torneria fos nulha el astiament del senhor e armancossa lo fius ab lo comprador.

Item si lo senhor del fius no recebe lo comprador o ne paguaua la benda ayssi cum dit es la benda que feyta sere a balor el vendedor la pot e deu liurar al comprador el comprador la pot prene e uzar daqui auant el senhor maior li deu amparar.

Item que la donx quel fiuater ha benut lo fius e sen es desbestit en la man del senhor en a bestit lo comprador el senhor ha recebut lo comprador e len a bestit de part senhoria lo comprador ha daqui auant la pocession del dit fius ayssi cum si per lo benador e pel senhor sober lo fius mezis lera estat lo fius e la pocession del dit fius liurada per sa propria boluntat prener e uzar e tier e possedir lodit fius empero aquera pocession no posca prejudicar a torner si ni bien.

Item sit fiuater sons presentation del senhor ha benutz los fius e liuratz e mes de feyt en pocession corporal lo comprador lo senhor del fius ha sa ley e sa presentacion saub que si lo ccmprador el benedor deuen bie dauant lo senhor del fius al die del seruici paguar el benedor deu presentar lo comprador el comprador deu paguar lo seruici al senhor del fius. E si asso no fazen lo senhor del fius y a xx d. morlas de guatge.

Item si y aue torne del quart graques tragua auant que ac bolos a
sos obs aquet torne ac deu auer deuant lo senhor e deuan autre per
tant quant autre y dare ou aure dat si prumerament nol es estat presentat per lo benedor per aquet pretz e pel mezis abque jure sobre
sans Euangelis de diu sil es demanat per lo senhor o per lo comprador que aquera cauza compra a sos obs propriament sens tot mal genh
e no obs autruy.

Item tornaria a loc en tota cauza benuda no mobla.

Item, si lo senhor del fius e lo torne no crezen que la cauza for benuda a tant cum lo comprador el benedor diran feyt declarament a
quascun de lor per quant de pretz e en qual maneyra e ab quals con-
ditios e ab quals termes la causa es benuda poden auer sagrament de
lor als sals sans euangelis de diu tocatz corporalment ab la man dextra que ayssi es ses mal genh e frau de lor e dautruy e fayt lo sagrament lo senhor ol torne deu e ac pot estancar per lo pretz e en la maneyra e e ab las condicios e ab las paguas apres lo sagrament decla-
radas.

Item lo senhor del fius pot manar son fiuater per son fius per fers
die si arrencurant na en cas en que lo senhor del fius a conoycenssa
ayssi cum dejus es escriut per razon del fius e per si mezis si dret ni
accion a contra son fiuater. E si pleyt sen sec los dies del pleyt deuen
ester constumans? ayssi cum es dit dessus on parla dels pleys.

Item tota ley del senhor del fius de ban tronquat o de defalhement
o de seruici no paguat o de qualque autra cauza en que ley aya es de
xx d. morlas e no de plus per cascuna betz.

Item lo fiuater se pot escuzar si ditz que no fo manat ab sagrament
que fassa que no fo manat que ed sabos e asso quant al senhor e quant
a la partida no si la part pode proar lo manament ni enquara quant al
senhor si lo senhor lo pode proar ab carta publica o ab tastimonis sufficiens.

Item tot fiuater al prumer die que sera per deuant lo senhor per lo
deman del senhor o de partida deu fermar sober si e sober sos fius al
senhor si nos requetz el rencurant deu fermar sober si mezis e ab fermansa si pot. E si no pot fermar deu jurar als sans auangelis de diu
que atenera al die e als dies que seran datz. E paguera las cauzas
jutyadas. E aquet qui no ac fare cum dit es es tengut de la ley al senhor del fius. Item si lo fiuater ha falhit de paguar son seruici per cascun an que falhit aure es tengut de paguar ley de xx d. morlas el
seruici e no plus. Exceptatz los fius del senhor que seran ordenatz segont dret.

Item lo senhor no deffe messios a son fiuater de pleyt que aya ab luy
ni son fiuater a lux. Empero si lo pleyt es enter autras personas la
partida que beneuda sera deffe las messios a lautre partida a conoguda
de la cort ab sagrament quen fassa quan laura costat.

Item tot fiuater se pot aperar dens x dies de tot greu e de tota conoycenssa o interloqutoria no deguda e de tot jutyament diffinitiu al
senhor sobiran a cuy lapel deu anar.

Item si lo fiuater era desobediens al senhor del fius e nos bol per
luy costrenhe el senhor del fius nol pot costrenhe en sos fius lo senhor
maior sens tot clam li deu far costrenhe. E per la desobedientia que ed
aura feyta paguera v sos morlas de luy delsquals sian los iij sos iiij d.
del senhor maior els xx d. del senhor del fius.

Item fiuater si lo senhor del fius lo fe tort e no len bol prene dret a
esquart de sa cort o sil ten lo fius banit e penherat e nol bol dar a
recreze ab fermansar lo fiuater sen pot querelhar al senhor quel fassa
el prengua dret a erguart de la cort.

Item tot fiuater pot layssar son fius al senhor quant se bol sol quel
leyssia seruit exceptatz los deu senhor.

Item la cort del senhor del fius deu ester de prohomes de la biela
d'Euza ey deu aperar si pot dels cosselhs. El senhor del fius deu auzir
sos pleytz sens escriut saub articles. E posicios....... de testimonis ques
deuen escriue a la messicn de las partidas sis bolen e si apel si fe la
razon e la cauza sober que la pel se fara se deu estime e esser trames
al sobiran a cuy lapel se fara a mession de las partidas. E en las autras
cauzas ques fassa e senseguisca ayssi cum dit es dessus en la rubrica
del pleitz.

Item quan lo fiuater es estat en ters defalhiment lo senhor del
fius lo pot el deu bandit sos fius. E si lo fiuater lo trenquaua son ban
es tengut de la ley pe xx d. morlas al senhor del fius.

Item per bendas no paguadas lo senhor del fius no a ley mas quel
pot ponherar en sos fius e mete los fius a sa man.

Item ordenam e autreyam que tot fiuaer posca dar cambiar e per-
mutacion far e compozicion e donar sos fius a cuy lo playra. El senhor
sia tengut de recebe aquel a cuy lo fius sera dat o cambiat o permutat
sens debencas que non sia tengut de prene si no que lo fius se benes.
E sis bene deu esser quiti lo comprador ab paguar per bendas de cada
sos i diez del pretz que sere benut lo fius e lo seruici degut exceptat
que si era transportada dautra persona en autra per succession o per
leyssa o per donacion o per cambi o per qualque autra maneyra sens
pretz lo senhor no deu auer bendas si no que poguos mostrar ques

fes per frau e quen poguos auer sagroment de las partidas. E sis mos-
traua lo frau que agun las bendas de la extimacion de tota la cauza. E
si otra donation o cambi o composicion aue pretz que daquet pretz lo
senhor aguos las bendas. E es assaber que lo senhor del fius no es tengut de recebe en sos fius nulh fiuater que sia man morta ni lo senhor
maior ni autre forsiu ni persona bil cum es mezet... debedado de dret.

Item nulh fiuater no pot bene ni enpenhar ni en autra maneyra
alienar fius questaus sens boluntat del senhor de cuy ac tiere empero
si al senhor platz lo pot bene e enpenhar.

Item si es debat enter lo senhor del fius el fiuater de guatges o de
fautas o de bans trenquatz o de mostrament de fius o de bendas o de
seruicis no paguatz lo pleyt se deu monar sens scriptura deuant lo
senhor del fius sens meyan si lo fiuater cofessa que lo fius sia tengut
daquet senhor.

Item si enter ij fiuater del fius es debat dels termes o dels coffis del
mezis fius que la cauza se demene sens scriptura deuant lo senhor
daquet fius sens meyan si las partz sacorden que aquera causa sia del
fius daquet senhor. Empero si las partidas bolen ques fassa escriptura
se pot far a lor cost.

Item tot torne apres que la benda sia feyta ni lauzada per deuant
lo senhor de cuy mau se deu tre auant dins ix dies que sapia que la
benda sia feyta si es en la biela o dens lo comtat de Fezensac e si no
y era dins 1 an et 1 mes e si bien dens aquet temps deu se tre dens
ix dies. Ab lo pretz que la causa sera benuda que porte deuant si en
la fauda que presente e mostre e pague al bendedor si paguat no es
estat o al comprador si a paguat lo dit pretz si prene ac bolen e sia
tengut de paguar ades tot lo melhuriment quel comprador y aure feyt
els fruitz e las gauzensas quel comprador aure prees que sian foos. E
si asso lo torne no faze degui auant no pot ni deu auer la cauza per
aquet pretz ni per autre per razon de tornaria.

Item que apres que lan el mes seran passatz del die que la benda
e la compra sere feyta lo torne qui sere en la biela o el comtat o de
fora cum dessus es dit aguos sabuda la benda o no daqui auant no pot
demandar ni deu auer aquera tornaria sia maior de xxv ans o mendre
o pupil. E que restitution de temps no pot auer loc per menor etat
ni per als auant armanca la cauza al comprador.

Item si era contrast passat lo temps de ix dies dens lo dit an e mes
que lo torne dissos que no aue sabuda la benda predita e apres que
sabuda la aue sera treyt essant e presentat lo pretz ayssi cum dessus
es dit. E dens aquet temps que deu el comprador el benador asso no

crezen lo torner deu proar sufficientmen la dita presentation del pretz
ab testimonis o ab carta, e las autras causas del temps de la crompa
que no sabe e que apres que ac sabo se traguo dens lo temps que deguo
pot proar ab son sagrament si lo comprador o lo benador no poden
proar o no bolen que la benda aguos sabuda e que lodit temps de ix
dies fos passat apror euant que lodit tornes sa traguos ayssi cum dessus
es dit e lan el die passat que ab sabensa tornaria no ab loc.

Item que tot habitant d'Euza o dalhons de las causas moblas e no
moblas que tien dens la biela d'Euza o de foras als fors e a las costumas
d'Euza es tengut de respone e paguar per aqueras a las comunals
messiols de la biela sino que fossan las cauzas en juridiction dautruy
per las quals cauzas fos costret a paguar questa o talha en aquet loc
on seren.

Item tot home qui aya e tienca e possedisca e aya tengut et posse-
dit cauzas no moblas e aquet en loc en dret dels quals es continuada-
ment en patz e sens clamor e sens demanda que non sia feyta deuant
senhor per xxx ans o plus sens titol o ab titol dreyturer e a bona fe
per x ans enter presens e per xx ans enter absens se pot deffene per
tenezon e per prescription dels ditz xxx ans e dels x e dels xx. Els cas
preditz exceptat que fray contra fray e dependent de lor estan eys-
sempe nos pot defiene per possession de xxx ane o de plus en las cauzas comunals alor per razon de succession de lor pay o de lor may o
del linatge qual ques tengua los bes. E si augun de lor aue estat fora la
biela d'Euza per sas marcanderias o per autra cauza si no que poguos
esser proat que division ne fos feyta enter loc.

Item los cosselhs d'Euza meten e poden mete en la biela d'Euza e
de fora messegues juratz en la man del bayle e dels cosselhs en tot
temps quel playra e mudar aquetz quey auran metutz quan a lor sera
biste mete d'autres.

Item lo cosselh ab lo beguer o ab lo lormesatge els messeguees pel
cosselh e per mandament del cosselh poden penherar dens la biela
d'Euza e de foras per las leys e per los guatges soberditz a la dita biela
per razon de la dita messegueria degutz si lo messegner ha bist home
en la mala feyta e gober la dita male feyta la dit que ed es el guatge.
E aquero per portar per son sagrament sia cresut e lo cosselh posca
per las talhas e collettas degudas penheras dens la biela e de foras en
las pertenensas ab lo beguer o ab son propri mestatge sens licentia e
sens sirbent del senhor ab lo qual plus lo plassia e si per auentura
troba rebellion lo senhor maior o son bayle a la requesta del cosselh
sens tota clamor es tengut de penherar per las ditas talhas e collectas

aquet qui fara rebellion. E otra que pagui a lo qui fe la rebellion al cosselh o a son messatge o al beguee v sos morlas per ley los quals se partien enter lo senhor e la biela per meijas e que lo bayle de totas las autras leys apertiens als cossellhs sia tengut de penhorar los deutoos ses tota ley.

Item qui entra en lautruy casau o binha si no ab boluntat del senhor o de la danna o de son messasge si arren ne pren deu xij d. morlas. E si non pren iiij d. e qui seguera en prat bedat o en blat deu xx d. E qui entrera en camp semeat iiij d. morlas lasquals penas sian del senhor e del cosselh per meyas empero si bestia que hom mia per camin que sens boluntat daquet qui la miere entre en binha o en blat o en prat o en loc bedat e la seguish. E tota bestia perguda ab la mala feyta que emendian son quiti de ley de costuma e de messegueria. E si sen denie que hom laysser son bestiar sens pastor o sens guarda aquet bestiar no es quiti de ley de costuma ni de messegueria.

Item ordenam que tota bestia grossa qui entra en casal o en binha o en camp semiat o en prat deu iiij d. morlas e porc autres iiij d. morlas e aolha ij d. morlas e craba iiij d. Exceptat lo bueu e la baca trobat o trobada en nulha mala feyta o en talhadis de bosc entro a iiij ans o en binha de post que getat ha entro que es beronhada pagua xij d. morlas per quascun cap e craba xij d. e porc e troya vj d. en binha de post que getat aura entro que sia berenhada. E de post que comensia a madurar quel senhor de cuy es lo posca carnalar e far deu carnau a sa boluntat la mala feyta emendada al senhor de la cauza e las penas sian del senhor e dels cosselhs per meyas.

Item ordenam que de tot fruite que sia en camp qui sen pren deu xij d. morlas e qui talha en aubareda v. sos morlas e totas pechas e messeguerias son del senhor e de la biela per meyas si lo messeguer ac troba ny ac bee e ac ditz a aquetz qui la mala feyta fen e deu esser crezut lo messeguer sober son sagrament que a feyt al cosselh a la biela.

Item que so quel messeguer no trobera si lo senhor de la binha o del casau o de las autras cauzas o sa molher o sa companha o autra ac tróbaua e ac dizen a aquet qui la mala feyta fare las pechas els guatges son del dit senhor de las cauzas et deuen esser crezut quascun per lor sagrament de xij d. E de qui en sus e de xij d. en jus per lor fee empero lo senhor e la danna e lor companha podon penherar en lors cauzas.

Item si aquet qui trobat sere no pagaua per si e per son bestiar la pecha el guatge es del senhor de cuy sere la cauza el senhor sen pot

tre al senhor maior ab rencura e sens clam que non deu far. El senhor
deu aquet costrenhe ades e sens deffuita. E deu ne auer lo ters per la
costressa de las ditas pechas e gatges e las duas partz al senhor de cuy
la cauza es.

Item en totz los cas dessus ditz aquet qui la mala feyta aura feyta
ab si mezis o ab son bestiar es tengut de emendar aquera al senhor
de cuy la cauza es e que lo messeguer sia tengut de maniffestar a
aquetz e a aqueras als quals la mala feyta sera feyta desso que trobera
si la mala feyta era de de xij d. o de qui en sus.

Item que tot mazerer qui benera en la biela d'Euza carn mezera
morta per sana o troya per porc o aolha o craba o boc o moton per
creston o autre carn corrumpuda si hom ac pot proar ni saber paguia
e sia tengut de paguar per nom de pena arbitraria xx sos de bos morlas e la carn sia dada als paubres per amor de Diu los qualz sian partitz enter lo senhor e la biela per meyas.

Item si per auentura foc se prene en la biela d'Euza so que ja a Diu
no plassia o els barris que la on lo cosselh els prohomes si lo cosselh
noy era fossan accordans que fos deffeyta alguna mayson o algunas
per las autras deffene e quel foc sestanques que no passer otra aquera
mayson que hom aure deffeyta que lo cosselh e la biela fassa restau-
rament a aquet de cuy la mayzon sere que hom aura deffeyta e asso
dens vj mes pero si lo fuc anaua euant e que nos estanques per aquera
mayson quel cosselh ni la biela no fossan tengutz daquera mayzon
restaurar ni de far nulha emenda.

Item que nuls hom no meta bin bazut fora lo bayliatge d'Euza ni
en las pertenensas per bene ni per beure aqui entro quel de la biela
sia benut. E si afaze que pague x sos de morlas el bin en cos al senhor
si no ab licentia del bayle e dels cosselhs. El bayle ab lo cosselh poscan auer bertat daquet de cuy los sera bist que ed no ha benut bin
que nos fos nat e bazut dens lo bayliatge e poscam inquirir e si troban lo contrari dessoque ed aura jurat sia tengut de paguar xx sos de
morlas al senhor e als cosselhs per meyas el bin que fossa encos al
senhor exceptat que bin raspeu o colorut o bon per far piment hi
posca hom mete per sos biis emendar ab boluntat del bayle e dels
cosselhs. Empero si el dit loc era fauta de bin per peyra cazuda o au-
trament que lo bayle a la requesta dels cosselhs pot e es tengut de dar
licenci de mete bin el dit loc e en las pertenensas francament. E tot
bezin d'Euza quey poyra mete bin e tie dens lo bayliatge d'Euza fora
los dex entro la sent Martin per postar aihons e perdar tastar a mar-
caders ab so que non posca bene a taberna ni bene en son hostal entro

que lo bin de la biela sia benut e que aquet bin que metut o amassat y auren ayan treyt quascun an deus la festa de Nadau en autra maneyra sia encorrut al senhor exceptat present en nossas.

Item ordenam que si nulh habitant de la biela d'Euza o de las pertenensas comet crim de heretgia o de leza majestat en tant cum toca la persona nostra o de nostres enfans o de nostres senescaut e jutges o en augun daquetz delinquent sian confiscatz totz los bees daquet delinquent au senhor on queus aya per totz locs empero quar lo predit crim de leza magestat cometut contra la propria persona nostra e de nostres enfans arrequer maior pena per lo prumer cap legis Julie Magestatis. E so que sia cometut contra nostres officiers per lo segont cap sia layssada la costuma e sia punit lo delinquent segont que dret bol.

Item si alguna persona habitant d'Euza e de las pertenensas o bezin comete algun crim per loqual deguos perde cos que en aquet cas pergua tant solament la tersa part de sos bees no mobles e no posca esser maior la confiscation dels bees exceptatz los crimys exceptatz de dret els quals perdere totz sos bees.

Item que lo senescaut e jutges nostres o deputatz per nos no poscan euocar ni aperar ni reservar a lor mezis ni a lor audiencia nulha cauza de crim o de exces el loc d'Euza o en las pertenensas perpetratz o perpetradors dels quals fos feyta informacion o comensada per losditz bayle e cosselhs de ladite biela d'Euza exceptat per las saluas gardas trenquadas e rebellios feytas al bayle o als autres officiers sobiras al bayle.

Item que si neguna persona o bezin d'Euza o de las pertenensas faze homicidi de persona habitant de Guauardan o de Marsan o deu Mont de Marsan o de Roquafort de Marsan o de Tursan els quals son quiti per coloma e per certa somma dargent que per la mezissa maneyra lodit bezin d'Euza sia quiti de la pena del dit homicidi e en plus no posca este condempnat e sia quiti paguan la pena laqual paguera lo mort si comete homicidi el loc don lo dit mort sere habitant e bezin.

Item si algun encolpat deuant sentencia o annotacion mor lo crim sia destent segont forma de dret. E si apres la sentencia de la qual es apperat pendant la dita appellacion lencolpat mor lo crim e la confiscacion sia destent si no els cas exceptatz de dret.

Item que si algun delinque fora la juridiction d'Euza e fora los constatz quels bees estans el bayliatge d'Euza no fossan encorregutz si no en la tersa partida exceptatz los crins exceptatz de dret els quals los perdere totz.

Item que nulhs hom qui bezin o habitador d'Euza o de las pertenensas auazera no entria en la biela d'Euza o en las pertenensas per si mezish o ab lo comte ni ab nulha autra persona ni ab sos officiaus ni ab nulh home de lor companha ni de lor parentela de quenha condicion que sia si no que bolossa bier per far e prene dret aqui a conoguda del e senhor e dels cosselhs si no que aguossa aguda del comte quitansa del crim e si per auentura per sa boluntat o en autra maneyra ayssi cum dessus es dit ni expressat o en nulha autra condicion entraua en la dita biela o el dit bayliatge lo bayle ab sa companha e ab los cossels e ab los autres ques bolera lo deuon el poden prene. E si per auentura ed faze rebellion que nos laysse prene o en aquera era plaguat o mort los qui feyt ac auren o ac auren feyt far no sian tengutz en nulha pena ni guatge ni ley ni enmenda. E si per auentura lo dit murtrer era estat cridat tres betz o banit o condampnat quel bayle a la requesta dels amixs o dautra persona qui lac requeris sia tengut de prene e de seguir aquet totabetz quen sere request e de far compliment de dreitura segont la costuma el uzatge del dit loc Empero si negun ne bie ab lo comte que no poscan pas aquet aucize matz que lo comte a la lor requesta lo deu far prene en deu far compliment de dreytura segont las presens costumas.

Item bolem que les cosselhs d'Euza qui ara son e sera per temps poscan far e crear corratees en la biela e en las pertenensas e mudar aquetz corratees la que los cosselhs se mudan si als ditz cosselhs es bist los quals jureran en las maas del bayle e dels cosselhs de leyalment far lor offici.

Item bolem e autreyam que desi auant nostre jutge dapels qui es e sera sia tengut per si o per son loctient tie cort e audiencia dens la biela d'Euza de las cauzas dapels que seran de si euant el loc d'Euza ni en la terra d'Auzan ni ques faran de bayles jutges o loc tiens o commissaris per lor datz si deuant luy bolen seguir lor apel e no sian los apels tengutz segir en autre loc deuant lo dit nostre jutge ni loctiens.

Item ordenam que en cas que appellacion emane es fassa a Euza del bayle o del jutge ordenari o dalgun commissari que la appellacion se deuolue prumerament e ses meyan al jutge dapels o al senescaut nostre e que lo jutge dapels o lo senescaut nostre sian tengut de admete e recebe totas appellacios ques faran per deuant lor a Euza per quascun dels bezis d'Euza segont que sera darrazon.

Item que lo recebedor qui es notre ni sera per temps del dit loc o autra deputat per nos posca e sia tengut laudar las bendas feytas e

fazaderas el dit loc d'Euza e en sas pertenenssas e prene lo desuesti-
ment dels benedors e en bestir los compradors dels fius qui aqui se
tieran de nos.

Item bolem e autreyam que la guarda de la dita biela de noytz e de
dies et de las portas daquet mezis loc sian e sapertenguan als cosselhs. E
si per auentura los cosselhs auen obs lo ajutori nostre o de nostre bayle
que ed a lor requesta los sia tengutz dajudar e los ditz cosselhs poscan
mete tantas guardas cum a lor sera bist. E totas betz que bist los sera
lasquals guardas sian tengutz de guardar e de anar per la biela o estar
on lo cosselh el beguer per nom de lor los manera segont de la orde-
nanza dels ditz cosselhs. E qui contra asso fare ni no bole este hobe-
dient al mandament dels cosselhs e del beguer sia tengut de paguar
xij d. morlas tantas betz cum manat laure los quals sian las duas
partz de la biela el ters del beguer. E quels cosselhs e las guardas poscan prene de noytz tota persona qui anassa contre la ordenansa del
bayle e dels cosselhs els sem les que bolos far mal e liurar al senhor.
E si per auentura nos layssaua prene e faze rebellion e per soid lo
plaguauan el aucizen en la prenezon per aquo no sian tengutz en ley
ni en guatge si no que al senhor fos bist que id ha fazen per autra mal
bolensa e si nulhs hom faze ni dize injurias o dampatges a las guardas
messas per los ditz cosselhs que sia punit al esguart del bayle e dels
cosselhs e la pena que id empauzeran que sia leuada sens tota merce
e partida enter lo senhor e la biela per meyas satiffeyt tot prumerament sens tota dilacion al qui la injuria ol damnatge aure prees a la
boluntat de luy. E si ed no dize cauza de razon quel bayie els cosselhs
la posca mitiguar segont que alor sera bist.

Item lo bayle poyra guaytar quant lo playra.

Item si lo comte aue guerra lo capitayna qui per luy hi sera aura
una clau de quaascuna porta e los cosselhs lautra e poyra guaytar sis
bol.

Item ordenam que si nulh hom faze mal o injuria aus cosselhs deuza
o a la un de lor fazen los neguocis de la biela e las causas que a lor
sapertenen per lor offici sia condempnat per lo bayle segons que a luy
sera bist de razon e la condempnacion sia meza a excequcion per lo
bayle sens perlonguament e la pena en que sere condempnat sia del
senhor e de la biela per meijas entro xx sols morlas e entre lxv sos
las tres pars del senhor e la quarta dels cosselhs.

Item ordenam que los cosselhs de ladita biela de totas e sengles las
tallias e cauzas prezas per nom de lor cosselhatge e de la biela e leys
e guatges e messeguerias e emendas e las expensas que feytas auran

de tot quant que feyt auran per razon de lor cosselhatge sian tengutz
darrene conde als cosselhs nauerament creatz. E asso quey armayra
paguadas las messios arreneran dens xv dies apres lo conde en pena
de xxx sos de morlas la meytat al senhor e lautra a la biela e lo dit
conde sian tengutz darrenc dens 1 mees fenit lor cosselhatge e si no
a fazen que sian tengutz de paguar xxx sos de morlas al senhor e a la
biela cum dessus es dit. E no romens seran compellitz darrene conde.
E aquera mozista pena peguian los cosselhs nauetz si lo conde no bolen arcebe dens lo dit terme a la requesta dels cosselhs qui estatz seren
e a auzir lodit conte sian apperatz x. o xij dels plus entenens homes e
leyals de la dita biela o plus si ops ni aue.

Item autreyam que nulhs hom qui estat sia cosselh de la dita biela
no sia eleyt cosselh dens tres ans apres. E si hom lon elege nol sia
tengut de cossentir ni de arcebe si nos bol.

Item que nulhs hom en lautruy pesque estanc o enhuerguat no sia
auzart de pesquar ne prene coloms de colomer el colomer o ab filatz
de fora ni cassar en l'autruy claper e si a faze ey era prees sober la
causa o proat per testimonis dignes de fee que sia tengut de x sos de
morlas de ley la meytat al senhor e lautra meytat a la biela e sia
emendat en doble lo dampnatge al senhor del pesquer e del colomer e
del claper auent quel senhor aya la ley. E si asso no pot far que sia
feyt de luy com de Layron a coneycenssa de la cort saluan que en la
geliza en estanc o fora estanc e els autres arrius fora estanc pot pescar
tot habitant d'Euza e de las pertenensas ab totz filatz o en autra maneyra on peys pesca prene francament sens tot guatge.

Item si alguna persona estrania bien dalhons e bol esser bezin de la
dita biela e tier son domicili a Euza o en auzan e que sia de bona
fama o ac semlia als cosselhs que lo senhor o sou bayle d'Euza lo
sian tengutz de recebe a la requesta dels cosselhs. Pero lo mezis home
sia tengut de fermar sufficientmen que dens 1 an mostrera en causas
no moblas balens c. sos morlas suas proprias dens la biela o dens lo
bayliatge sober las quals hom lo posca talhar e far cum a bezin e deu
jurar aprop desso que ed sera bon bezin e leyal en tal senhor e en ta
la biela e tiera sagrament de fizeutat al senhor e totz los cas que en sagrament de fizeutat son contengutz. E daquera hora auant se deu gauzir
de totas franquessas e de totas libertatz ayssi cum a un bezin o habitant d'Euza.

Item bolem e autreyam que totz los habitans d'Euza e de las pertenensas ayan e deyan auer e dossi auant ayaz lun sober lautre erba e
fulha e aygua e lenha secca per tot lo bayliatge d'Euza exceptalz blatz

e binhas e pratz e pradars e fita clauza exceptat que en bosc on aya
peys de glan o de faya o de cartanha ney deu hom entrar sens boluntat
del senhor de cuy sera al bestiar de deguna maneyra per guastar la
sua peys ni per prene ni per colhe ab man ni en autra maneyra de la
senta Maria es seteme entro entrat de carerme si no que la peys fos
guastada o minyada. E si per auentura prumer que la peys fos guastada ni minhyada nulhe hom o bestiar y entraua sens boluntat del
senhor quel senhor totas betz quey trobere porcs y posca carnalar de
cada arramat 1. porc si son de iij porcs o troyas en sus e si son de qui
en jus que non deu carnalar ni aucize mas que deu auer en quascun
cas xii d. morlas si no quels porcs fossan esbarritz e la dones si eran
iij o plus que no posca carnalar mas quels posca prene e ensarrar e
tier tostemps entre que la mala feyta lo sia emendada e si hom no la
pode extimar que aya en cada cap de porc iiij d. morlas e no plus exceptatz las proprietatz del senhor.

Item que si per auentura algun home bien aqui per culhir la glan,
o la castanha que lo senhor de cuy sera la peys o sa companha lo poscan penherar lo sac e la glan o la castanha o per iiij d. morlas qual
que plus se bolha lo senhor. Pero oi lautre dize ni affirmaua que no
era aqui per far dampnatge a sa peys nin portaua dautra que naguos
culhida en autre loc quel senhor deu bosc lo deu arre los pens ab sagrament quen fassa en presentia dels cosselhs e feyt lo sagrament lo bayle
li deu far rene tot franc e quiti en deu penherar los bees del senhor
del bosc entro quel pens sia restituit. Empero si distencion era o deza-
cort enter lo quil porc aure pergut el senhor qui carnalat laure sober
esdet de bosc o de terra en bosc aguos que lo melhor qui el carnau sere
sia tengut de jurar e de dize bertat on laure carnalat. E si laue carnalat
no degudament ni en lautruy terra sia tengut sens tota dilacion ades
de restituir lo dit carnau e totas horas que lo senhor qui pergut aure
lo porc requeris lo senhor maior o son bayle que fassa lo carnau dar
a recreze ab fermansas destar adret si aquet qui carnalat aura no a
bol far lo senhor lon deu constrenhe sens tota deffuyta de dar recreze
e de dar pens portador e miadez quil carnal balha. El cosselh deu
anar bezer ab autres prohomes en lo carnau sera feyt e si troba quel
carnau sia degut que deu far restituir lo pens al senhor del bosc si
degudament a carnalat. E si no degudament a carnalat lo senhor deu
bosc qui carnalat aura deu o es tengut de restituir lo dit porc dens ix.
dies. E si no a faze que aquet quil pens aure lo poyre mete a lenquant
e far hene per emendar son dampnatge. E si per auentura craba ni
bacca ni bueu ni egua sens de la boluntat del senhor de cuy lo bosc

sere duran la dita peys entraua ni peysse el dit bosc lo senhor lo pot
penherar o ensarrar lodit bestiar entro que per cascun cap de bueu o
de bacca o degua yssiuernatz laya paguat o fermai a sa boluntat iⅼⅰj
d. morlas e per craba ij d. aolha di creston no paguian re mas que
emenda lo dampnatge sin dan.

Item autreyam que totz los bezis e habitadors d'Euza e de las pertenensas ayan totas lors cauzas per tot Fezensac e Armanhac e per tota la
terra nostra saubas e francas. E que nos e nostres officials los enpa-
riam e deffeniam de nos mezis e de totas autras personas de tota bio-
lencia e de tota forza e de tota marca anan e estan e tornan per la dita
terra e paguan los peatges e las costumas e los deners acostumatz.

Item que totz los homes e sengles de la dita biela d'Euza e de las
pertenensas poscan lor blat mole els moliis que son en las pertenensas
d'Euza o el bayliatge de tot o en partida ab la xviij partida quel
senhor de cuy lo molin sera o son molier o son mesatge ne posca prene.
E quel molan be e leyalment son blat en ardon en cert e si no a fazen
quel sian tengut de restituir dampnatge si len dauen e que plus no
prencan sos pena de x sos morlas los quals sian del senhor e de la
biela per meyas.

Item que nulh habitador d'Euza o bezin e de las pertenensas no
sia tengut de dar segurtansa a nulhs hom qui len demania entro que
per lo bayle d'Euza o per son loc tient en la biela predita e per la
cort de la dita biela d'Euza sera conogut si deu esse dada la dita segurtansa.

Item que totz hom qui metera bestiar a part en guasalha o en companhia quenha qui sia lo deu dar somma segont desso ques poyra abie
ab son guasalhan e daquera somma en sus lo guasalhan y deu prene
si dius li da guasanh la meytat del guasanh pres prumerament lo cabau pel qui metut li aure e la meytat del guasanh o la partida de que
sabisan. E aquet o aquera quel prenere a part deu lo guardar be e
leyalment e apastencar e noyrir a son cost e assa mission. El deu
guardar de sos mezis deutes e dels deutes de son senhor e dels deues
que deu far el senhor. E si per auentura lo dit bestiar se perde per
fauta daquet quil tiere a part aquet quil tiere a part les tengut de
emendar o la balor é de tornar arre en la companhia. En autra maneyra sian tengutz los combens de las partidas.

Item sil bestiar si perde e lo quil tien no pode mostrar lo cap ol pee
es tengut de emendar e tornar arrer en companhia la balor del bestiar
qui pergut sere e si per auentura se perde per mostada o per malauzia
o per autre accident sens colpa d'aquet quil tiere a part que ladoux

lo dit bestiar es en la auentura dequet qui metut laure. Empero si del
bestiar sobrana pauc o trop o petz o lan el senhor bole la pet o la lan
tornar en bestia biua aquet quil bestiar tiere sia tengut de guardar
aquera bestia biua a son cost e assa mession tostemps entro que balha
lo dit cabau e lo senhor qui metut li aure len bole creze e aquero
mezis del pauc bestiar qui sobrera.

Item que totz hom qui tiera bestiar de habitant d'Euza o de las pertenensas sia tengut de menar lodit bestiar au marcat d'Euza o a autre
marcat si al senhor ni al guazalhan de cuy lo bestiar sere era bist e
per son profeyt e de son companhon per bener e per eyssaguar o per
far sa boluntat saluan los sos dretz e de son guazelhan e si per auentura no a faze lo senhor quil bestiar aure metut lo pot prene cum al
son el guazanh per tot en que sel trobia sens tota ley e sens tot guatge
que no sia tengut en tal senhor. E si per auentura lo qui tiere lo bestiar e sos mesatges o autres per nom de luy auent ferm lo forsauan
que nol layssessan prene son bestiar que sia tengut de x sos de morlas
en ley al senhor e als cosselhs per meyas per tantas bet cum li forsa-
ren e que pergua lo quart de la part del guazanh que aure el bestiar
e aqui mezis lo senhor qui treyt naure lo bestiar lo sia tengut de yssaguar a la requesta del quil tiere el sia tengut de dar dins ix. dies la
meytat o la partida de ques seren auengutz del guazanh e del melhuriment que dius aure dat el dit bestiar e si no a faze quel senhor li
fassa dar sens tota clamor ades e sens tota deffuyta el bestiar eyssagnar
ab v. sos de morlas que lo senhor naya sons tota deffuyta.

Item que totz hom qui bola yssaguar bestiar deu mostrar bia a
lautra partida e que aquet a cuy hom aura mostrada bia aya eleccion
sil bol per aquet for que hom lo mostrera e si li bol leyssar lo qual for
deu esser engualher e comunau e aquet quil bestiar artiera es tengut
de paguar a lautre so que ed y aura de cabau e de guazanh dins ix.
dies aprop leyssat. E si no a faze quel senhor len deu costrenhe sens
tota clamor a la requesta de quet a qui sere degut ab v. sos morlas quel
senhor deu auer de ley daquet quil bestiar aure artencut paguat tot
prumerament lo deute e messios e autres dampnatges que la partida
naguos feyt los quals sia tengut de satiffar a conoguda de la cort. E si
la partida bole que aquet quil bestiar artiere lo fermer so quel deure
paguar dens ix. dies deu ac fermar.

Item si era contrast ni riota enter los guazalhas sober las partidas
que feytas seren e sober autes combens que fossan inter lor los quals nos
podessan proar per testimonis e no bolossan far que la doux sia laleyta
daquet qui la proa aure ops a far si bolre far la proa o bolre que l'autre

fos crezut per son sagrament e la doux fossa dat a luy mezis la proa
per ix. dies e lautre deu auer iij dies si fare lo sagrament o no lo qual
sagrament lo fos dat el deu far sober los euangelis e la partida que
sere beneuda sia tenguda de paguar v. sos morlas de ley al senhor e
las messios al erguart de la cort.

Item que nulh bezin ni habitant d'Euza o de las pertenensas per
camin public trenquat o barrat per barat o per ceps o per autra barradura no paguia matz xx sos morlas al senhor e a la biela per meyas e
que la trenquadura o barradura aya ostada dens iij dies e tornat al
prumer estat e per camin priuat barrat o trenquat paguia xij d.
morlas.

Item bolem e autreyam e ordenam que los bezis els habitans d'Euza
no sian tengutz de paguar per carta de fermanseria feyta deuant nos-
ters officiers o bayles o loc tiens al notari de la cort o a autre sino cum
de una autra carta.

Item quitam e autreiam per nos e per nostres successors per tostemps e remetem als cauers donzels borgues e autres habitans e bezis
d'Euza e d'Auzan totas erbas de totas nostras terras e de nostros locxs.
E remetem e quitam per tostemps als cauers donzels e borgues d'Euza
totas alberguadas de totz nostres homes questans seruiciaux e feuda-
taris.

Item nos comte dessus dit de nostra gracia especiau e certa sciencia quitam e remetem als cosselhs e a la uniuersitat d'Euza totz crims
e totz exces per lor perpetratz e cometutz coma cosselhs o cum uniuersitat entro al jorn de la data de las presens costumas. E tota pena
ciuil e criminal que podossan auer encorruda en nulha maneyra per
cauza dels ditz crims e exces.

Item nos comte soberdit auem e deuem tier teberna a Euza del die
de Ramps de puese que prima sera sonada entro las bespras de Pen-
thacosta e que nulhs hom en la dita biela ni en las pertiensas no deu
ni pot bene bin a taberna duran aquet temps ses de boluntat del senhor e si per auentura sens la boluntat deu senhor bene bin lo senhor
lo pot costrenhe per v sos de morlas per ley e perdera lo bin. El senhor
deu e pot puyar la cyana un dier morlan plus que no la trobera ques
bena lo die de Ramps sens tot mal genh que no si deu far per la biela
ni peu senhor. E lo senhor deu bene bin sufficient que no sia bin agre
ni poyrit ni azeguat. E si per auentura las gens dizen que bin no era
bendable per alguna de las tres causas sobreditas que en aquet cas los
cosselhs poden e deuen anan à la teberna del senhor et deuen prene
del bin en un auhap o en dus lo qual deuen portar al bayle o a son

loc tenent e lo bayle o lo son loc tenent deu mostrar lo dit bin a x boos homes de la dita biela als quals deu far jurar que dizeran bertat si lo dit bin es poyrit o bin agre o azeguat e si dizen que no es sofficient per la una de las tres cauzas sobreditas per bene ab lor sagrament lo senhor ne deu far teberna dautre sufficient e si no a bol far que tot habitant de ladita biela ne pot bene e far teberna sens tota ley e sens tot guatge e no sera enpachat ni turbat en bene lodit bin que aura atebernat. Empero lo senhor y aura un dier morlan de guazanh en quascuna eymia ques benera e tot habitant d'Euza e de las pertenensas pot dar de son propri bin a sos obrers e a sos amixs en tot temps ses frau e ses maluat genh. En pot..................... die de deforas la dita biela duran lo dit temps o ob de son beure e de sa companha tant solament e asso tant solament cum lon sera mestas ? la jorn ses tot frau e pot bene son bin en gros sos assaber tenet o pipa a tota persona que comprar ne bolha lo qual bin poyra treze de la biela e del bayliatge paguan los peatges acostumatz e si lo senhor no bole tier teberna en la maneyra que dessus es dit que en aquet cas tot habitant d'Euza e de las pertenensas ne pot bene mae que lo senhor aura un dier morlan de guazanh en quascuna eymia. E el cas on lo senhor aure layssat la teberna e apres la bolre arrer prene que ed a posca far dens lo temps del ban totas horas quel playra.

Item ordenam que en tot cas que la Uniuersitat delinquire la conoycensa sapertiere a no sol e per lo tot a Euza e a nostres officiers.

Item en cas on alcun dels habitans o beziis d'Euza delinquiren contra nos nostres enfans o de nostres successors senescaut jutges bayles o comissaris o familiars o algun de lor o delinqueren sus algun crim exceptat de dret la conoycensa sa pertiera a nos e a nostres officiers sol e per lo tot.

Item aquestas son las costumas que dessi auant seran tengudas e obseruadas per tostemps a Euza e en las pertiensas e totas autras costumas e usatges dessi enrer obseruatz escriutz e nos escriutz son nulhs e cassatz e de nulha balor.

Item totas las cauzas dessus contengudas e quascuna de queras a la requesta e supplication deu Arnaut de Molier e deu fors de Moncaup cosselhs e de maeste R. de Filartigua scindic de la dita biela d'Euza per nom del cossolat e del scindicat de la Uniuersitat del dit loc e dels habitans e singulars presens e endemedors nos predit comte dem e autreyam per tostemps per nos e per nostres successors saub en autras cauzas nostre dret e en totas lautruy de las quals cauzas totas e sengles en aquesta present carta contengudas e per lo dit mosseu lo comte

autreyadas dadas e coffermadas lodit mosseu lo comte per si e per so[s]
hereters e successors requerit maeste Arnaut deu pont notari e los ditz
cosselhs e scindic per nom de la dita biela requirin me notari dejus
escriut quen retenguossam en fessam duas cartas de una substancia e
tenor. E per que las preditas costumas usatges fors libertatz e franquessas mielhs demorem en lor substancia efficacia e bertut. E plus
fermament sian tengudas obseruadas e quardadas de punt a punt lodit
mossenhor lo comte juret als sans euangelis de Diu tocatz corporalment ab sa man dextra que totas e sengles las cauzas en aquesta present carta contengudas costumas fors usatges libertatz e franquessas
per luy autreyadas e dessus escriutas tendra obseruera e guardera e
tenir obseruar e guardar fara enbiolablament per tostemps per si e
per sos successors. E que contra no bendra ni benir no fara per si ni
per nulha autra persona en nullh cas en nulh temps ni en nulha maneyra. En obliguacion de totz sos bees mobles e no mobles presens e
endeuiaders e sos totas renunciation de dret e de cauthela..... medis
los ditz cosselhs e scindic per nom de la dita biela juran als sans
euangelis de Diu tocatz corporalment ab lor maas dextris que totas e
sengles costumas fors usatges libertatz franquessas..... dessus ditas
tendran obserueran e guarderan tenir guardar e obseruar faran en-
biolablement per tostemps per lor e per lors successors. E que contra
no bendran ni benir no faran per lor ni per nulha autra persona en
nullh cas en nulh temps ni en nulha maneyra en obliguacion de totz
los bees de la dita biela mobles e no mobles presens e endeuiaders.
E sos tota renunciacion de dret e de cauthela. E prometon los ditz cosselhs e scindic que totas e sengles las causas dessus escriutas faran
ratifflar aproar aboar e lauzar als autres cossels de la dita biela absens.
E als singulars de la dita biela o a la maior partida de lor en e sos las
obliguations dessus ditas.

Acta fuerunt hec apud Castellarium lactresii dyocesis Lactorensis
die xiij. Augusti anno Domini millesimo trescentisimo quinquage-
simo secundo regnante Domino Johanne Francie rege Domino Petro
Episcopo Lactorensi existente præsentibus testibus Reverendissimo ou
Reverendo in Christo Patre Domino Petro Dei gratiá Episcopo Lactorensi prædicto nobilibus viris dominis Orcho de Calvomonte Petro de
Gita militibus veneralibus viris Dominis..... legum doctore..... in
decretis. Bernardo de Marcia Fortanerio de clico in legibus licentia-
tis. E magistro Bernardo de Sayssanis publico auctoritate Regia in
partibus..... et xanconen (?) notario qui de assensú dicti..... ad requisitam dictorum consulum et scindici hoc præsens instrumentum reti-

nuit et scripsit et in suo libro notavit. A qua quidem nota Ego Bernardus..... notarius substitutus eidem magistro Bernardo de Sayssanis
deputatus hoc instrumentum abstraxi veritatis substantia in aliquo
non mutata constat astat de interlinearibus factis in linea ubi scribitur cauzas et in cxxv ubi scribitur o ab dart et in clvij linea ubi scribitur hom et in clxvij linea ubi scribitur ans et in cccxiij linea ubi
scribitur maneyra et in mjxxiv linea ubi scribitur fessam. Ego Bernardus de Sayssanis notaris, prædictus facta collatione diligenti cum
originali et dicto meo substituto huic præsenti publico instrumentum
per dictum meum substitutum abstracto signum meum apposui consuetum in testimonium præmissorum.

COUTUMES DE MIRANDE[1]
(Comté d'Astarac.)

Quoniam de manibus cujuscumque rectoris seu ducis totius sibi submissi populi salus pendet ex eo quod universorum membra ex dispositione capitis informantur et præsidis claritate cujusque seu principis largitate ejus debeat populus privilegiis bonis et libertatibus congaudere et rectori pertineat seu præsidenti cuicumque suum populum moribusque privilegiis perhornare. Idcirco religiosus vir dominus frater F. (?) de Lamagera permissione divina abbas monasterii Berdonarum et frater Bernardus de Serrinhaco procurator seu syndicus ut fuit ibi dictum monasterii suprà dicti pro se ipsis et toto conventu dicti monasterii præsenti etiam et futuro præsentibus ibidem et consentientibus expresse omnibus et singulis infra scriptis videlicet fratre Bitali de Bezuas et fratre Arnaldo Guillelmi de Ruppe et fratre Petro deu Pes et fratre Raymondo de Insula et fratre Dominico de Cotort monachis monasterii Berdonarum qui pro scipsis omnia et singula infra scripta concesserunt et sic fieri voluerunt. Et nobilis vir dominus B. Dei gratia comes Astariaci in præsentia et testimonio Centulli filii sui qui omnibus prædictis et singulis præsens interfuit nulla fraude nulloque dolo decepti nec vi nec metu ad hoc compulsi nec ab aliquo ingenio inducti nec machinationibus circumscripti nec blanditiis aut supersuasionibus quibuscumque sed eorum meris et gratuitis voluntatibus volentes et cupientes ut omnisque singuli nunc habitantes in Bastida nova vocata Miranda auxitanæ diocesis aut qui erunt in futurum aut in ejus pertinentiis agnoscant in se latitudinem libertatum et privilegiorum vicinis eorum clariori radio fulgeant universis dederunt et concesserunt ure proprio ex causa donationis puræ simplicis inter vivos factæ perpetuoque valituræ et nullo jure vel causa aliquatenus revocandæ et ex gratia speciali Stephano de Nigro Stanno tunc bajulo dictæ Bastidæ pro illustri domino Rege Francorum et Petro Sabaterii et magistro Guillelmo de Montibus et Guillelmo de Priore et Garsia Arnaldi de la Fitau tunc consulibus dictæ villæ de

<hr>

Miranda ibidem præsentibus et pro seipsis et tota universitate dictæ
villæ præsenti et futura stipulantibus et recipientibus et mihi notario
infra scripto vice et nomine omnium illorum quorum interest vel interesse potest stipulanti et recipienti consuetudines usus et libertates
infra scriptas videlicet dederunt et concesserunt in primis dicti domini
nomine quo supra et dictus syndicus nomine syndicatus dicti monasterii dictis consulibus pro seipsis et tota universitate dictæ villæ et
ejus pertinentiis præsenti et futura stipulantibus et recipientibus et
mihi notario infra scripto vice et nomine quorum interest vel interesse
potest stipulanti quod universitas dictæ villæ de Miranda et ejus perti-
nentiæ nec aliquis nunc habitans in dicta villa de Miranda aut suis
pertinentiis aut qui in futurum habitabunt non teneantur aliquid contribuere sive dare dicto domino Bernardo comiti Astariaci nec ejus
successoribus nec ad aliquid dandum sive contribuendum dicta universitas nec aliquis habitans nunc in eadem aut suis pertinentiis aut
qui in futurum habitabunt dicto domino comiti aut ejus successoribus
minime compellantur nec possint nec debeant per quemcumque nisi
tantummodo in duobus casibus videlicet pro persona sua dicti domini
comitis aut ejus successorum si capta fuerit ab hostibus redimenda et
pro passagio ultra marino per dictum dominum Bernardum comitem
aut ejus successores faciendo ad quam redemptionem et passagium
trans marinum faciendum dicti habitantes nunc præsentes et qui futuri erunt in dicta villa de Miranda et suis pertinentiis dent et con-
tribuant sub modo et forma quibus homines militum comitatus Astariaci in talibus duobus casibus darent seu contribuere vellent si casus
evenirent prædicti. Item quod omnes et singuli nunc habitantes et
qui in futurum habitabunt in dicta villa de Miranda et suis pertinentiis possint et licitum sit eis et cuicumque ipsorum juxta eorum voluntatem furnum seu furnos facere ibidem et tenere ad suum panem et
suæ totius familiæ decoquendum extra dictam villam de Miranda in
eorum boriis horariis seu mansis et capite mansis seu eorum aliis
domibus seu bordis extra dictam villam de Miranda existentibus absque
omni servitio et omni præstatione sive usu quod vel quam pro prædictis furnis faciendis et tenendis in locis prædictis ut est dictum
aliquis de dicta villa de Miranda alicui viventi minime facere seu ser-
vire teneatur. Item dederunt et concesserunt dicti dominus Abbas
monasterii suprà dicti et dominus comes Astariaci nomine quo suprà
et dictus syndicus nomine dicti monasterii ut est dictum dictis consulibus dictæ villæ pro seipsis et tota universitate præsenti et futura
dictæ villæ de Miranda et ejus pertinentiis stipulantibus cum hoc

præsenti publico instrumento et de jure in perpetuum valituro et mihi
notario infra scripto vice et nomine omnium illorum quorum interest
vel interesse potest stipulanti videlicet omnes illas universas et singulas consuetudines usus et etian. libertates illas videlicet quas et
quos religiosus vir frater Ugo de Lamarcha quondam abbas dicti monasterii Berdonarum vel idem dominus Bernardus Dei gratia comes
Astariaci dederant et concesserant universitati seu populo villæ de
Pabia et pertinentiis ejus diœcesis prout melius in quibusdam instrumentis inde confectis uno scripto et confecto manu Arnaldi de Frespalhers notarii Astariaci et alio scripto manu Bernardi de Quoquinis
notarii Samatani et alio scripto manu Guillelmi de Lube notarii de
Pabia ut ibi fuit dictum continetur et in præsenti publico instrumento
proxime subsequenti. Dederunt etiam et concesserunt præfati domini
modo et causa quibus supra et dictus syndicus nomine dicti monasterii ut est dictum dictis consulibus dictæ villæ de Miranda pro seipsis
et tota universitate præsenti et futura dictæ villæ et ejus pertinentiarum et omnibus pro singulis nunc habitantibus in dicta villa et ejus
pertinentiis et in futurum habitaturis stipulantibus et mihi notario
infra scripto vice et nomine omnium illorum quorum interest vel interesse potest stipulanti libertates usus et consuetudines quæ sequuntur. Videlicet quod omnes homines nunc commorantes in dicta villa
et suis pertinentiis de Miranda et qui in futurum habitabunt seu tota
universitas dictæ villæ de Miranda seu ejus pertinentiarum sit et sint
immunes nunc et in futurum ab omni alberga tallia et questa quam
alicui facere minime teneantur neque ad donum neque ad mutuum
aliquod faciendum dicta universitas compelli debeat neque possit per
personam aliquam cujuscunque conditionis seu dignitatis fuerit quovis
modo nisi illud gratis dicta universitas facere voluerit quod est suum.
Item quod habitantes nunc præsentes et in futurum habitaturi in dicta
villa de Miranda et ejus pertinentiis omnes et singuli possint vendere
dare et alienare omnia bona sua mobilia et immobilia cui voluerint
excepto quod immobilia non possint alierare. Ecclesiæ religiosis personis militibus nec hominibus auxitanis nec de Fezentiaco salvis juribus dominorum à quibus prædictæ res tenebuntur in feudum.

Item quod dicti habitantes dictæ villæ possint filias suas libere et
ubi voluerint et cui voluerint maritare et filios suos ad clericatus or-
dines promovere.

Item quod prædicti domini vel bajuli illorum non capient aliquem
habitantem in dicta villa vel vim inferent vel sazient bona sua dum
tamen velit cavere et fide jubeat stare juri nisi pro murtro vel morte

hominis vel plaga mortifera vel furto vel alio crimine quo corpus suum vel bona sua iisdem dominis debeant ducenta incursa vel membrum aliquod mutilari.

Item quod ad quæstionem seu clamorem alterius non mandabit nec concitabit bajulus seu bajuli dictorum dominorum nec pro facto suo proprio seu querela aliquem habitantem in dicta villa extra honorem dictæ villæ super his quæ facta fuerint in dicta villa et honore et pertinentiis dictæ villæ et super possessionibus dictæ villæ et honore ejusdem.

Item quod si aliquis homo vel femina de die intraverint hortos vel vineas aut prata seu campos bladatios alterius sine mandato vel voluntate illius cujus fuer_nt postquam de mandato dictorum dominorum quolibet anno defensum fuerit solvat duodecim denarios tolosanos consulibus dictæ villæ si habeat unde solvat alias ad arbitrium bajuli seu bajulorum prædictorum dominorum et consulum puniatur et de qualibet bestia grossa quæ ibi inventa fuerit solvat dominus dictæ bestiæ duos denarios turonenses consulibus supra dictis.

Item pro porco et sue si intraverit unum denarium turonensem et pro ove capra seu hirco vel quolibet alio pecore solvat dominus bestiæ unum obolum turonensem si anser vel alia avis consitilis unum obolum turonensem et nihilominus dominus cujus fuerit bestia vel avis damnum passo tenebitur emendare denarios vero quos pro hujusmodi emendis consules habuerint mittant idem consules in utilitatem prædictæ villæ utpote in reparationem pontium januarum et viarum aliis expensis necessariis dictæ villæ. Alienigenæ autem transeuntes qui dictum defensum ignoraverint pœnas non subjiciant ante dictas sed alias ad arbitrium bajulorum seu bajuli et consulum puniantur dum tamen pœna illius alienigenæ non possit pœnam excedere suprà dictam.

Item quicumque de nocte intraverit hortos vineas aut prata alterius sine mandato aut voluntate illius cujus fuerit et cum panno vel sacco vel caputio aut cum alio expletto fructus extraxerit dictis dominis in viginti soldos tolosanos sit incursus postquam de mandato ipsorum similiter fuerit quolibet anno defensum et si tantummodo manibus et sine alio expletto extraxerit pro justitia in duobus solidis tolozanis dictis dominis sit incursus et damnum passo insuper emendabit.

Item qui in dicta villa tenuerit falsum pondus falsam mensuram falsam canam vel alnam in sexaginta solidos tolosanos puniatur.

Item carnifices qui carnes vendiderint in dicta villa bonas carnes et sanas vendant quæ si bonæ et sanæ non fuerint carnes pauperibus per bajulum seu bajulos erogentur et illis qui emerint pretium refundatur et lucretior carnifices in legalibus carnibus in uno quoque solido unum denarium currentis monetæ et quicumque carnifex qui in hoc mandatum exesserit in duobus solidis tolosanis et uno denario domino sit incursus.

Item quilibet pistor seu pistorissa vel quicumque alius panem faciens ad vendendum in villa prædicta lucretior in uno quolibet sextario frumenti quatuordenarios turonenses et furfur tantummodo et hoc secundum magis et minus et si amplius lucratus fuerit totus panis capiatur et pauperibus tribuatur.

Item res comestibiles ex quo ad dictam villam fuerant apportatæ ad vendendum revenditoribus non vendantur donec prius ad placiam fuerint deportatæ, dum tamen hoc priùs semel in anno ex parte dictorum dominorum defensum fuerit et clamatum.

Item quicumque res comestibiles ad dictam villam deportaverint volatilia silvestrem bestiam poma et pira et confitia non dent leudam.

Item nullus habitans in dicta villa det leudam de re quam vendat vel emat in dicta villa ad usus suos die fori vel alio in foro vel extra.

Item consules erunt in dicta villa qui jurabunt se defendere fideliter et servare corpora et membra prædictorum dominorum et etiam jura illorum et quod oflicium consulatus quamdiu erant in officio fideliter exequantur nec munus nec servitium ratione officio per se vel per alium nisi quod de jure est concessum quilibet in oflicii existenti. Communitas siquidem dictæ villæ in præsentia consulum jurabit dictis dominis vel mandato illorum impendere bonum consilium et et fidele pro pane suo dum requisita fuerit salvo etiam in omnibus jure prædictorum dominorum.

Item instrumenta facta à publicis notariis à dictis dominis creatis vel creandis illam firmitatem quam habent et habere debent publica instrumenta.

Item testamenta facta ab habitatoribus dictæ villæ in præsentia testium fide dignorum valeant licet non fuerint facta secundum solemnitatem legum dum tamen sit ibi hæredis institutio et liberi non fraudentur legitima portione.

Item si quis decesserit sine hærede legitimo apparenti et testamentum non fecerit consules dictæ villæ de mandato dictorum dominorum bona ejus per annum et diem custodiant descriptis tamen per bajulum sive bajulos dictorum dominorum bonis hominis prædicti et si interim non venerit hæres qui hæreditare debeat dictis dominis bona redeant ad voluntatem suam faciendam.

Item omne debitum confessatum si clamor factus fuerit nisi infra quatuordecim dies persolvatur debitor solvat dictis dominis, vel eorum mandato duos solidos turonenses pro clamore. Si vero negetur debitum qui victus fuerit in decem jure litis et in duobus solidis turo - nensibus pro justitia puniatur.

Item si aliquis alicui verba contumeliosa et grossa dixit nisi super hoc fiat quæstio dictis dominis non tenetur ad emendam, si vero facta fuerit quæstio tenetur iisdem dominis in duodecim denarios tolosanos pro clamore et pro extimatione injuriæ in duobus solidis pro libra.

Item si quis aliquam ducat in uxorem et cum ea mille solidos acceperit pro dote ipse det uxori suæ propter nuptias quingentos solidos et hoc secundum magis et minus nisi aliud pactum evenerit inter eos, et si maritus supervixerit nec de uxore infantes habeat totâ suâ vitâ tenebit totam dotem et post mortem suam parentes uxoris vel hæredes dotem illam recuperabunt nisi in perpetuum dederit marito. Sed si infantes habeat illa mulier et supervixerit marito ipsa recuperabit dotem suam et donationem propter nuptias quâ mortuâ infantes quos à marito susceperit habuerit donationem propter nuptias rehabebunt vel ille quem maritus in testamento suo duxerit ordinandum.

Item si quis gladium extraxerit contra aliquem licet non percutiat dictis dominis in viginti solidos tolosanos condemnetur. Si vero percusserit ita quod sanguis exeat in triginta solidos tolosanos puniatur, et emendet vulnerato et si mutilatio membri intervenerit in sexaginta solidos tolosanos vel amplius juxta excessus qualitatem si dictis dominis placuerit condemnetur et nihilominus si de eo querelam fecerit satisfaciat vulnerato. Si autem vulneratus vel percussus pro ictu mo·ritur qui ictum fecerit ad voluntatem dictorum dominorum vel mandati ipsorum punietur et bona sua omnia ad manus dominorum capientur et etiam sint incursa.

Item si bona alicujus habitatoris dictæ villæ venerint in comissum de bonis prædictis si sufficiant ejus creditoribus satisflat et eisdem dominis residuum applicentur.

Item latrones et homicidæ ad voluntatem dictorum dominorum puniantur.

Item si quis in adulterio deprehensus fuerit currat per villam ut in aliis villis fieri consuevit aut solvat dominis prædictis vel eorum mandato centum tolosanos et quod voluerit optionem habeat eligendi ita tamen quod capiatur nudus cum nuda vel vestibus tractis depositis cum vestita per aliquem de curia dominorum præsentibus cum eo duobus consulibus vel aliis duobus probis hominibus dictæ villæ vel aliis duobus vel pluribus undecumque sint fide dignis.

Item si quis habitator dictæ villæ pro alio fidejusserit si principalis debitor repertus fuerit non solvendo idem qui fide jussit satisfaciat si bona habeat unde solvat Item qui in dicta villa venerit seu habitaverit et mansionem fecerit sit liber sicut alii habitantes si sine præjudicio alterius fieri possit. Præterea in domo qualibet seu ariali dictæ villæ longa de duodecim stadiis ibi ordinatis et ampla de quatuor habebunt domini annuatim in festo omnium sanctorum tres denarios tolosanos censuales et hoc secundum magis et minus.

Item furni dictæ villæ communes erunt dictorum dominorum et quicumque panem ibi decoqui fecerit vicessimum panem illis pro furnagro dare teneantur.

· Item mercatum fiat in dicta villa die lunæ qualibet septimana.

Item nundinæ fient in dicta bis in anno videlicet semel in festo beatæ Catharinæ et semel in festo beati Marchi evangelistæ.

Item de quolibet bove vendito in foro ab extraneo habebunt dicti domini ab illo qui emerit unum denarium turonensem.

Item de porco unum denarium turonensem.

Item de asino unum denarium turonensem.

Item de pelle vulpis et de una libra ceræ et de una saumata olarum et de una fioza unum denarium turonensem de quolibet prædictorum.

Item de medietate porci recentis vel salsi qui venditus fuerit in foro propinquiori ante nativitatem Domini semel in anno unum denarium turonensem.

Item homines prædictæ villæ sint liberi à dictis leudis de his quæ ad proprios usus emerit in villa vel in foro.

Item quicumque extraneus in die fori tentorium tenuerit quorumcumque mercium dabit pro leuda unum denarium turonensem.

Item saumata ferri de foris adportata det pro leuda unum denarium tolosanum.

Item una saumata salis det unam palmatam salis et unum denarium turonensem.

Item quicumque extraneus voluerit exhibere a dicta villa bladum, vinum vel salum pro saumata bladi unum denarium turonensem pro leuda; pro saumata vini unum denarium turonensem; pro saumata salis unum denarium turonensem et hoc secundum magis et minus pro onere unius hominis de sale unum obolum turonensem.

Item de uno honere (*sic*) ciforum vitreorum unum denarium turonensem ab extraneo.

Item de uno honere seu scutellorum vel grasallorum unum denarium turonensem.

Item de quolibet semine hortorum secundum quod ratione videbitur.

Item de aliis rebus solvatur ibi leuda pro saumata unus denarius tolosanus et pro honere hominis unus denarius turonensis.

Item si quis leudam debens a villa vel à foro exierit et leudam non solverit paget duos solidos tolosanos et obolum pro emenda.

Item qui in foro aliquem percusserit ad arbitrium bajuli vel bajulorum et consulum puniatur pro qualitate delicti.

Item qui de possessione litigaverit det pro libra duos solidos tolosanos et clamorem et illam summam non teneantur solvere litigantes usque ad finem litis.

Item si bajulus pignoret aliquem post quindecim dies assignatos debitori ad solvendum ille cujus erit debitum pignora per alios quindecim dies custodiat quibus elapsis vendat si voluerit pignora et si pretium pignoris venditi exedat debitum suum residuum habitum à dicto pignore teneatur reddere debitori.

Item bajulus dictæ villæ jurabit in præsentia consulum quod suum officium fideliter faciet et munus vel servitium pro suo officio sive ratione officii non capiet et unicuique jus suum pro posse suo reddet et usus bonos et consuetudines villæ scriptas et approbatas salvo jure prædictorum dominorum custodiet et defendet.

Item in villa prædicta sex consules creabuntur annuatim in crastinum nativitatis beati Johannis Baplistæ et si tum instituti vel creati non fuerint duret potestas consulum qui immediate extiterint donec alii per dictos dominos vel mandatum eorum ibidem fuerint instituti, ita tamen quod nomina consulum in dupplo reddantur curiæ in scriptis per consules veteres tot quod curia possit eligere magis idoneas usque ad numerum in consulatu consuetum.

Item consules qui pro tempore fuerint potestatem habeant vias publicas et mala passagia reparandi et ponendi messegarios bonos viros qui jurabunt in manibus dictorum consulum suum officium bene et fideliter exercere. Si quis vero in dicta villa jactaverit fetentiam vel nocentiam aliquam per bajulum seu bajulos dictorum dominorum et consules puniantur.

Item quilibet mercator extraneus trossellum vel plures trossellos in nundiniis dicte ville pro introitu exitu et taulagio et pro leuda det quatuor denarios tolosanos et de honere hominis quidquid aportet unum denarium tholosanum et de rebus emptis ad usum domus alicujus habitatoris dicte ville nihil dabitur ab emptore pro leuda.

Item expresse exercitum et cavalgatum ut in aliis villis dicti domini comitis prædicti domini retinuerunt.

Item consules sic et instituti ut dictum est habebant potestatem talliandi et collectam levandi ab universitate et hominibus dictæ Bastidæ pro omnibus missionibus et expensis quæ fient vel continget fieri in dicta Bastida seu villa præfata et nihilominus compellere nolentem solvere expensam prædictam.

Item dicti consules ea quæ facient faciant de consilio duodecim virorum proborum de dicta bastida à consulibus dicti loci singulis annis de novo creatis in initio sui regiminis communitatis electorum.

Item dictus dominus comes Astariaci dedit et concessit libertatem et immunitatem omnibus habitatoribus in dicta Bastida seu villa quod possint ire et redire libere per totam terram suam cum rebus suis absque præstatione leudæ vel pelagii.

Item dictus dominus comes dedit et concessit dictis habitatoribus prædictæ Bastidæ herbam folia fustum et aquas ad usum piscandi per totam terram suam liberè ad usum suum et animalium suorum quæ ut perpetuæ stabilitatis robur obtineant huic præsenti paginæ prædicti domini sigilla sua apponere promiserunt.

Acta sunt hæc et concessu apud Bastidam Franchæ-Villæ XV calendas Julii anno domini millesimo ducentesimo octogesimo primo regnante Philippo Franciæ rege B. comite Astariaci prædicto A. Auxitano archiepiscopo dominante. Hujus rei sunt testes dominus B. de Marrast dominus Centullus de Logorfano dominus Guilhelmus de Sedelhaco milites et frater B. abbas Gimontensis et frater Montosius de Monte alto monacus ejusdem loci et frater P. del Per et frater B. de Serrilhaco monachi Berdonarum et de Orbessano domicellus et Vitalis de Fraxino et Boiso sacerdos et magister Vitalis de Manusilva clericus et Garsias de Solerio et ego Arnaldus de Frespalhers prædictus notarius Astariaci qui de voluntate et expresso mandato dictorum dominorum cartam istam scripsi et signavi.

Item dederunt et concesserunt prædicti domini modo et causa quibus supra et dictus syndicus monasterii memorati dictis consulibus villæ de Miranda nomine consulatus dictæ villæ et ejus pertinentiarum pro scipsis et singulis hominibus dictæ villæ stipulantibus omnibus et singulis hominibus nunc habitantibus in dicta villa et suis pertinentiis et in futurum habitantibus et mihi notario infra scripto vice et nomine illorum quorum interest vel interesse potest stipulanti libertatem et franquesiam ut sequitur :

Videlicet quod nullus forens larem nunc nec etiam in futurum in

dicta villa de Miranda aut suis pertinentiis dictæ villæ non teneatur
solvere aliquid dare nec contribuere eisdem dominis ante dictis nec
alicui viventi eorum nomine vel alieno pro plateis quas habent tenent
seu tenebunt in dicta villa de Miranda aut pertinentiis dictæ villæ aut
possident seu possidebunt per quoscumque habitantes in dicta villa
seu ejus pertinentiis ratione servitii obliarum aut captenii seu alia
ratione nisi tantummodo sex denarios turonenses quos quilibet larem
forens in dicta villa de Miranda et suis pertinentiis serenissimo domino nostro regi Franciæ annuatim pro custodia speciali tantummodo
solvere in dicta villa de Miranda aut ejus bajulo suo nomine teneantur.

Item dederunt et concesserunt dicti dominus abbas monasterii memorati et dictus dominus comes nomine et causa quibus supra et dictus
syndicus dicti monasterii nomine syndicatus dictis consulibus dictæ
villæ de Miranda et ejus pertinentiarum nomine dictæ universitatis
stipulantibus et omnibus nunc in dicta villa habitantibus et in futurum habitaturis et mihi notario infra scripto vice et nomine quorum
interest vel interesse potest stipulanti consuetudines et libertates Bastidæ regalis Franchæ-Villæ pro seipsis et suis successoribus universis.
Item dederunt et concesserunt dicti domini modo et causa quibus
supra et syndicus memoratus nomine dicti monasterii ut est dictum
dictis habitantibus nunc et in futurum habitaturis in dicta villa de
Miranda et suis pertinentiis et dictis consulibus nomine dictæ villæ
et universitatis de Miranda stipulantibus quod omnis quæstio mota
ibidem per bajulum seu bajulos et consules qui in dicta Bastida pro
tempore fuerint diffiniatur salvo jure in omnibus alieno.

Præsertim præfati dominus abbas monasterii præfati et nobilis vir
dominus B. Dei gratia comes Astariaci nomine et modo quibus supra
et dictus syndicus nomine dicti monasterii ut est dictum retinuerunt
sibi ipsis ante præsentem concessionem et donationem et in ipsa
donatione et post dictis consulibus de Miranda coram ipsis dominis
personaliter constitutis furnum seu furnos qui sunt seu erunt in futurum in villa prædicta de Miranda et infra prædictam ita quod dicti
furni infra dictam villam constituti sint ipsorum dominorum et monasterii prædictorum absque omni contradictione personæ cujuscumque.

Quæ prædicta omnia et singula supra scripta uti superius sunt
contenta præfati dominus abbas monasterii supra dicti et dominus B.
Dei gratia comes Astariaci nomine quo supra et dictus syndicus nomine
syndicatus dicti monasterii ut est dictum promisserunt et mandaverunt quisque eorum principaliter et in solidum et sub bonorum suorum præsentium et futurorum obligatione et sine aliqua exceptione

juris et facti se et sua obligando et sine excusatione partis præsentis vel absentis dictis consulibus prænominatis dictæ villæ de Miranda nomine universitatis dictæ villæ et ejus pertinentiarum stipulantibus et mihi notario infra scripto vice et nomine omnium habitantium nunc et in futurum in dicta villa de Miranda et ejus pertinentiis habitari volentibus stipulanti et recipienti tenere servare et exequi et nullam contrariam exceptionem seu negationem aut juris defensionem aliquam non opponere contra prædictas libertates usus et consuetudines aut earum seu eorum quamlibet in solidum vel in parte in judicio nec extra judicium nec inferenti consentire ullo modo.

Promittentes etiam et concedentes prædicti domini abbas et comes prænominati nomine quo supra et dictus syndicus nomine syndicatus monasterii prædicti firmo pacto et conventione solemnibus stipulationibus vallatis dictis consulibus pro seipsis et tota universitate dictæ villæ de Miranda et ejus pertinentiarum stipulantibus et mihi notario infra scripto vice et nomine habitantium omnium nunc et in futurum in dicta villa de Miranda et suis pertinentiis stipulanti et recipienti tanquam publica persona quod si aliquo tempore universitati dictæ villæ de Miranda aut alicui habitanti nunc in ea aut ejus pertinentiis seu in futurum habitaturis quæstio movebatur tam in judicio quam extra super dictis consuetudinibus usibus et libertatibus supra expressatis aut prætextu earumdem per personam quamcumque cujusque gradus conditionis fuerit seu potestatis aut si ab aliquo vel aliquibus viventibus interrumpentur dictæ libertates aut eorum quælibet aut interrumpi temtarentur tam per libelli oblationem quam alias alteram litem quæstionem et controversiam in seipsis et super se recipere et suis expensis propriis ducero supra dicta usque ad finem totius negotii ante dicti et ipsam universitatem et quemlibet habitantem in eadem à quibuscumque molestiam inferentibus super præmissis aut occasione earum legitimè defendere aut ad eorum simplicem requisitionem quibuscumque quod si prædicta facere consueverint ad requisitionem dictæ universitatis aut cujuscumque dictæ universitatis aut dictam universitatem et ejus quemlibet de omnibus et singulis supra dictis neglexerint defendere et ratione aut rationibus supra dictis præfati homines dictæ villæ divisim vel convictim aut universitas ejusdem villæ ex defectu præmissorum expensas aliquas fecerint aut damnum aliquod in judicio sive extra fecerint aut se fecisse aut passi dixerint ullo modo illud totum damnum et interesse una cum expensis omnibus et singulis tunc factos per eosdem habitantes in dicta villa ad integrum eisdem resarcire ad ejus universitatis requisitionem sub omni renuntiatione et cautela.

Præterea præfatus dominus abbas et syndicus nomine quo supra promiserunt et mandaverunt sub bonorum dicti monasterii præsentium et futurorum obligatione et dicti monachi supra nominati quilibet eorum pro se dictis consulibus dictæ villæ pro seipsis et tota universitate prædicta stipulantibus et mihi notario infra scripto vice et nomine omnium habitantium in dicta villa et ejus pertinentiis et in futurum commorantium stipulanti et recipienti se facturos et curaturos cum effectu quod omnia et singula supra scripta Reverendus in Christo pater dominus abbas monasterii maynerii notarii et conventus monasterii Berdonarum prædicti approbabunt et confirmabunt et etiam instrumentum confirmationis et approbationis de omnibus et singulis supra dictis ad requisitionem dictæ universitatis dictæ villæ de Miranda concedent sine omni dilatione sub refectione dampnorum et interesse in judicio et extra judicium renuntiantes super his omnibus et singulis præfati dominus abbas et dominus comes Astariaci prædictus et dictis syndicus scientos et certificati per me notarium infra scriptum omni jure. auxilio ipsis dominis competenti et competituro novo ac veteri promulgato et promulgande edito et edendo speciali et generali canonico et civili scripto et non scripto et omnibus generaliter juribus quibus se contra præmissa jurare possent aut tueri et nominatim illi legi quæ dicit donationem factam propter ingratitudinem posse legitime revocari et illis legibus quæ dicunt donationes usque legitimum modum irritari debere et illis legibus quæ dicunt donationes infirmari si modus vel causa pro quibus factæ fuerint deficiant et exceptione doli mali et fraudis et condictione sine causa Justiniani actioni et fori privilegio novarum constitutioni de duobus reis et autenticæ præsente et cedendarum et dividendarum inter actioni et denique omni usui et cousuetudini.

Et exceptioni defensioni contrariæ tuitioni et denique omni alii auxilio juris et facti aut etiam consuetudinis cum quo seu quibus possent divisim vel convictim contra prædicta venire in solidum vel in parte aliqua ratione vel causa de jure vel de facto.

Et ut omnia et singula supra in hoc præsenti instrumento contenta dicti dominus abbas monasterii prædicti et dictus dominus comes Astariaci et syndicus memorati monasterii nomine dicti monasterii et dicti monachi dicti monasterii supra nominati teneant compleant et observent et nulla ratione vel causa aut ingenio de jure aut de facto conveniant per se ipsos aut per aliquam personam aliam interpositam et quod absolutionem promissionis supra scripti sibi concedi non postulabunt et si a quacumque persona ecclesiastica vel civili iisdem aut eorum alteri concessa fuerit quod ea non actantur supra sancta Dei Evangelia eorum manibus propriis tacta et à quolibet eorumdem juraverunt et observare omnia uti supra continentur quas quidem consuetudines usus et libertates superius nominatas dicti consulis videlicet Guilhelmus del Prior et P. Sabaterii et Guilhelmus de Montibus et Garcias Arnaldi de Laffitau tunc consules dictæ villæ de Miranda pro seipsis et tota universitati dictæ villæ de Miranda acceptaverunt gratias dictis dominis et syndico prænominatis de promissis et pro promissis quam plurimas referendo.

Prædicta vero supra contenta facta fuerunt apud Esparciacum duodecimodie exitus mensis Junii excepta donatione et concessione facta per dictum dominum comitem quæ fuit facta apud Tholosam et concessa per eumdem sexta die exitus prædicti mensis Junii et totum fuit factum regnante Philippo francorum rege et A. archiepiscopo auxitano Ugone episcopo Tholosano et eodem B. comite Asturiaci sub anno domini millesimo ducentesimo octogesimo octavo horum omnium sunt testes excepto laudamento et concessione dicti domini comitis videlicet dominus Forcius de Montibus legum doctor et P. Alho de Bello Podio et magister Benedictus de Coutera P. de Pruto Arnaldus de Frespalhers B. de la Magera Arnaldus Guillelmi de Malmus B. de Artigas Aamata (?) de Gafalazo Sans de Puchquasquier Guillelmus Costau Garcias de Morneda Bernardus de Beosta Guillelmus de Montastruc. De concessione dicti domini comitis videlicet dominus Centullus filius dicti domini comitis Domicellus Dominus B. de Orbessano dominus Arnaldus del Garramer Dominus R. d'Esparros, dominus Ugo de Larata militer magister Bertrandus d'Esparros P. del Prat R. Dahen P. Atho et ego Guillelmus Moreti notarius publicus in tota senescallia tholosana et Albiensi et dictæ villæ de Miranda qui omnibus et singulis supra dictis præsens extiti et carta indè scripsi ad requisitionem consulum prænominatorum et signo meo signavi.

COUTUMES DE L'ISLE-D'ARBEYSSAN [1].

(Comté de Fezensac.)

Asso son las costumas e las libertats autreyadas aus cossols e aus sindic deios escriutz e a tota la universitat deu loc de la viella de la Yslha Darbeyssan per las causas e las raysons que senseguissen per lo noble e honorable baron monsinh Hux Darbeyssan seynhor deu dit loc per si e per totz sous successors per las calz libertatz e costumas la dita universitat e singulaus deu dic loc faien a regir e guberna. E asso los autreyec e prometo teni e observar per si e per los sous e per nulh temps infut' infragir ne revocar. E asso prometo a las personas a alavetz viuuen e eu dit loc damorauan, so es assaber a Guillem Dantis, a Bernar Begordan, e Pey de Bassoa de la dita viella de la Ylha, e Domenges Noüe, e Johan Deauge, sindic de la dita viella per si e au nom deus cosselhs, aysi com procuray e sindic deu dit loc, e de tota la universitat, e asso ab public instrument retiencut, e a mi notari de ios scriuz stipulant e recipient en nom de tota la universitat e singulaus deu dit loc tant per loc presens quan per los absens, e asso prumerament a honor e reverencia del filh de Diü e de la bierges Maria sa may, e deus sans apostolz sent Pey e sent Pau, e de totz los sans e las santas de paradis, lo dit monsenh Hux au dit loc, e a la universitat, e a singulaus autreyec ab public instrument per lo notari deins saint retengul ayssi cum se achen en los artigles deius scriur. E prumerament cum se deben fer ne crear los cossos deu dit loc de la Ylha.

Item fo ordenat e autreiat per lo senhor deu dit loc quen lo dit loc de la Ylha Darbeyssan aie 111 cossos que cascun an en la festa de Nadau sian elegitz e stans (?) per los cosselhs e cosselhes de lan que sera passat e que los ditz cossos juren en las mas deu dit senhor ho de son bayle que aya speciau mandament de lui per prene lo dit segrament que etz se portaran ben fideumens e leyaumens en lor offici de lor cossolat e que las libertats e las costumas deu dit loc etz observaran

---

[1] Aujourd'hui l'Isle-de-Noé. — Copie faite sur un manuscrit gothique conservé aux archives départementales du Gers.

e mantieran e bon e leyal audit senhor e a son bayle daran e a lui
bos e leyaur e fideus seran segon lor siencia.

Por quinha manera lo bayle deu jurar en presencia deus dits consels.
— Item fo ordenat e treyat per lo dit senhor sia tencut de jurar en las
mas deu dit senhor en presencia deus dits cossols deu dit loc que en
son offici be e leyaument se portara, las libertatz e las costumas deu
dit loc salvan lo dret deu senhor de tot en tot observara, e justicia
aus dits cossels e a la universita deu dit loc fara, e a lor leyau e fideu
ses tota affixion sera e que nulh donne servici que de las partidas qui
dabant lui e los dits conselhs playteiaran o sia pauber o sia ric, fasen
son offici, non recebara aus fara dreyt e justicia segont que uis li aura
admoustrat; e si au dit senhor e aus cossols deu dit loc era veiayze que
lo bayle ne fos digne per la dita baylia que lo dit senhor sia tiencut de
mette un autre a la requesta deus cossols deu dit loc.

*Sober los faitz ciuils e criminaus los cossols decan apella lo senhor o
lo bayle deu dit loc en la forma que sen sec.* — Item volo e otreyec lo
dit senhor de la dita vyela que en totas las causas en ciuils e criminaus enqueren o en enformaran judicau las partidas dauan lor apellan
que los dits cossels sian tenculz dapera lor dit senhor o son bayle e
asso tant al comensament de la causa quant en moyen loc quant en la
fin e en tot lo prosses. E si eu dit prosses o en las causas que dauant
lor se playteiaren nulh dobte y appariua que lo dit senhor o son bayle
ab los dits cossels sia tengut de serca cosselh sobre la dobte que en la
dita causa se maura o apparira aus despens communs deu dit senhor
e eu dit cosselh deu dit loc.

Item sus aquet metis cap. — Item fo ordenat et octreyat per lo dit
senhor aus habitans deu dit loc e de las partenensas que negun non
sia pres ne arrestat per causa ciuil o criminau si fermansa sufficient
pot dar mas que vallada la fermansa ses tot despens sen posca anar
si non que fassa cas que segont dreyt ab fermansa no degossa esser
relaxat, ayssi com son murtres arraubados incendiaris e dautes que an
comentuz grans crims deus caus crims au dit senhor o a son bayle e
aus cossols de la dita villa sapartien (?) la cogneyssance ayssi com dit
ne expressat.

De ban o impediman apausat. — Item fo ordenat e autreyat per lo
dit senhor que si negun ban es a pausat per lo senhor o per son bayle
eus bes de neguna persona deu dit loc o de las partiencias daquet que
lo dit senhor o son bayle sia tiengut pausa la dita caution per la dita
partida sia tengut de lo dit ban e limpedimen en tantost de estremar.
E que en cas que lo dit senhor o son bayle per malessa defazeis lo

dit ban e limpedimen estremar que aus dits cossols la coguessansa
sapartenga si lo dit ban ten o non e si no tee si lo dit senhor o son
bayle recusa o contradiga de non estremar lo dit ban o limpedimen
que lo dit ban o limpedimen sia ayssi com si no era apauzat.

Si un contra autre porte armas o trayt cotet com deu esser punit. —
Item fo ordenat e autreyat per lo dit senhor que si negun ni neguna leuaua armas ni cotelz traze maliciosamens o lo ferisca o non e
contra aquel contra lo cau lo dit cotet trait aure o las ditas armas leua-
das aure o en sia fauza o non que en aquel cas si leiaument deu dit
crim fer esta e daquo clamo en iudiament fayta sera en aquet cas au
dit senhor sera tencut au dit senhor pagar v. solz de morlas; e en cas
que la plaga se trobare leyau que en aquel cas sie tiencut de pagar; e
si en la dita pleia negun membre es podat en quel cas en c. solz de morlas sia condempnat. Mememens que a la partida qui lo dampnatge aura
pres contenta satisfacion fassa, e si fer non pot que la pagacion sa per-
tienca au senhor de la viela o a son bayle, o aus coselz de ladita
viela.

Sober los faytz criminaus. — Item fo stient (?) e ordenat que si
neguna persona deu dit loc era presa per negun crim capitau per lo
cau degossa esser pugnit capitaument o mort prene que si lo dit crim
no se poyra au mens (per i. testimoni. que lo dit criminos per lo dit
senhor non sia metut a question si non que fasse tanta violenta pre-
somption per que lo senhor lo podosse mete a question, e en aquet cas
prume que sia metut a la dita question que lo dit seynor les tiengut
de recebe sas deffensas e obiectas si balha ne vol ayssi com dreyt vol
ne requeris.

Que deuen fer los dits habitans deu dit loc au dit seynhor. — Item
fo ordenat e expressament per lo dit senhor aus dits sindic e cosselhs
de tota la dita universitat en nom de lor, e en nom de la dita universitat e de totz los singulaus, tans presens quan absens, e a lor infutur
succedens, en presensa deu notari deius escriut per tos stipulant e
recebent que tots los habitants deu dit loc o de las pertenencias que
tengan terras possessions o autes honos o ab canfolh (?) o en fieu o en
agre, o en qualque maneira deu dit senhor las tenga que de present
es ho infutur sera, que las puscan tenir e possedir, o sien coytiuadas
ho non coytiuadas, ho sian hermas ho non hermas ho en quinha
guysa los an tencudas ni possedidas ho a fieu ho a agre, ho a autre
franquessa quinha que sia. masque au dit senhor o a sos successors, o
a autes si an mandamen de luy lo seruici que deuen fer, e de las ditas
terras ho honos ho aggres, a la se deu fer, ho lo dit seruici se fassa en

blat semenat o semenador; e per los dits habitans deu dit loc son accostumat a colligir, e los ditz frutz que aggres sen siguiren ho es-
tanquen en, ha la lection deu dit senhor, ho de son cert mandament
que daquets frutz bon conde e leyau ne renderan. E non remens que
en cada festa de la Natiuitat de nostra dona de setembre per que con-
cada aucesa i. dine tholozan bon alui sian tiengut de pagar, e asso
segon mays e segon mens, e ab asso lo dit senhor e sos successors sian
tienguts de theni per contens de las terras e possessions que los dits
habitans a aggre thien de lui, de las autras terras honos o possessios
non son en quinha maniera o forma que las tienguen o possesiscan,
sian tiengutz de dar e pagar au dit senhor ho a sos successors lo seruici e las oblias que dessi en darre son acostumadas per lor au dit
senhor a pagar, e ab asso que lo dit senhor ne sos infuturs successors
no y pusca fer nulha talha ne contrauensia, pagan a lui lo seruici
dessus dit. E si lo dit seynhor era request per los dits habitans, que
de las ditas terras o possessions de lui thiran e de la infeudation
instrument public ses tota dilation o redemption los nen fara ho au-
treyara.

Per quinha manera lo dit senhor pot retenir las terras deu dit loc.
— Item fo autreyat o ordenat per lo dit seynhor aus singulaus de la
universitat deu dit loc que si nigun o nigunha se volhe partir deu dit
loc e en autre part demorar que en aquet cas etz poscan thii e pos-
sesir las terras e las possessions que au dit loc tien e possedissan avssi
com los autes habitans deu dit loc ab asso que etz sian thiencutz de
contribuir a las communas talhas e collectas deu dit loc, ayssi com
los autes habitans son ho saran tiengutz de contribuir, e ayssi com
los habitans deu dit loc seran tiengutz de séguir lo dit senhor en host
ho en queualgada que etz sian tienguts ab lor anar e siguir, e si en asso
contestaban, ho rebelles se mustraban, que en aquet cas los dit senhor
e cossolz deu dit loc, a lou arbitri, los puscan pugnir; e si los dits
homis que deu dit loc se seran fora de las causas dessus ditas volen
fer quetz pusquen vene las terras ho dar ho alienar ho layssar ho
empeynhos, e daqueras a lor voler far, requesit prumerament lo senhor.
E si lo senhor vo la causa per si retenir sés tot frau e barat, que aquero
dedens viii. jorns pusca fer, en auants forma que lo dit venedor la
pusca vene distribuir ho aliena en aqueras personas que se volera,
saluan lo dreyt au dit senhor, so es assaber per cade sos de venda i. d.
e per cade impignoration i. poies, e non remans los autes dretz e deues
qui son au dit senhor accostumat affer de quetz solue e pagua.

Sober lo fayt que los laurados an a paga de lor lauradissa au senhor.

— Item fo ordenat e autreyat per lo dit seynhor aus ditz cossolz e universitat de la dita viella, que tot homi que eu dit loc laborara **ab** son bestia sia tiencut quascun an au dit senhor per si e per sos successors per la formentada II. quartz de forment e IIII. quartz de siuada ras, a la mesura daux. Tota aute persona que en las terras laboraran ne aqueras semmaran, en aquet cas sian tiencutz au dit senhor de dar e pagar I quart de forment e II de siuada ras a la mesura daux ayssi com dessus es expressat; los autres qui au dit loc habitant ni en sas pertenencias blatz en las terras ho possessions seiar (?) faran mas per los mas proprias ho lor bestiar a la pencion dessus dita a pagar au dit senhor non sian tiencutz en nulha forma de pagar. E si nigun ni neguna deu dit loc sus casaus per si o per autre persona seminauan blat o legun o aute hortalisse que en aquet cas no sian tiencutz de pagar aquera pencion frumentada, ans daquera sian franc e quitis ayssi que antiquement es acostumat afer.

Deus blatz e de las garbas que los habitans deu dit loc son tiencutz de redde rayson au dit seynhor. — Item fo autreyat per lo dit senhor aus ditz habitans deu dit loc e en las pertenencias daquet que tota persona qui terras o possessions de lui thyeran aggre, que las garbas ho los autes frutz que daqui gyssiran aquets poscan amassar e aportar, e daqui en fora audie seynhor dar e valhar ayssi cous dessus es dit e expressat.

De auguus instrumens publics aus habitans deu dit loc per lo dit seynhor a lor autreyat. — Item fo conces e autreyat aus habitans deu dit loc per lo dit seynhor que los instrumens publics retengutz per la man de maestro Vilidau de Mont notari public de la dyochesa Daux sober augun prununciat fayt per monsenh Ramon Aysmeric de Montesquiu cabaler, e per monss. Fors senescalc Darmanhac et de Fezensac fayts enter lo senhor deu dit loc e la universitat deu dit loc, e qui tienca e valla per si e per sos successors infutur. exceptat lo bedat deu dit senhor que es au dit loc.

De augun instrument autreyat per lo dit senhor aus dits habitans e universitat deu dit loc de la Ylla lo cau se referis a la costuma e artigle dessus escriut. — Item fo autreyat per lo dit senhor aus ditz habitans deu dit loc de la Ylla e a tota la universitat que en totz los autres cas que dessus ne en aquet present instrument ho autes per lo dit senhor a lor autreyat, en cau non es fayta expressa mention, ho sian rolles o libres, que aquo sia perpetuaumens tiengut e observat per si e per sos successos en quinha que forma los ditz instruments seran signatz hosigillatz, ho sian sigillatz deu siget de nostre senhor lo rey de France, ho de nostre seynhor le comte Darmanhac

Fezensac e Rodes o deu saget deu senhor de la Ylla; e las ditas
causas dessus escriutas, costumas e libertatz e las autres franquessas
autreyadas per lo dit mons. Hux per si e per sos successos aus singulaus e universitat deu dit loc de la Ylla, fet per rayson e per causa, e
en pretz en nom de pretz de ix. millia e v. cens sos de parisis simples,
los cals recognego auer pres e recebutz deus dits cossols sindic e singulaus e la universitat de la Ylla en bon argent comptant e per d'autres
gran res e seruicis los caus reconego auer pres e recebutz deus dits
cossolz sindic e singulaus e la universitat deu dit loc de la Ylla. E asso
prometo a thie observa en presencia de mi notari de ios escriut per lor
stipulant e recebent, obligan e ypothecan per las causas dessus ditas
totz sons bees presens e endebiidos per si e per sos successors, en ves-
ten los dits cossos sindic e singulaus e la universitat deu dit loc de la
Ylla, e asso fet prometo tenir e observar ab la obligation e ypotheca
dessus dita, e renunciec ab certas renunciations tant civils quant ca-
nonicas, e asso lo dit senhor prometo et jurec per si e per totz sos successors sus quatre sans euangelis de Diu de tenir et observar las causas
dessus ditas, e contre aqueras venir en obligation e he ypotheca dessus
ditas, e aqui metis los dits cossolz e sindic per lor en nom de lor cossolat e sindicat de la dita universitat e aus singulaus deu dit loc pro-
metons au dit senhor e a sos successors las causas dessus ditas e expressa
das de thii compli e de tot en tot observa, e non contrefe en obligancia e
ypotheca de totz los bees e singulaus de tota la universitat deu dit loc,
et asso juren aus sans euangelis de Diu de non contrefe ni venir
en las causas dessus ditas ne expressadas, e asso ab semblans renuncia-
cions ypothecas e obligations, e cum los artigles costumas e libertats e
usus aus dits cossos sindic e singulaus de la dita universitat per lo dit
seynor a lo autreyat ne se posca en aquest present public instrument
scriue ne speciffica volo lo dit seynhor que io notari deuis scriut de voluntat spres consentement deu dit seynho las costumas e libertatz per
lo dit senho expressades en instruments ho quartels ho artigles signats
per notaris publics o sigillats au dit nostre seynhor lo rey de France,
ho de nostre senhor lo comte Darmanhac, ho per lo dit seynhor de la
Ylla, io posquey mette escriure las ditas libertatz e costumas au dit loc
per lo dit seynhor a lor e au dit loc concessas e autreyades; e fo per lo
dit seynhor conces e autreyat que de las causas dessus ditas e expressadas enter lui e los dits cossolz sindic e singulaus e la dita universitat
deu dit loc de la Ylha, que lo notari deios scriut ne podosse retenir I.
ho II. instrumens deu cau io en posque vaylla I Y au senhor de la Ylha,
e aute aus cossolz e sindic deu dit loc. E asso fo fayt e script en dit loc

de la Ylha lo ix⁰ jorn de march, lan de nostre senhor M. CCC. VIII.
regnant mons. Philipp rey de France et Bernat comte Darmanhac e de
Fezensac, e monss. Hamaniu archebesque Daux, en presencia e testimoni de monss. Fortene de Causac capellan, Oddet Hibat donzel, Auge
Darbeysan clerc, Ramon de Cassanet judge ordinari Darmanhac e de
Fezensac, Arnaut de Symorra saui en dretz, Arnaut de Cassanha notari de Bic, Guillem de Cresas, Guillem de Cairent, Guilhem de Fret
palhes. Domenges de las Vinhas, Bernat de Ponsan, Arnaut de Cam-
pusans, Ramon de sant Mau, Domenges de sant Johan, Jordan de
Ydrac, Domenges de Fre z palhes, Sans de Begue, e Arnaut de Bidail-
han; e asso en presencia e testimoni de mi notari public deu dit loc de
la Ylha Sans Davalya notari public deu dit loc de la Ylha dessus dit.
aquet present instrument retiencut en presencia deus testimonis dessus scriutz e de mon sinhau public sinhe lan e lo dia dessus scriut.

Rubrica. — Item volo lo dit mons. Hux Darbeyssan senho deu dit loc
de la Ylha e ordena expressament se consenti ab instrument public
per mi notari deuis scriut retiengut que cons et agossa autreyadas au-
gunas costumas libertatz e franquessas aus ditz cossolz sindics e singulaus de la universitat deu dit loc de la Ylha, los caus costumas franquessas e libertatz no se podossen enceri en dit instrument, que io
notari deius scriut de son expres voluntat a consentement en aquet
present instrument public las posca mete e enceri, e tanta de fermessa
e d'autoritat aien ayssi cons possen metudas ne enceridas eu dit instrument per mi notari dessus e deius scriut dessus retiengut e recebut las
caus costumas libertatz e franquessas son per la manera e forma que
sen sec.

E preme sober lo fayt de las iniurias. — Item volo lo dit seynho que
si negenh o negunha habitant deu dit loc de la Ylha o de sas partiensas dize palauras contumeliosas ho iniuriosas que si clamo au dit
seynho ho a son bayle no es fayta, que non sia tiencut de dar ni de
pagar au dit seynhor ho a son bayle; et si alor a stada fayta clamor de
las ditas iniurias que lo reu sia tiencut de pagar au dit seynhor et aus
cossolz deu dit loc xii. d. de morlas. E si las ditas iniurias son ditas
en la cort que lo dit reu sia pugnit a larbitre deu dit senhor e cossolz
de la dita viela, e la pena que daqui deu dit reu se exiguira, enter
los dits senhor e cossolz enter lor communament se devisira.

Sober effusion de sanc. — Item volo e ordena lo dit seynhor que si
los enfans dedens leytat de x. ans enter lor se pelluauan o se plagauan
que lo dit seynhor o son bayle non sen aien enq. entremette, ne ley
de lor exigui ni demanda. E si los ditz enfans passauan lo dit heytat

de x. ans eran dolycapaces, so es assaber quets aien x. ans e dempey
segont lo dreyt, quen aquet cas aien a paga ayssi com los autes gens
aurien a paga si lo dit crim abyen comctut, e aysso segon que scontien
en lartigle ho eus artigles de ious scriutz.

Soberjusticia per lo dit seynhor e conselhs.—Item volo e ordena lo dit
seynhor que et e son bayle e los dits cossolz deu dit loc seran requisitz
de negua justicia a partida fayzadore que etz sian tiencutz a lor de fer
breue justicia ses toda dilacion ayssi com dessus es dit ne expressat.

Sober los bees que caien encons.— Item volo e ordenec lo dit seynhor
qui si los bees daugun habitant ho habitador deu dit loc casen encomes
que lo dit senhor sia tiencut de satisfer aus crezedos ho a donataris ho
la dot a la molhyer se na; e que los ditz crezedos sian cre lutz ab testimonis dignes de fey ho ab instrumens publix, e que la resta sia
aplicada au dit seynhor.

De faus pes ho mesuras. — Item volo e ordenec lo dit seynhor que
si negun habitant deu dit loc de la Ylha ho de las pertiencias faus pes
ho mesuras tyra e daqueras usara que en LXV. sos de morlas sie condempnat la myetat aplicado au dit seynhor, e laute meytat aus cossolz
deu dit loc, e no remans que la' marcadaria que ab la dita mesura ho
pes se venara que au dit seynhor applicada sera.

Suber percution de man. — Item volo e ordenec lo dit seynhor que si
negun habitant deu dit loc feriua ab punh o ab la man un aute
maliciosament que sia pugnit en xx. d. morlas. E si clamor nes stada
fayte que lo reu enmende lo dampnatge au qui sera estat ferit, si pagar
pot; e si non que sia pugnit deu cas à lesgart deu seyenhor segon que
dessus es dit ne autreyat.

De notaris. — Item volo lo dit seynhor e ordena que los notaris deu
dit loc de la Ylha non retenen de los instrumens perces (?) actions ho
autes lettrras sinon segon que es acostumat a prene per los autes
notaris que segon costumas de Fezensac an acostumat a prene.

De camins, e messegues deu dit loc. — Item volo et ordenec lo dit
seynhor que los cossolz que de presen son ni infutur seran, aien poder
de repara, mudar, ampliar e restrenha los camins publix 'eus baratz,
et los autes passatges deu dit loc. E si negun habitan deu dit loc era
contraditor ni rebelle, que en aquet cas los ditz cossolz aien poder
de los compellir e penhora, per la forma et la manera que a lor sera
bist. E que non remans que los ditz cossolz aien poder de mette
messegues eu dit loc los caus juraran en las mas deu seynhor o son
bayle, en presencia de los ditz cossolz que be e leyaument en lor
offici se auran e portaran.

De las causas que en las carreras deu dit loc los habitans aqui no deuen mete. — Item volo e ordena lo dit senhor que nulh habitant deu dit loc no pusque mette nulha horredisse que sia nosable ne fetoza ne dampnosa en la carrera deu dit loc, en pena de ii. sos de morlas, la mietat applicada au dit senhor, e laute myetat aus cossolz dessus ditz, mas que una vetz lan sia prohibit e enhibit e proclamat, tant per lo dit seynhor o son bayle, tant per los conselz deu dit loc.

Des fornz. — Item volo e ordenec lo dit seynhor que los forns deu dit loc sian sons, e alu sapartienquen; et que los habitans deu dit loc e de las pertiensas per lo fornatge, sian tiencutz de dar de xviii. pas i. mas que lo dit seynhor sia tiencut de thii los ditz forns be chenitz e apilhatz; e sinon que quascun habitant deu dit loc pusca coze lou pan en son propi forn ho en aute on luy playra ses tota pena paga.

De las citations deu dit seynhor fazadoras. — Item volo e ordenec lo dit seynhor que et ne son bayle a requesta de negun habitant deu dit loc ne per son fayt propi no citara ne vexara negunh habitant deu dit loc altre sa court, e la honor de dit loc; e si la causa deu dit citant e lo dit seynhor se deu en la dita cort ventilar, que los cossolhs deu dit loc daquesta causa ayen a cogneyssance, et la cogneyssance a lor apartenir si non que las ditas causas sagossan a cogneysa per manera dappelation.

Dos casaus et de las vinhas. — Item volo e ordena lo dit seynhor que si neguna personna habitant deu dit loc entra en casaus, vinhas pratz ho camps ho blat de aute habitant deu dit loc seys de voluntat daquet de qui la proprietat sera, si una vetz lan per los cossolz deu dit loc sia stat deffendut paga xii. d. morlas aus ditz cossolz, si a de que, sinon que sia pugnit a larbitre e voluntat deus cossolz : de tota aute bestia grossa, si dampnatge da en las proprietats dessus ditas que lo seynhor de qui la bestia sera per cade cap sia tiencut de pagar aus ditz cossulz i. d. morl. Si es porc o troia paga i. d. petit; si es auelha, crabe ho bouc ho aute bestia que sia, que lo seynhor de la dita bestia per ca de bestia i. d. petit; si es auca ho aute bestia mansueta pague i. pages da quera moneda. E non remans que lo seynhor de qui lo dit bestia sera, sia tiencut de lor dampnatge emendar a la cogneyssencia dos ditz cossolz; e los ditz dies que per los ditz cossolz per los ditz dampnatges ho thalas seran exigite leuatz, aquet argent sia metut a las reparations deus camins publix ho las maus pas, ho en las autes necessitas de la dita vyella; los viandans e per lo dit loc passans que la dita prohibition no saberan aus ignoraran en la pena

dessus dita non encorraran, mas en aute guise a la cogneyssance
dos ditz cossolz pugnitz seran, mas que la pena o la pugnition non
passa ne excdisca la pena dessus dita.

Deu bestia que dara dampnatge en las possessios deu dit seynhor. —
Item volo e ordena lo dit seynor que si lo bestia dessus dit per lui ho
sa companha era trobat en sas terras ho posssessions que aquet bestia
pusca prene tener e enbarra per sa propria auctoritat, entro per tant
que lo dit dampnatge sia satisfeyt, et quet sio crezut et la dita sua
companha ab le sagroment com lo dit bestia en las ditas terras e camps
au pres e trobat.

Dos ortz vinhas ho cazaus. — Item volo et ordena lo dit seynhor que
si negua persona deu dit loc en cazaus ho vinhas ho pratz de neytz
entre ses demandement daqui la possession sara, ho ne tregue en capet,
ho en sac, ho en paynhe, ho ab aute esplet, que en LXV. sos de morlas
sia pugnit, la myetat applicados au dit seynhor, et laute myetat aus
cossolz deu dit loc; que si la persona de neytz lo dit dampnatge dessus
dit fe ab las mas sen capet ho sac ho panhe ho aute explet, en v sos de
morlas sié pugnit, la myetat applicado au dit seyhor, et laute myetat
aus dits cossolz e no remens que a la partido que lo dampnatge pres
aura digne et competente emende fara.

Del offici deus mazeres. — Item volo et ordena lo dit seynhor que
los mazeres deu dit loc aien a vendre bonas carns sanas e sufficientas
en cas que bonas ne sanas ne sufficientas non fassen que lo bayle e
los cossolz deu dit loc las poscan prene e dar et distribuir as paubes per
la mor de Diu. Et largen que daquera car auran pres sian tiencutz
de restituir a aquetz de qui lauran pres : e non remens que en la pena
de LXV. sos de morlas sian encurritz los LX. applicadors audit seynhor
e los v. aux cossolz deu dit loc.

Deus pangosses ho pangossoras. — Item volo et ordenec lo dit seynhor que quascun pangosse ho pangossera ho aute persona de qua
condition que sia tiencut de far bon pan gran et sufficient, segont que
lo blat se venera au dit loc, et que de la cogneyssensa se appartienque
aus cossolz dessus dits.

Dos adulteras. — Item volo e ordeno lo dit seynhor que si nigun
comet adulteri eu dit loc, e y sia trobat courre la vyella aissi com
aux autes lox es acostumat de fer, ho pague cent dies de morlas, la
myetat applicada au seynhor et laoute aus cossolz dessus ditz, mas que
sia pres nut ab nuda ho vestit bragas bayssadas, si per lo bayle ho
per aute personna de la cort presentz II, cossolz et autes II. bos homes
de la viella, ho autes II. ho trops que lo dit negossi acien bist, mas que

sian dignes de fe, et la pena dessus dita sia en voluntad de quet qui ladulteri cometara.

Deus vedatz. — Item volo lo dit senhor que eus vedaz dos homis de universitat deu dit loc y aie pena de xii. de morlas, la myetat aplicada audit seynhor, et laute myetat a aquet de qui lo dit vedat sera ; e no remans que lo dampnage emendara a aquet de qui lo vedat sera. Si eu vedat deu seynhor dampnatge donara volo lo dit seynhor que las costumas Dagen et de Fezensac sien observadas.

De las talhas.—Item volo et ordena lo dit senhor que los cossolz deu dit loc aien cascun per si aien poder dempausa talhas e colloctas, et daqueras leua et penhora ayssi com dessi endarre es au dit loc acostumat a fer.

De possessions que son deus habitans deu dit loc. — Item volo e ordena lo dit seynhor que los habitans deu dit loc, ho en las pertiensas daquet qui de present, et dassi endarre, perpetuament, que en las terras e possessions, las caus tien deu dit seynhor, posquen en aqueras planta aubas ho autes arbes donmestes ho siluestres, de las caus terras e possessions agre non sian tiengut de paga, sinon de las noutz que deus nougues culhiran la ix^a part ; de las pomas, rezins ni autes frutz no sien tiengut de paga ni agre da, sinon com dessus es dit e expressat.

Sober la cassa e la pesca.—Item volo e ordena lo dit seynhor autreyec aus habitadors deu dit loc e de las pertiensas daquet que etz puscan cassa e lor sia elegut de pesca en tota la terra et baronia deu dit seynhor, exceptat heu vhedat deu dit seynhor et asso ses tot ghatge e ses tota pena.

De las aygues et herbas de fulhas. — Item volo e ordenec autreya lo dit seynhor per aro et per tostemps aus ditz homes e lor bestia per tota la terra et juridition herba, aygas, lenha, et aute expleits libarau e franqua, exceptat lodit son vedat et dos autes honns deu dit loc, los caus cascun per si en la sua terra ne posque fer segon las costumas generaux de Fezensac.

De las terras e possessions en quinha mannera se deuen percha. — Item volo e ordenec et autreyec lo dit seynhor quo las terras et possessions deus habitans deu dit loc e de las pertiensas daquet se perchen ab communa perche... E quan una vetz seran perchadas, si lo dit seynhor fe feuo autre vetz percha, que aquero a sos propis despens aquero pusca fer, e si ab la dita perche non se trobe, en las terras ho possessions que los habitans deu dit loc e de las pertiensas daquet non se trobe segon la perche que los ditz habitans deu dit loc aien lo compliment de las ditas terras et possessions et las caus tien e recognessen

deu dit seynhor a tenir ab instrument, ho ab instrumens publix, quet
tiengut a lor restituir so que falhyra e si plus se trobe segon la dita
perche, que aquet plus sia au dit seynhor sia tiencut de prene en
aquera partida que sera ses hediflici, ho vinha e que comete a percha
en loc hon prume sera pres.

Per qual manera los ditz habitans deuen siguir lo dit seynhor. — Item
que lo dit seynhor ni son bayle non maüra negun deu dit loc ab lui
armas defore lo loc ni de las pertiensas daquet; si non que per lu sia
a lor prouezit de viures ayssi com los autes nobles de Fezensac deuen
fer ho fer deben, exceptat par lespaci de i dia ho duna neyt ayssi com
de uzaie es acostumat a fer.

De la forma que los habitans deu dit loc deuen prestar au dit seynhor.
— Item que si lo dit seynhor ho son bayle e non de lu manstene
viures ho autes causas muniadoras de quhs condition que sian, que de
los munidas que tantost pague lo pretz ho balhe bon gatge de las gros-
sas, ho dautes causas mudadoras que daqueras pusca auer. E si tantost
non pot pagar que balhe bon gatge que valle lo pretz de las viandas
dessus ditas, e que lo dit pretz deu dit gaage sia tiencut de retene dedens lo cap deu mes, ho dar caution sufficient la cau sia tiencuda dedens lo dit mes lo dit gatge rezeme (?) en auta forma que lo dit gatge
prenera en la fin deu dit mes lo pusca vene e aliénar, ho la dita fer-
mensa compellir a pagar.

De prest deu seynhor. — Item que negun de la universitat dessus
dita non sian tiencutz de presta au dit seynhor son bestia laurado ne
negun aute, sinon que de sa propria voluntat e gratia speciau proce-
disca.

*De la forma com los habitans deu dit loc e las e en las partiencias da-
quetz aien a mole ho molin deu dit seynhor.* — Item volo lo dit seynho
e ordenec que lo molie de son molin mole ab punhera aus habitans
deu dit loc ho en las partien daquetz, he per vegada receben de lor
la vintera part deu blat per leyau moladura, e que de lor plus non
prenguen nen argent ne en aute moneda ne manera; e que si lo dit
molie lo contrari faze quetz posquen anar mole aqui ou mays los playra
ses tota pena; e si au dit molin vien, e maliciosamen sen van, que pa-
guen au dit seynhor la xx* part deu blat ayssy com si au dit molin .
abren moulut; e si lo dit molie faussa mesura ho punhera tie, sia punit ayssi com i. aute seri si falsa mesura tie, si lo dit molie lo dit molin arrendat tie.

Deus pratz deu seynhor. — Item volo lo dit seynhor e ordenec que
sous pratz non sian deffendutz a home ne a femne deu dit loc ne de

las partiensas daquet si dalhatz son, mas que aqui posquen los bestia apastenca entro per tant que los autes pratz deu dit loc fossen vedatz.

De las bestias que en las terras ho possessions deu dit seynhor entraran. — Item volo lo dit seynhor e ordena que si lo bestia de neguna persona deu dit loc ho de las partiensas daquet era trobat en las possessions deu dit seynhor, que et posque leuar aquera pessa que sen los messegues ho las gardas deu dit loc, de las autes terras e de las ditas personas deu dit loc an acostumat a leuar, e non plus; e que lo dit seynhor cascun an y sia tiencut destituir una persona que iura en presencia dos cossolz e que poder aie daqueras causas usar e penhora.

De quetz qui trencaran los camins publix ho los baratz deu dit loc, com deuen esser pugnitz. — Item volo e ordenec lo dit seynhor que tota persona que trencara los camins publix, ho los valatz prumerament sian taxatz e ordenatz per los cossolz de la dita viella, e lo dit crim sia proat, que aquet qui lo dit crim aura permetut en v. sos de morlans sia pugnit, e que los ditz baratz e camis publix dessus ditz siam tornatz en lor stat que dauant eran.

De boada. — Item volo lo dit seynhor e ordenec que cascun an una vetz et aie au dit loc de boada, e que aquet jorn los aie a prouez^ de vjures competens ayssi com es acostumat dessi endarre au dit loc affer.

De la maihenca. — Item volo lo dit seynhor que e pusca per maihenca au dit loc e prohibition que negun aute deu dit loc ni de las partiensas non puscan vene vin e que la dita maihenca commence lo dimars appres paschas e dura per i. mes appres sequens ayssi com dessi enderre per lo dit seynhor es acostumat affer.

De la familia deu seynhor com non deu entrar en la possession deus habitans deu dit loc. — Item volo e ordenec lo dit seynhor e certa convenensa fayta fo entre lu e los ditz cossellhs la universitat deu dit loc, e de lor serta sciencia, que la familia e lo bestia deu dit seynhor que de present es ni infut^ sera, ne poscan entra en las vynhas pratz cazaus ho ortz, ho camps de augua persona deu dit loc, dan dampnatge ayssi com es en garbe, ho en garbes de blat ho de siuada, ho daute gran de quinha condition que sia si en herbe ni en fees, ni caulz ni pors ne en aute ortilici que los dits habitans deu dit loc, de las possessions camps ni honos que en lo dit loc son tienquen ni posse sisquen, si non que aquero procedisque de lar expres voler e consentimen, e en queras que la dita familia deu dit seynhor, lo senhe de qui la causa sera ho lo messegue ho la garda deu dit loc, los puscan ses tota pena cestrema, en tota manera, ayssi com dessi endarre es acostumat affer.

De las palmadas que son au dit seynhor acostumadas per los habitans deu dit loc a pagar. — Item volo expressament se retienco enter lu e los ditz cosselz, e certa conuenenensa fo per si e per sos successas que si negua persona habitant deu dit loc assaua de pagar las palmadas a la degudas, que sien tiengutz a la de pagar vi. d. morlas; e non remans a la de pagar las palmadas a la degudas.

De las scripturas que lo dit seynhor ho son bayle deven prene. — Item volo e ordenec lo dit seynhor que et ne son bayle non pusquen recebe per neguna scriptura sinon que lo negossi fus gros e ponderos, ho la somma passessa xx. sos de morlas.

De las limitations terras e possessions dos habitans deu dit loc. — Item volo e ordenec lo dit seynhor que si per auenture neguna persona deu dit loc ho de las partiensas daquet vole sas terras ho sas possessions limitar, ho en confins pausar, ho en commensament ho en la fin de las ditas terras e possessions, que si lo bayle ho lo notari deu dit loc es necessitat dapera, que per lo viatge lo dit bayle aie ii. s. de morlas, e lo notari xii. d. morlas en plus.

De las franquessas que los ditz habitans an per los hostaus au dit loc. — Item volo e ordenec lo dit seynhor que los hostaus e las autes possessions e las autes franquessas sion francas e quitias de tot seruici e seruitut, ayssi com aras son ne dessi endarre estadas son e non en plus.

De los instrumens retiengutz per los notaris per los creatz ho creados. — Item volo e ordenec lo dit seynhor que los instrumens retiencutz per los notaris publix per lui creatz ho instituitz ho creados, que tanta de fermessa agen ayssi ean si per un aute notari public eran retiengutz.

De los obres que los ditz habitans deu loc de la Ylha fan en las terras e en las possessions deu dit seynhor com deuen esser pagatz de lui. — Item volo e spressamens autreiec lo dit seynhor aus habitans deu dit loc, e as autes de las partiensas daquet, que si lo dit seynhor vole loga neguna persona deu dit loc per neguna obre fer, que lo logue que lor prometra dedens ix. dies lor sia tiencut de pagar, e entretant pendent lo tems dos ditz ix. iorns non los pusque compellir ni pynhora ne en aute manera vexar entre per tant que dedens los ditz ix. jorns aura pagat e satisfeyt.

Asso fo fayt en loc de la Ylha Darbyssan, lan de nostre seynhor m.ccc.viii, lo ix. jorn deu mes de march, regnant monsenhe Philip. rey de Franse, et Bernat comte Darmanhac e de Fezensac, e mons. Amaniu archeuesque Daux per la vetz estan, e asso en presencia e en testimoni de mons. Fortene de Causac capella, Oddet Lupat donzel,

Auge Darbeyssan clergue, et Ramon de Cassanet, iudge ordenari Darmanhac e de Fezensac, Arnaut de Simorra saui en dret, maeste
Guillem Arnaut de Cassanha notari de Bic, Guillem de Pasca (?) e
dautes tropas personas contengudas en augun instrument retiengut
per las mas de maeste Sans de Rabie notari public deu dit loc de la
Ylha que per las autres pertiensas.... retienco seriuisco e de son
senhau deu cau usana senhec.

FIN DE LA PREMIÈRE SÉRIE.

ADDITIONS ET CORRECTIONS.

Page vi, ligne 2, au lieu de *Charles II*, lire : *Charles I*.

Page xxxiii, ligne 5, au lieu de *dans les dix-huit volumes de manus-crits du fonds Duchesne*, lire : *dans les dix-huit volumes de manuscrits qui font partie du fonds Duchesne*.

Page 9. Depuis l'impression de cette première série, M. Curie-Seimbres m'a fait savoir qu'il possédait une copie des *Coutumes de Sarraguzan* beaucoup moins incorrecte que celle que j'ai dû donner ici, faute de meilleurs renseignements.

Page 115, ligne 2, au lieu de *vicecomitam*, lire : *vicecomitem*; — ligne 3, au lieu de *inspectari*, lire *inspecturi*.

Page 224, ligne dernière, au lieu de *requisitam*, lire : *requisitum*.

TABLE

DE LA PREMIÈRE SÉRIE.

Auch, imprimerie et lithographie Félix Foix, rue Balguerie.